Lane
Brothers

Stuart
Kells

企鹅与莱恩兄弟

一场出版革命中不为人知的故事

Penguin
and
the
Lane
Brothers

Stuart
Kells

〔澳〕斯图尔特·凯尔斯 著

许昆 王维 译

南京大学出版社

献给卓越的企鹅人

史蒂夫·黑尔

（1950—2015）

目　录

前　言

　　讲述企鹅出版社故事的图书为数众多,艰深的专著和主要作品在书架上并列摆放。前者研究早期企鹅平装书的印刷排版、用胶、水印,以及神秘的芳香——胶味、灰尘味,甚至还有鼠噬留下的气味;后者包括杰克·莫珀戈的《王企鹅》(*King Penguin*,1979)、史蒂夫·黑尔的《企鹅肖像》(*Penguin Portrait*,1995)和杰里米·刘易斯的《特立独行的企鹅》(*Penguin Special*,2005)。那么,为什么要再为这只著名的南极鸟写一本书呢?

　　《企鹅肖像》的副书名是"艾伦·莱恩与企鹅的编辑们,1935—1970"。这是一本汇集了一手资料的无价宝藏:附有简短注释的信件和精心选摘的文献,展现了企鹅社风的演进和文学传统的形成。《王企鹅》和《特立独行的企鹅》也值得称道,它们的研究和见解广度、深度俱备。此三本书是所有艾伦·莱恩——三兄弟中最年长、能干、进取的一位,企鹅就由他创建并经营——传记中最出色的。然而,莫珀戈和刘易斯也像其他艾伦·莱恩传记作者一样,常常将艾伦的作用夸大,超过他的弟弟理查德和约翰。有时,他们两位甚至把弟弟们的,或者兄弟三人共同的观点和决定全部归到艾伦名下。

　　实际上,两位弟弟也是重要的出版家,他们虽常在艾伦之下,但也不乏居上之时,仅仅将他们一笔带过是不够的。比如,理查德曾在

I

X 一家先锋的精细出版社①工作，后来他用从这家出版社学到的知识出版了现代主义杰作，詹姆斯·乔伊斯的《尤利西斯》。他是企鹅的第一编辑，也是"出版精美低价好书"这一讨喜信条的总监督。然而，对于撰写企鹅历史，有一点比兄弟间的公平更重要。既然这些传记错误地描写了两位弟弟的贡献，那它们提供的艾伦的成就图景就也存在问题。更糟糕的是，对艾伦的沙文主义式聚焦掩盖了出版传媒史上一个独特存在：兄弟间富有创造力的对抗组成了企鹅的秘密武器，即一个带动强大出版社的充满动力而独特的引擎。

　　企鹅出版社创建于 1935 年，此后七年由兄弟三人共同管理。莱恩兄弟们最绝妙的点子是在浴室里的董事会上想出来的，这时候总是至少有一位董事"赤身相见"。第二次世界大战期间，两位弟弟在海军服役，但他们获得了军方同意，得以通过军人图书俱乐部等项目继续扶助企鹅。融入战时官场使企鹅成为一家国家机构，但是战争也给莱恩家带来了悲剧。1942 年，约翰·莱恩在北非登陆行动中阵亡，这击碎了兄弟三人的亲密伙伴关系。

　　虽然在战时大部分时间理查德都与约翰并肩作战，但理查德活了下来，并且在接下来的近二十年继续与艾伦共同管理企鹅这家首批全球性传媒企业之一。莱恩兄弟建立起的公司与品牌不仅成了平装书的同义词，也成了一种出版方式的同义词。时新、进步、易于获得。读者中心、读者参与、读者考虑。企鹅采取低价大量的模式，其浩瀚的书单涵盖文学、科学、政治、旅行、教育、童书、经典、烹饪、地图、音乐、游戏、艺术、建筑、历史、社会学、幽默、性等各领域，它成为一所庞大的"穷人大学"，成为以纸墨造就的原型网络。

　　我们重新审视企鹅的最好理由大概是，现有的艾伦传记没有公

---

① 　Fine Press，注重图书品质胜于商业收益的一类出版社。——译者注（若无特殊说明，本书注释均为译者注。）

正地记录企鹅精彩丰富的故事。这个故事很有趣，完全不逊色于大卫·芬奇与阿伦·索尔金在电影《社交网络》(*The Social Network*)里表现的脸书狂乱天才。《社交网络》中，马克·扎克伯格与女友分手，促成了他的性格；企鹅的故事里，艾伦·莱恩这个穿着燕尾服、劲头十足的年轻人，在深夜戏剧晚会结束后，借着满月的光辉，驾驶双轮单马车载着一个姑娘穿过海德公园。艾伦选了这完美的时刻向美丽的同伴求婚，却被一口回绝了。与爱德华多·萨维林、卡梅伦·文克莱沃斯和泰勒·文克莱沃斯兄弟臭名昭著的诉讼相对的是，1961年《查泰莱夫人的情人》大卖后，企鹅股票价值翻了150倍。股票经纪人称这些股票为"查泰莱股"，他们因此大发其财。艾伦也大赚了一笔，但是理查德却感觉自己遭到欺骗和背叛。2013年，传统出版面临着电子图书、按需印刷等挑战，此时，企鹅与兰登书屋合并，总资产达到24亿美元。艾伦与扎克伯格无疑性格迥然不同，但他们都展现出了成功所需的生猛决断。两人都以大胆以及玩乐态度创建了企业。

　　本书以对理查德日记以及莱恩家族的其他文件（其中多份文件从未被研读过）前所未有的深刻研读为基础，是首部关于理查德和约翰生平的严肃传记作品，本书也从新的角度考察艾伦的生平和影响，描绘并理解三兄弟之间多面而变化的关系，而他们对企鹅的精神和成功至关重要、影响深远。在艾伦一生的大部分时光里，理查德和约翰是他真正的伙伴，而理查德又是他的提醒者、他的搭档、他的至交。虽然约翰在企鹅历史上发挥的作用中止了，但在去世后很长时间，他仍旧是企鹅出版社中一个有力的存在。

　　在与兄弟们创办企鹅之前，理查德在澳大利亚南部和新威尔士的乡村度过了一段养成他个性的青春时期。这段经历及其对早期企鹅图书风格和定价的影响为探寻企鹅的开端提供了全新视角，本书对它们的考察尚属首次。理查德的日记和评论珍贵无价，它们为研究三兄弟的童年、家庭出身、如何被博德利·黑德出版社（王尔德和《黄面志》①的出版商）带进图书世界，以及形塑他们人生的其他重要时刻增添了新的信息。本书也参考了对保存布里斯托尔大学的珍贵的企鹅公司档案的研究，并引用了对莱恩家族成员及其他知情人的采访谈话。《企鹅与莱恩兄弟》考察了兄弟三人及他们之间的关系，力图增进读者对企鹅作为一家企业、一项出版革新与一家先锋媒体的历史的认识。本书的首要目的是真实、完整地讲述这家 20 世纪最伟大的出版社的精彩故事。

斯图尔特·凯尔斯

2015 年 7 月

---

① 《黄面志》(*The Yellow Book*)，英国著名的文艺季刊，1894 年 4 月创刊，1897 年 4 月出到第十三期结束。杂志采用精装书籍的形式，每期 300 页左右，黄色硬封上压印黑色图案，《黄面志》即据此得名。

序

两个男孩在古树林里游逛。他们是亲兄弟,虽然相差两岁,但个头相仿。他们抬头望见高高的橡树上有一个鸟窝。哥哥艾伦爬上树,从窝里偷走一枚带蓝色斑点的鸟蛋,含在嘴里。弟弟理查德小心地指引哥哥从树上下来,让艾伦别摔着,免得压坏了鸟蛋。

这是一个真实的童年故事。这幅田园诗般的情景是对两兄弟,加上约翰就是三兄弟的隐喻,他们创建了现代最著名的企业之一,企鹅出版社。这个偷鸟蛋的隐喻非常恰切。这么说是因为艾伦往往首先出击,理查德则常常给冒进的哥哥提醒;还因为很多次,隐喻的鸟蛋马上就要到手,却被压坏了。

利林①中的这一美妙时刻,与其他许多共同度过的童年时光,成了兄弟两人记忆中的试金石。在后来的半个世纪中,理查德总是相信愈发有钱有势的艾伦还是那个与他在林中玩耍、在布里斯托尔和英国西南部一起无忧无虑探险的男孩。

要明白这块试金石和这个隐喻,我们必须从头说起。

1

---

① Leigh Woods,英国埃文河峡谷西南部的一块林地。

第一章

莱恩兄弟的父辈威廉斯一家

故事始于一次背约。

卡米拉·玛蒂尔达·莱恩生于德文郡北部巴克兰·菲利村的一个自耕农家庭。1901年,卡米拉二十八岁,与邻近农场的鲍勃·哈里斯订婚已经八年了。她父母期盼这桩婚事能联合起两块毗邻的地产。然而,卡米拉住在布里斯托尔的亲戚家时,注意到了圣玛丽红崖教堂唱诗班的一个小伙子。下一个星期日,卡米拉再次来到这间教堂,在做礼拜的人群中,特意挨着小伙子坐下。就这样,两人同看一本《赞美诗》,还聊起天。到头来,他们发现都认识同一个朋友,这人可以体面地介绍他俩认识。

卡米拉被迷住了,她抛弃鲍勃·哈里斯,和塞缪尔·艾伦·加德纳·威廉斯好上了。这可把杰贝兹气坏了。他不许女儿从莱恩家出嫁给塞缪尔,于是这对恋人就在他们相识的那座美丽教堂结了婚。当回忆起这段情事,卡米拉总说是她"猛追"塞缪尔的。

艾伦、理查德、约翰、诺拉,1902年、1905年、1908年、1911年。卡米拉和塞缪尔的孩子们出生间隔相同,从表面看,像是经过一番计划似的。而实际上,威廉斯家对于小孩就算有计划,也相当粗略,他们只是想建立一个充满爱的家庭,让孩子们在其中茁壮成长。比起安排生活来,卡米拉和塞缪尔这两颗善良的心,更擅长的是安排生小孩。

节俭、勤奋、一丝不苟:和卡米拉一样,塞缪尔外表严谨,内心却浪漫。在职业选择方面,他决定既不承父业去航海,也不像祖父一样做殡葬生意。塞缪尔取道中庸,成为布里斯托尔①议会的民用建筑师与测量员,协助实施城市规划和发展。业余,他有些不寻常的爱好。除了在教会唱诗班演唱之外,他还进行摄影实验,并且是公认的车达奶酪的行家。他酿造苹果酒(晚餐时,自己用皇家道尔顿的苹果酒杯喝上一品脱),也用欧洲防风草、黄花九轮草和蒲公英酿造菜酒(自己一口也不喝)。他是一位精熟的木匠,应用斯堪的纳维亚工艺教育的木工手艺做过椅子、斗柜等家具。他还是康沃尔协会会长,在公共场合戴着官职领圈。

后来的作家们非常坦率地将塞缪尔·威廉斯描写为一个圆头、红脸膛的矮个男人,长着海象牙一样的胡须,他听老婆的话,怀着杂七杂八的兴趣,在生活的琐事中一路跌跌撞撞。但是这个形象并不公允,与孩子们对他的印象相距甚远。在艾伦、理查德、约翰和诺拉眼中,他们的父亲是一位威尔士巨人。理查德在日记中称他是"我已认识和将认识的人中,最好的"。

在布里斯托尔北郊,塞缪尔以公职人员的一份不高的薪水供养着不大不小的一家子,他们住在一所大房子里:布鲁姆庄园是一座迷宫般的四层高楼,用微微泛红的石块修建,坐落在一块陡峭岩石的平台处。当塞缪尔叫儿子们给一楼的房门刷油漆时,一共刷了十七扇。由于布鲁姆庄园的朝向,面山的厨房成了阴暗的地下室。塞缪尔用翻新的铺路木料铺了地板,这让厨房舒适了许多。厨房没通水,所以

①　Bristol,位于英国英格兰西南区域,是英格兰核心城市之一。

得从餐具洗涤室打水过来。三楼和四楼也没有通水,并且这座烧煤的房子没有持续的热水供应。星期六晚上是洗澡时间,而夏天就冲凉水澡。门前路上有一间储煤室,厨房正前方是一个没有防蝇措施的垃圾堆。艾伦和理查德担心这样的混合布局不够卫生。

布鲁姆庄园位于科腾谷(Cotham Vale),这条街布满意大利风格和维多利亚风格的建筑。街上每个人都认识一位抱着一摞报纸、手拿雨伞的老人。诺拉喜欢学老人尖声叫卖:"报——纸!"另一位本地名人是一个竖琴师,冬夜里,他用手推车载着竖琴转街过巷,在人家屋外演奏。威廉斯家和邻居们鼓掌喝彩,硬币洒落如雨。科腾谷是度过童年的好地方。

威廉斯家的孩子从小就是自豪的布里斯托尔人。他们见过一列名人跟在市长大人身后,他身穿貂皮镶边大衣,手拄银权杖,戴着金链。像所有布里斯托尔男孩一样,理查德认得主要的机构:消防中心、警察总局、自来水厂、W. D. & H. O. 威利斯卷烟厂,还认得一副常规演出打扮的女低音歌唱家克拉拉·巴特。他知道本地所有的教堂:圣玛丽·廷德尔公园、圣玛丽红崖、诸圣、圣约翰、大教堂、圣安瑟伦和圣马可。在圣马可的市长大人小教堂,理查德第一次听到那曲激动人心的《听,听我的灵魂》。但是,圣玛丽红崖是他的最爱——在布里斯托尔,在英国,在全世界都是。

每个星期日晚上,威廉斯一家都在布鲁姆庄园的客厅唱圣诗、唱歌。卡米拉在架着烛台的钢琴上弹奏,家人围绕着她。塞缪尔歌声低沉——他最初就是凭着这副嗓子迷住了卡米拉。理查德爱唱《天佑吾王》,还能用小提琴演奏几个小节,不过他是把这精巧的乐器放在膝头,只在一根弦上拨弄。理查德就这么和兄弟们合奏《荷兰人的狗》。艾伦脚踩延音踏板,猛击钢琴键。脸儿胖嘟嘟的约翰抓起六角风琴,他缩短了所有休止符的停顿时间,把六角风琴拉扯得快要断裂，又同样猛力地压合，直到每一丝空气都给挤了出去。"哦，去哪儿了？哦，它能去哪儿？"兄弟们放开喉咙，组成不和谐的合唱。理查德后来回忆说，要是那个老荷兰人使出他们一半的力气，狗早就马上听到主人的呼唤了，也就不会有这首歌了。

在威廉斯家的孩子里头，理查德最喜爱诗歌和文学。童年的阅读使他对奥维德、莎士比亚、斯宾塞、弥尔顿，甚至欧几里得，有了时新的、中上水平的品位。他欣赏沃尔特·斯科特、马克·吐温的作品，以及奥利弗·温德尔·霍姆斯的《早餐桌上的独裁者》（*Autocrat at the Breakfast*），然而他最欣赏的还是弗朗西斯·帕尔格雷夫编的杰出诗与歌《英诗金库》（*Golden Treasury*）。对理查德来说，这本书成了一个老友之家，而其中的至亲是托马斯·格雷①的《墓园挽歌》（1750），尤其是这一段：

> 晚钟响起来一阵阵给白昼报丧，
> 牛群在草原上迂回，吼声起落，
> 耕地人累了，回家走，脚步踉跄，
> 把整个世界留给了黄昏与我。②

家里也有16世纪的所谓"马裤版"圣经（"便拿无花果树的叶子为自己做马裤"）；还有《海滨杂志》的过刊，以及威尔弗雷德·惠滕的《伦敦的约翰》（*John O'London's*），理查德看重它们的文采和摹写现代生活的机智故事。尽管有这些吸引人的书，理查德又对书怀着真挚的热爱，他的童年却并没有过多的书卷气，反而充满了历险和俗趣。

从科滕谷步行就能来到大自然中。理查德在《英诗金库》中读到

---

① 托马斯·格雷（Thomas Gray，1716—1771），英国18世纪重要抒情诗人。

② 卞之琳译文。

过小溪、草地和"比一切都可爱的"树林,但是在布里斯托尔郊区,他和艾伦可以实实在在地观看、触摸、攀爬这些东西。雷德兰公园离布鲁姆庄园只有一箭之地,德丹姆山丘延伸向埃文河。再向西去就是苍翠绵延的利林。艾伦和理查德在这一带玩得非常熟,他们爬进埃文峡谷,一步挨一步地攀上劳拉瀑布,再到夜莺山谷探险。他们最喜欢的漫步路线要经过伊桑巴德·金德姆·布鲁内尔修建的令人胆战心惊的吊桥,到了桥中央时,深谷的左边林木郁郁葱葱,风吹高树,枝叶随风摇动,而右边尖石遍地,中间散落着几个植被斑驳的小岛。这番美景在柔光中展于他们面前。两位漫步者走下吊桥,桥的另一端就是萨默塞特了。他们走过高大的拱门和圆柱,读着上面的拉丁语铭文:"艰难建造的一条悬路。"(SUSPENSA VIX VIA FIT)到了春天,利林中满地是报春花和蓝铃草,两兄弟沉浸在花草的芬芳中。艾伦和理查德除了掏白嘴鸦的蛋,还逮蝾螈,捕蝴蝶,采蓝铃草,他们用自己制作的鱼竿从库姆比峡谷的特里姆河中钓棘鱼。

等两兄弟买得起单速自行车后,他们就到处游玩。骑着单速自行车游山,特别是攀登黑仔树山和科滕山,可不是一件轻松的事,下坡时稍有不慎就会摔破膝盖,而在颠簸的路面上拐弯则很容易撞上栅栏。男孩子们还有一辆旧的手推车,他们把它当婴儿车玩,先推上山,再踩着一路从山上冲下。理查德后来在给家人的信中提到这辆手推车,他回忆起"以每小时 15 英里的速度飞下山坡的刺激,还有以每小时 2 英里的速度推上山坡的不刺激"。假日里,全家到斧桥的砖厂去,那儿也有一辆手推车,它的轨道环绕着整座工厂。三兄弟连推带拉地把这辆车送上一处高地,然后坐进去,以疯狂的速度猛冲而下。

作为莱恩家和威廉斯家的怪人,塞缪尔和卡米拉比起亲戚们,经济条件稍差,但是受的教育要好一些。他们的育儿观念很进步。布鲁姆庄园的管理体制介于主权民主和无政府工团主义之间。塞缪尔和卡米拉从不觉得需要打孩子，而是鼓励个人主义和自由，那时这种教育理念还远未流行。艾伦、理查德、约翰和诺拉享受着爱，却没有被宠坏。父母教导孩子们幸福重于成功，智力成果胜于财富。塞缪尔和卡米拉说他们欣赏孩子们任何动手动脑的成果。在这种氛围中，威廉斯家的孩子自然以动手为乐。诺拉做日历，并配上水彩画。在农展会上，理查德和艾伦用收集的软木塞缝制了一件夹克。男孩们喜欢实践，他们跟着卡米拉的亲戚学做农活儿。理查德有猜谜的天分，他还喜欢精密的器械，比如锁、枪和引擎，很快就学会了拆卸、组装这些东西。幼年时，他开始收集钥匙；少年时，他收集枪械；成年后，他又逐渐拥有了许多汽车，经常摆弄；然而，说到他一生持久的爱好，仍是藏书。

理查德像父亲塞缪尔一样对精密之物感兴趣，而且也有一颗好奇的心。他把布鲁姆庄园的一间卧室改建成了工作间，来显影、印刷他用 8 cm×11 cm 胶片相机摄制的底片。庄园还有一间房供女佣住，于是大家就得合用剩下的房间。有几年，艾伦和理查德住在布鲁姆庄园最好的房间里。他俩的卧室在房子正门的上方，屋里贴着鲜艳的红色墙纸，采光充分，因为不远处就有一盏路灯，所以即使在晚上，房间里也亮堂堂：他们是住在恒明之屋里的两位王子。

两兄弟外形相仿，看不出年龄不同。理查德从小个头就差不多赶上了哥哥，而他们相貌又相近，所以倒像是一对双胞胎，不过艾伦有点儿发胖。两人都是方下巴、红脸膛、肤色白皙、一头金发，但理查德的发色更浅一些。从早期的黑白照片上几乎分不清哪个是艾伦，哪个是理查德；一个区别是理查德总是笑眯眯的，仿佛在拍照前艾伦刚刚讲了什么逗笑的话。两个人平时形影不离。星期日晚上的家庭音乐会结束后，艾伦和理查德会走到克利夫顿山丘去，在莫蒂默宅邸

7

由左至右：理查德、约翰和艾伦·威廉斯，1912 年 8 月。

唱诗班歌手理查德与艾伦："艾伦以声音入选，迪克则凭相貌。"

的院子里出一会儿神。他们参加了同一个童子军团，又都参加了圣安瑟伦教堂的唱诗班——"艾伦以声音入选，迪克①则凭相貌，因为他像天使一般双眸碧蓝、脸庞粉嫩"。（1907年，在克利夫顿的普鲁士画家弗里茨·冯·坎普茨为理查德画了一幅天使般的肖像；弗莱牌巧克力曾想在包装盒上使用理查德的画像，塞缪尔没有同意。）合用房间让两兄弟更亲密了。在布鲁姆庄园的安静时刻，他们总是在鼓捣新的恶作剧。

然而，两兄弟个性相异。他俩都认识到了各自的恩赐，但是理查德真当作恩赐看待，而艾伦却认为理所当然。与理查德相比，艾伦没有那么乐观，他更严肃、内向，可能更愤世嫉俗，交朋友更慢热。他对托马斯·格雷，对他的晚钟、报丧、脚步踉跄毫无感觉。但是理查德爱戴、欣赏他的哥哥。这位老二养成了对荒诞的感受力，而艾伦则拥有理查德觉得难以抗拒的品质：对一起做事的热情，不管这事多么离奇，多么考虑不周。威廉斯家的老大、老二有一点倒是相同，就是都相当自信，这让他们所向无敌。理查德以与艾伦相伴为至乐。

在各种密谋中，威廉斯家的男孩们表现出了明显的开创性，这开创性创新、直接、没有明确的目的。当得到一个机会，可以在老网球场上租一小块地建园子时，他们欢呼雀跃。这块地需要开垦，活儿很重，每一块草皮都得深埋一英尺。理查德后来回忆说："艾伦非常聪明，他告诉附近唱诗班的男孩们，干一点儿轻松愉快的活儿，就能换得免费的糖果、蛋糕还有柠檬汁。"就这样，威廉斯家的地块是最先种好的。艾伦和理查德用土豆皮做肥料，土地更肥沃了。在第一届农展会上，他们园子出产的土豆夺得了"最大土豆"奖。

宾厄姆先生参与管理着布里斯托尔的自来水厂，像塞缪尔·威

---

① 理查德·莱恩的呢称。

廉斯一样，他也是地方政府这台机器上的一个中号齿轮。威廉斯家和宾厄姆家交好，常一起去布里斯托尔山丘野餐、打板球。在晴朗的夏日，他们总去山间打非正式比赛。尽管威廉斯家男孩们的音乐才华并不显著，两家还是组成了宾厄姆-威廉斯表演队。他们在布鲁姆庄园给一小群观众演剧，以此为战马和蓝十字会提倡的其他事业募捐。到了戏剧的高潮，塞缪尔头戴军用头盔、腰佩宝剑，装扮成德皇威廉出场；所有演员都簇拥着他，场面热闹非常。观众轰动了——塞缪尔把德皇威廉演得惟妙惟肖——于是这场高潮戏被要求演了许多遍。

　　威廉斯家的孩子们所接受的学校教育从头到尾都是乱糟糟的。四个孩子的学前教育各不相同。理查德上完幼儿园后，去了艾伦就读的泰利斯福德学校。校长克劳福德先生每天都用手杖教训学生，不管借口站不站得住脚。艾伦一个人在泰利斯福德时算个乖学生，理查德来了之后，他们产生了兄弟间的竞争关系，于是两个人都遇上了麻烦。校长说他俩就像泡腾散的两种成分：分开的时候都安静无事，凑到一起就沸腾了。理查德后来回忆在泰利斯福德的时光，记得的只有受惩罚。

　　理查德离开泰利斯福德学校后，在克利夫顿学院待了一段时间，后来他和艾伦都去了布里斯托尔文理学校。男孩们管这所学校叫"文理"，管自己叫"英国最了不起的学者"。他们在操场、大厅和学校的其他优雅建筑之内以及周围活动，以老师、社团、运动、比赛、打架、开玩笑和搞恶作剧为生活中心。

　　理查德对板球感兴趣，密切关注着自己学校对唐塞德学校、切尔特纳姆文理学校以及其他兄弟学校的首发阵容。艾伦的傻笑常惹怒老师，他对板球就像对格雷的《墓园挽歌》一样没什么兴趣。可以说，他对任何团体运动都不感兴趣——因为他的一只脚不太灵便——但他喜欢爬墙，从自行车棚一直爬上体育馆屋顶，在那儿，他和同学埃内斯特·维尔莫特共享违反校规的野餐。他们一边吃，维尔莫特一边把自己的姐妹指给艾伦看，"她和其他女孩一起在路对面垦荒"。艾伦欣赏着远处有趣的画面，不觉过了两个小时。就像在泰利斯福德一样，两兄弟在"文理"也没少惹麻烦。

诺拉·威廉斯跟着哥哥们学了不少把戏，搞起恶作剧甚至更胜一筹。她在弗兰兹中学寄宿，那是位于埃克塞斯郡萨弗伦沃尔登的一所贵格会学校。诺拉读高年级时，麻疹爆发。有一天，她看到两个低年级学生经过走廊，就把她们带进一间空教室，"拿出颜料盒，给她俩脸上画满红点"。

> 然后，她把两个学生放走。她们刚一离开她的视线，就被老师发现了。这位老师没有仔细检查，径直把她们送进隔离真正麻疹病人的房间。很快，人们就发现这些红点是画上去的，但是事情已经无可挽回了，因为这两个学生接触了真正的麻疹病人，不能再回到她们班上去，只好继续隔离。

严厉的女校长普利斯曼小姐狠狠地批评了诺拉一通。但这不是她们最后一次交手。每个学生都有一只"床下盘"，就是放在床下的一只金属圆盘。

> 诺拉向室友们提出挑战，看谁能在走廊里滚圆盘。室友们都不应战，于是诺拉就亲自上阵。走廊尽头是很长的一段石砌台阶，圆盘越滚越快，冲下台阶，发出了很大的声响。诺拉没有拦住飞滚的圆盘，最终它停在台阶底下。普利斯曼小姐可一点儿不觉得这很好玩。她对诺拉说："明天晨祷过后，你带上那东

10

西来我办公室一趟。"诺拉按时来到办公室，发现普利斯曼小姐已经挪好家具，腾出一块滚圆盘的地方。她说："既然你喜欢这项运动，那就在我办公室滚一个小时盘子吧。"诺拉不停地作揖恳求，累得腰都酸了，也没有打动老师。

"圆盘插曲"在弗兰兹学校远近闻名。诺拉的姨妈们、姑妈们警告女儿——弗朗西丝·科利霍尔尤其警告琼·科利霍尔和伊夫琳·科利霍尔——离这位表姐妹远点儿，因为她和她的三个哥哥"总是给大家惹麻烦"、"搞恶作剧"。

在"文理"，理查德又结交了一个捣蛋鬼道格·盖尔。他俩在克利夫顿硬地网球场打网球。这位道格像艾伦一样，做什么都有一股热情，理查德就欣赏这劲头。两人都着迷枪械火药。他们自己配制了火药，拿经过怀特雷迪兹路道格家门口的有轨电车测试威力。结果，一辆经过的电车引爆了火药，"爆炸声传出几英里"。

理查德始终记得三位教过他的老师：比姆斯先生、哈钦斯先生和福泰先生。"亲爱的老'棍'、亲爱的老'蛋'和亲爱的老'五十'"。像许多布里斯托尔文理学校的学生和校友一样，他也喜欢哈钦斯先生。理查德喜爱、尊敬甚至崇拜的这位老师，每个人都管他叫"蛋"，而"英国最了不起的学者"还有他们自己的暗语，好像管他叫"肉球"。哈钦斯先生衣着剪裁得体、言语和气，脾气也很温柔。理查德起初认为"蛋"不会对男孩们着迷的事感兴趣，比如世界杯拳击赛。可是有一次英文课上，哈钦斯先生发完批改好的作文之后，就转而谈起时兴的话题：卡尔庞捷和登普西谁会赢？哈钦斯先生宣称一定是登普西赢，他为自己的观点提供了技术支持——两位选手的比赛纪录、体重，以及技术——男孩们绝想不到他竟懂得这些东西。当登普西最终击倒卡尔庞捷的时候，"蛋"在学生心目中的形象更加高大了。

11

　　艾伦刚到"文理"的第一学期，一位老师请他给哈钦斯先生捎个便条。艾伦犹豫了。哈钦斯先生是哪位？同班一个男孩见他不知所措，就悄声说："蛋。"艾伦听完就去了。

　　福泰先生，绰号"五十"，在"文理"也很受学生欢迎。他在理查德班上做过三个学期班主任，理查德后来回忆说，这是三个"非常愉快的"学期。理查德选修了福泰先生星期一下午的圣经课。这节课的过程从不变化："我们先学一段圣经，然后一个主题接一个主题地讲。到了最后，他几乎总是会说到他怎样驾着一艘半吨快艇差点儿撞沉'阿基塔尼亚号'远洋轮船。"

　　暑假的大部分日子是在德文郡乡下的农场上、卡米拉的亲戚家度过的。这些农舍"已经历经了几个世纪"：

　　　　一小块草坪，绿树，鲜花，菜园，小果园，大厨房，凉爽的餐具室——板条架子上放着几盘正在制作的奶油，带手摇泵的井——在酷热的夏日可以摇上来清冷的井水，许多外屋，马厩，牛棚，农具房，荷兰式盖棚。这一切都环绕在绿色的田野、栅栏、报春花、蜀葵和野草莓之中。

对威廉斯家的男孩们来说，在农场用餐很新奇——农场主一家、客人们，还有所有农夫全在一张长桌上用餐。自制烤肉、炸土豆、煮土豆、"想吃多少有多少的鸡蛋"。暑假以外的其他时候到农场做客，威廉斯一家则享用热闹的傍晚茶点，"大家围坐在一张明净的桌子旁，桌上堆满了汉堡、火鸡、鹅肉和鸭肉，茶点之后总是端上水果和凝乳，它们盛在大玻璃碗中，上面覆盖着厚厚的德文郡出产的奶油——每个空隙都填满了新出炉的、浇了草莓酱和奶油的司康饼"。

　　塞缪尔带儿子们上乳品店买德文郡出产的奶油时，他们每人都

12 会喝上一杯煮沸的美味脱脂牛奶,每杯只要半个便士。他们的姑父威廉·科利霍尔在温克雷一家酒馆的对面开着一间杂货店,名叫"钟声"。威廉斯家的男孩们可以随便吃店里大木盒中的糖果。(在温克雷发生过一段不光彩的家庭插曲。1910年的时候,威廉斯一家来参加科利霍尔姑父的婚礼,当时三个男孩分别是八岁、五岁和两岁。祝福的人们在教堂外树立起一座庆典鲜花拱门,打算在仪式和喜宴之后举办一场敲钟表演。可是在敲钟人来表演之前,塞缪尔把他们带到了"钟声"杂货店。当然,表演泡汤了。所以说,诺拉可不是科利霍尔家黑名单上唯一的威廉斯。)

第一次世界大战的最后几年与刚结束的那段时间,社会和经济动荡几乎要泯灭英国乡村的许多美好之处。在这样的情势下,威廉斯家的四个孩子都面临着同一个世俗问题:毕业后做什么。对每个孩子来说,这个问题的答案都不同寻常。

第二章

起　跳

　　在布里斯托尔文理学校，艾伦的英文和算术都成绩不佳。理查
德学业稍微好些，但他也像艾伦一样早早离校，没能继续升入大学。
虽然如此，但理查德离大学并不遥远。他和兄弟们喜欢喝苹果酒，父
亲喜欢在布鲁姆庄园酿苹果酒。于是，理查德想学习大规模生产这
种苹果酒，而这之前他得先学会酿酒工艺。就这样，理查德中学毕业
后，作为一名工读生，去了布里斯托尔大学农业与园艺研究站。

　　这所研究站位于布里斯托尔市西南几英里的朗·阿什顿，当地
人管它叫"苹果酒研究院"。起初，理查德骑着自行车来回，后来塞缪
尔给他买了一辆二手摩托。十六岁的男孩简直崇拜这辆三马力的道
格拉斯，他常骑着它欢快地翻越青山，沿着曲折的古道飞驰。这辆他
给起名叫"老公共汽车"的机器速度相当快：圣诞节前夜，艾伦和理查
德到新帕西奇看日落，而在晚饭之前已经回到家里。他俩骑着道格
拉斯到处兜风，沿途经过茅屋、灌木树篱、攀缘的玫瑰、石墙和葱翠的
英国树木。他们到韦斯特伯里、弗拉克斯·博尔顿和查德；到贝德明
斯特山丘，从这里，他们夜里可以望见城里的灯火。骑着道格拉斯摩
托车旅行的这段日子里，威廉斯家两兄弟的关系最亲密。

　　在日记中，理查德留下了许多细节，足够让我们重建一次典型的

到酿酒研究站之旅——这是他那时日常生活的一个生动片段。在寒风料峭的清冷早晨，一个小伙子推着道格拉斯摩托车走出布鲁姆庄园，他穿着衬衣，打着领带，歪戴帽子，上身风雨衣，下身马裤，一双长筒靴擦得锃亮。他拍拍道格拉斯，掸掸化油器，调试好控制杆，最后朝家投去告别的一瞥，推车出发了。（道格拉斯没有离合踏板，每次启动都伴随着一阵摇颤。）引擎发出几声巨响后启动了，小伙子骑上摩托……拐上亚伯丁路，拉起大衣、两膝紧贴油箱，最后拉拉帽子、拽拽手套。到科滕山的那个危险路口，还有怀特雷兹路的凶险街角减速。在橡树田路通向维多利亚大厅的那条林荫大道上一路畅行。减速经过那位警察。右转，跨过电车轨道，横穿"三角"购物区，右转。路很窄，左转，路又变宽。这里总有许多孩子，所以"安全第一"。右转，骑上霍特威尔斯路，在报摊前停下来买一份《每日邮报》，塞进大衣，继续赶路。下一个路口有执勤警察，向左急转，上第一座旋桥，这座桥只容两辆车并排通过。爬上一个小坡，来到第二座旋桥；如果此时桥已旋离，就得等着它再旋回来。接着，飞驰两百码，通过一座窄桥，就此出了城。前进，右转，一路到"史密斯纹章"旅店。骑上一段缓坡，到阿什顿公园的一扇大门向左急转。路过一个去公交车站的漂亮姑娘。上坡下坡，左转右转，飞驰路过"手中鸟"餐馆和救济院。这家救济院大门上方写着斯宾塞的诗行："劳累后的睡眠，暴风后的港湾，战乱后的和平，生命后的死亡，乃是极大的快乐。"左边，下坡一直通向铁路；右边，绿色的田野延伸到天堂酒店。现在，引擎震动。路过去研究站的人们，正好赶得上读早报。右转，减速，挤入办公楼前狭窄的绿门，把老摩托车推进车棚，踢下脚撑，开始一天的工作。

　　回家的路上，理查德每天与同样的人相遇，他以这些人如何回应他热情的招呼来评断他们。一个骑金手牌自行车的沉默男人；一个开福特汽车、从来都高高兴兴的男人；一个骑自行车、总给他道"晚

15

安"的男人;一个开八马力罗孚轿车、从来不打招呼的司机;一个也骑一辆道格拉斯摩托、友好的熟人;还有那位"运动员",身高 6 英尺 3 英寸,体格壮硕,穿一身浅色粗花呢套装,拿着手杖,一次不落地向他问好。在一个急转弯,理查德总想不动脚就转过去。现在引擎已经发热。他从山顶一路飞驰到家,把摩托车停进车库或者门厅,就马上"坐下来与世界上最棒的伙伴一起喝茶"。

在朗·阿什顿,理查德在果树栽培学家和果园领班的指导下,学习培育、种植酿酒用苹果树,他常帮他们做事。领班厄尔布·瓦茨给人留下深刻的印象,他能举起、推动笨重的板条箱、木桶和压榨机,他还有别的光辉事迹。天气好的时候,他们能制作一千加仑苹果酒。

理查德从一位在公交车站等车的漂亮姑娘身边经过,但他总是太害羞,不敢和姑娘说话,甚至不敢朝她笑,只是加快速度匆匆而过。艾伦却与理查德相反,从来不避着姑娘们。他欣赏她们,抓住一切机会接近她们,包括在教堂做礼拜时。艾伦和理查德对姑娘们态度不同是因为他们年龄相差三岁,这个差距也造成了其他的不同。两位弟弟如今觉得艾伦更加成熟的兴趣充满魅力,而最早他们觉得这相当有趣。在成人的男女关系方面,艾伦总是领先几步。

理查德的朋友道格·盖尔有两个妹妹,罗玛和罗斯玛丽很有魅力,她们有一间兔舍。艾伦十五岁的时候,开始对姑娘们产生真正的兴趣,他发现与盖尔家姐妹相见的最便捷方法就是约在兔舍见面。1918 年,一位远房舅舅到布鲁姆庄园做客。老约翰·莱恩在图书界很有名气。他拥有令人崇敬的博德利·黑德出版社(The Bodley Head),这家出版社早在二十年前就出版过奥斯卡·王尔德和奥布里·比尔兹利的书。莱恩和妻子安妮在伦敦的家毁于一颗德国炸弹,识透时势的仆人拒绝再住在炸毁的房子里。于是,夫妻俩搬到了巴斯,那儿离布里斯托尔不到 14 英里。在布鲁姆庄园,莱恩提出一

16　个对威廉斯家意义深远的建议。他说,战争结束后,如果艾伦愿意,可以到舅舅的博德利·黑德出版社去,学习做书、卖书。了不起的舅舅要给艾伦的不只是一份出版工作,很可能还是一份出版社遗产。面对一个改变命运的机会,艾伦却犹豫了。他有别的心思。

　　理查德记录了艾伦与图书事业令人丧气的首次接触:"约翰舅舅……想引起艾伦对博德利·黑德的兴趣,可艾伦突然说他得去喂兔子了。约翰舅舅说,如果他对动物比对书更有兴趣,那他最好去做农夫,而不是来出版社。"艾伦后来有更多的机会"喂兔子"。(比如,作为一个在伦敦大受欢迎的单身汉,他与四个女人同时交往。她们住在城里不同的地方,却有一个相同的名字,菲莉丝。艾伦让诺拉帮他接电话,好知道打电话来的是城北的菲莉丝、城南的菲莉丝、城东的菲莉丝,还是城西的菲莉丝。)即使艾伦觉得道格家的罗玛和罗斯玛丽比与约翰·莱恩聊出版有意思得多,他最终还是与舅舅谈了话,并签约做莱恩的学徒、助理和杂役。

　　莱恩没有孩子,他提出了一个接收艾伦的条件:艾伦必须从姓"威廉斯"改为姓"莱恩"。卡米拉和塞缪尔帮了这个忙,于是艾伦就用起了艾伦·莱恩-威廉斯-莱恩这个有点儿奇怪的名字。1919年4月,威廉斯家的六口人全都改姓了莱恩。卡米拉明智地认为,让艾伦一个人姓她的父姓会很奇怪;人们会觉得这很费解,甚至不妥。卡米拉不想让家里的任何一个孩子觉得自己被孤立、被嫌弃。塞缪尔的父亲意识似乎并没有受到侵犯。一星期后,十六岁的艾伦更名改姓,开始到博德利·黑德工作。

　　矮墩墩的约翰舅舅也是十五六岁就开始工作。他养成了对文学和艺术天分无可挑剔的鉴赏力,这使他作为出版商在两个国家都取得成功。三十多年来,他是文学界的柱石,并在出版界声名赫赫。莱恩是德文郡的农家子弟,出生于西普特福德村,在乡间长大。童年时,他曾捉鲑鱼、放羊、种玉米,在树林和沼泽游荡,成年后,他始终珍视这段浪漫的记忆。对艾伦来说,还有比莱恩更好的导师和榜样吗?

与约翰·莱恩相遇是威廉斯家的一件幸事,但约翰舅舅也有自己的问题。约翰年轻时来到伦敦,起初在铁路结算所工作,管铁路业务之间的结算,他做得很糟糕。在业余时间,他买卖书和古董。后来,这份副业经营得非常成功,于是他索性把活儿带到办公室,付钱请结算所的同事帮他做。再后来,莱恩与明显和他志同道合、实际上生意规模也相近的藏书家和古董收藏家埃尔金·马修斯合伙,开了一家正规些的店。他选中了维哥街的一间门面,这地方先前起过一场大火,毁了不少东西,并且是“一群稍微上点儿档次的妓女聚集地”。莱恩蓄了络腮胡子,做起“首版书和珍本”的生意,同时也买卖一些品相稍次的书。莱恩和马修斯给他们的店取名“博德利·黑德”,这是按着德文郡名人托马斯·博德利爵士的名字起的。后来,他们不光买卖书,也开始做书,但这个店名一直保留下来。

那时,伦敦社会上的许多人特别渴望拥有制作精良的图书、书目珍本,以及那些因着微小的区别,比如有题字或者版次特别,而从书海中脱颖而出的书。在这种环境中,藏书业的一个薄弱环节蓬勃发展起来。莱恩与目录学家托马斯·怀斯、哈里·巴克斯顿·福曼同处一个圈子。博德利·黑德出版了一册巴克斯顿·福曼编的济慈诗集。得此相助,怀斯和巴克斯顿·福曼登上了珍本书阶梯的最高一级,不料结果却向众人暴露了他们是小偷、伪造者、作假者和骗子。博德利·黑德能发达还有一个原因:他们出版了一系列“新艺术”封面的图书,广受欢迎和追捧。

在辉煌的创业时期,公司曾支持艺术和文学领域衰微的审美运动,同时以诗歌出版巩固了公司的业务清单。莱恩靠着理查德·勒·加利耶纳作为文学顾问,笼络了一批年富力强的狂热诗人,他们对诗歌的热情极为炽烈，以至于其中不少人竟英年早逝。除了奥斯卡·王尔德的著作和奥布里·比尔兹利的插画，博德利·黑德也出版了大量其他作家、插画家的作品，还有开创性的杂志《黄面志》和《风暴》(BLAST)。与王尔德的联系一开始对公司很有帮助，后来渐渐失去吸引力。1895 年，王尔德因有伤风化罪受到审判，莱恩也被卷入舆论风暴，从此他便退出自己早年推崇的道德实验。

博德利·黑德公司的合伙协议墨迹未干，莱恩就雇用侦探并开始算计埃尔金·马修斯。当事情发展到分手在所难免时，两人拆分了股份和作家资源。莱恩精明地拿走了公司名称和商标，而马修斯则留下了在维哥街租用的店面。像是要嘲笑前合伙人一样，莱恩又把店开在了附近，就在皮卡迪利大街的奥尔巴尼公寓。见到威廉斯一家时，莱恩年岁已高（六十三岁了），事业有成，出版了几十位作家的几百部著作，表现出了近乎天赋的出版才华。他是通过橱窗展示和广告进行正式或非正式图书营销的先驱。他的出版业务最初以诗歌为主，后来扩展至烹饪、音乐、戏剧、芭蕾、艺术、建筑、交通、工程、园艺、神学、美文学、经济学、小说、游记、历史、经典、时尚、军事和妇科学等诸多领域。

老约翰·莱恩因艾伦说要去喂兔子而忧心，但如果他知道这个借口背后的真正原因，就能理解艾伦了。外表古板的莱恩与他出版其作品的放浪形骸的空想家们之间不乏龃龉。他与披着长发、饮苦艾酒的诗人们在交往，但从来都不过是这个团体里的一名局外人，他像身处一个光怪陆离、放荡不羁的地狱。然而他确实是这个世界的一员；他与多产的诗人威廉·沃森的往来书信生猛而香艳，他也与勒·加利耶纳交好，这位朋友"对一切文字、女人和美酒都满怀激情"。莱恩自己也很讨女人喜欢。1896 年，他遇到了后来成为他妻子的女人，就算在那时候，他还兼顾着不止一件风流韵事。

*

安妮·菲利皮内·艾希贝格生于 1856 年,她父亲尤利乌斯·艾希贝格是波士顿音乐学院的创建人。1884 年,她嫁给了知名战地记者泰勒·巴彻勒·金。金文采斐然的日记透露出他对妻子强烈的关切和柔情。他写给安妮的亲密话儿,安妮都在他去世后,自己写给约翰·莱恩的热情洋溢的情书中派上了用场。安妮和约翰相识在在波士顿发展的作家和社交名士路易·钱德勒·穆尔东在伦敦召集的沙龙上。他们于 1898 年结婚,彼时约翰四十四岁,安妮四十二岁。这对夫妇买下兰开斯特门大街 8 号,后来这个地方成为伦敦的一个时尚之地。安妮写杂文和短篇小说,比如大获成功的"玛丽亚"系列小说,还有一本关于葡萄的小册子。莱恩先生和太太家里的东西全都赏心悦目,兰开斯特门大街成了高尚品位的一座殿堂,迷人的男女主人在此款待伦敦文学圈中人。

撇开热情洋溢的情书这一点,约翰和安妮夫妇是一对古怪的组合。约翰不善与外国人交往,按照理查德·莱恩的说法,他是个"老派的人",认为只要自己英语说得够慢、声音够大,无论对何人、在何地,对方就都能听懂。安妮正好与约翰相反,她曾把阿纳托尔·法朗士的作品翻译成几种语言。约翰只出于工作原因到美国和北美大陆去,其他时候,他乐得留在英国。而安妮·莱恩天生是一个国际主义者和世界公民。她的父亲是德国人,她自己在瑞士出生,童年时移民美国,在那儿,她成了波士顿社会的时髦一员。虽然莱恩也会跳一点儿舞,但大家都知道他不喜欢音乐。有一次,威廉·罗森斯坦带莱恩去巴黎听布拉姆斯音乐会,这位出版家竟然睡着了。相反,安妮却深爱音乐。在十六岁上,她曾为爱国歌曲《致祖国》作词,她父亲谱了曲。1906 年,她与格里格·爱德华去贝希施泰因在威格莫尔街的店里精心挑选了一架完美的贝希施泰因钢琴(一架闺房大钢琴)。安妮

19

定期在兰开斯特门大街的家中举办"音乐晚会";每逢此时,莱恩一定会到别处去。

图书业有一句广为流传的格言:出版人的作用就是尽可能少出书。约翰·莱恩把它改成了"尽可能少付版税"。在生意上,莱恩既是火镰又是灭火毡。最了解他的作家、合作者和竞争对手用"狡猾""诡计多端""奸诈""诈骗""流氓""骗子"等词来表达他们对莱恩及其手段的看法。然而,每次莱恩觉得自己遇上麻烦时,都能顺利脱险。其中一部分原因在于,他会运用友好而富于同情心的人格、温和的语气、泪水汪汪的善意眼神——马上就要流下热泪,来柔化他狡猾的手段。这是安妮注意到的莱恩好的一面。这对古怪的夫妇靠着这种难以说清的办法,才使莱恩免于被他的作者们掐死。

除了眼看自己的房子被齐柏林飞艇投下的炸弹摧毁,莱恩并没有直接卷入大战。自从搬到巴斯,与布里斯托尔和德文郡的亲戚们再次走动之后,他和安妮舅妈就成了布鲁姆庄园的常客,他们也在巴斯、伦敦、克利夫顿、布莱顿回请威廉斯一家。晚饭后,在布鲁姆庄园的客厅,莱恩讲述伦敦和出版界的时事。多亏了这些机会,理查德·威廉斯-莱恩在十二三岁时就懂得了版权以及图书制作、营销的基本知识。约翰舅舅带书给艾伦读——让他见识优秀作品和杰出思想,"受膏的门徒"只是小口咀嚼,而理查德却美餐一顿。他觉得舅舅很了不起,拥有惊人的能量和活力。虽然理查德像安妮和约翰一样,都喜欢美景、诗歌和音乐,但他觉得莱恩夫妇"像是来自不同世界的人"。他虽然对出版伟人的声望和影响没什么概念,却知道舅舅肯定是个大人物,因为看得出来,莱恩与"文理"的校长 J.E.巴顿交情深厚。

虽说约翰·莱恩"总是赏识有潜力的漂亮小伙子",但安妮和她的丈夫是遵循着把莱恩带到了布鲁姆庄园、把艾伦带到了伦敦的家族思路行事。布鲁姆庄园的居民对安妮和对约翰舅舅同样印象深刻。安妮对威廉斯-莱恩家的孩子们态度谦虚,总是乐意贡献自己作为逸闻趣事的主角,比如她讲过一个伞的故事。安妮有许多不同颜色、不同式样的伞,几乎不管去哪儿她都随身带着一把。每年,她都要把五六把伞送去修理。有一天,她坐公交车去取几把伞。这一次,她自己没带伞,但旁边的女士却带着一把。起身要下车时,安妮习惯性地伸手去拿那把伞。伞的主人可不干了,安妮连声道歉。买完东西,安妮取上修好的伞,坐公交车回家,说来真巧,这次又坐到了之前那位女士身旁,那女士看见安妮手里的几把伞,说道:"今天收获不错啊,夫人!"理查德非常喜欢新搬来的舅妈,他们从此开始了一段长久而温情的关系。

21

大战后,莱恩夫妇回到伦敦,住回他们位于兰开斯特门大街的房子,继续在那里招待英国的文学精英。艾伦加入他们之时,他的前途就差不多确定下来了,但是理查德的人生还有许多变数。在苹果酒研究站,他发现每天与厄尔布、杰克、比尔、塞西尔、马克、普兰、斯威特·威廉一起上课、工作固然轻松愉快,却没有什么挑战性。一天中最令他兴奋的事就是骑着道格拉斯在家与研究站之间往返。他开始和他的朋友马克谈论去朗·阿什顿、科滕谷、利林之外的地方冒险。

*

马克姓麦克明,住在研究站对面。他的父亲去过印度次大陆,并在锡兰工作了几年。理查德和马克不过是心血来潮,决定到国外去。他们拨动教室里的锡制地球仪挑选地点,起初他们想也许可以去南非或者美洲。但是这些国家的移民规章非常繁琐,于是两个男孩决定去澳大利亚。塞缪尔·莱恩鼓励儿子把心动付诸行动:他和卡米拉最近在考虑全家迁往澳大利亚。塞缪尔自己年轻时便曾离家去冒险,他在南非淘过金,在布尔战争中做过志愿兵。他到过开普敦,见过狮头山和塞西尔·罗兹庄园。跟理查德谈论他的旅行时，塞缪尔一一列出这些吸引人的地方。他说如果理查德不趁年轻时到国外游历一番，会后悔一辈子的。

塞缪尔和卡米拉提出一个要求：理查德必须旅行工作。于是，理查德和马克寻找机会，可以在澳大利亚工作，而不需要全额预付长途旅行的费用——那时是大约 24 英镑。他们无意间看到一则广告，宣传的是南澳大利亚州的保守派州长亨利·巴韦尔支持的一项"帝国计划"。该计划意在吸引英国小伙子去南澳大利亚州，以在一定程度上补充因大战而伤亡的澳大利亚青年。参与该计划的小伙子——被称为"巴韦尔男孩"——需要签订一份为期三年的合同，在此期间，他们将作为农场学徒在澳大利亚工作。该计划向他们提出一项交易：他们自己预付 10 英镑旅费，政府承担剩余部分，由他们的雇主逐期支付。而他们每星期将得到 4 先令作为劳动报酬。

理查德填写了移民局触及关键问题的申请表：

> 是否会挤牛奶？是
>
> 是否会耕地？否
>
> 是否会驯养重型马？是
>
> 是否有亲友在澳大利亚？否
>
> 是否为退役军人之子？否

表格也请申请人注明宗教信仰——英国国教——并且卖俏似的征询申请人希望按什么线路旅行。理查德回答：东方线或环球线。

申请人还需要提交推荐信。苹果酒研究站站长 B. T. P. 巴克虽然几乎没见过查德，却很愿意为他提供证明，他说这位申请人"完全可靠、诚实、聪慧、好学……自从来到这里，他已经多次参加农场上的季节性劳作。我们的农场面积 90 英亩,主要种植各种果树。从表现看,理查德会成为一个有用之人"。在另一封推荐信中,校长 J.E. 巴顿称赞了理查德的性格,认为他是"完全适合移民澳大利亚的候选人"。

按照计划的规定,农场主也要提交申请。兰顿·阿瑟尔伯特·金现住在穆鲁可。他在申请中说明,他已婚,住处距一座火车站 25 英里,距澳大利亚最长河流墨累河 3 英里。他需要一个信仰新教的小伙子,十五六岁,可以"帮忙修剪、栽种、打药、采摘、制作干果",还可以常在退役军人定居地的灌溉地里帮忙。"小伙子会和我们一桌吃饭、一屋睡觉,和家里人一样。"

一位移民官员很可能不知道布里斯托尔文理学校的校训是"从荆棘上摘葡萄"[①],他勤勤恳恳地把这两位申请者配成了一对。艾伦·莱恩(十九岁)得知理查德·莱恩(十六岁)要离家去澳大利亚,于是给弟弟写了一封充满柔情的信,写到他们共同的经历和希望,写到他对弟弟的感情,还写到他为弟弟入选"巴韦尔计划"而自豪。理查德带上一张艾伦得奖的照片去了澳大利亚;他也许觉得塞缪尔形象伟岸,却把艾伦奉为自己的偶像。

约翰舅舅理解并赞同理查德去澳大利亚做干果制作学徒。他读过弗雷泽希尔的《新南威尔士的土地与财富》(1894),对澳大利亚的发展很乐观。实际上,外甥的打算引起了他的强烈共鸣。1912 年,博德利·黑德魅力超凡的学徒阿伦德尔·迪恩移民去了澳大利亚,他在那里加入了澳大利亚陆军,参加了第一次世界大战,后来他定居在墨尔本,为国家电力部门工作。他在博德利·黑德的职位由本·特拉弗斯接替,这个人家里是干果制作商。理查德临走时,艾伦交给

---

① 典出圣经《马太福音》7 章 6 节:"荆棘上岂能摘葡萄呢? 蒺藜里岂能摘无花果呢?"

他几封信,介绍他认识一些可以在旅途和工作中帮助他的人。

在次子离家前的星期日晚上,全家人穿上最好的衣服去圣玛丽红崖教堂做晚礼拜。卡米拉给儿子一本小祷告书。理查德离开英国时还是个孩子,但是去澳大利亚的决定标志着他童年的重要一章结束了,在这一时期,纯真的快乐和亲密的家庭关系帮助他养成了乐观、谦逊、勤奋的品格,使他得以成为一个男人。每个人在童年时都会有意无意地形成一套规范和期望。理查德·莱恩在布里斯托尔度过的童年给他留下的印象比大多数人的童年更深。他的一些期望很低,一些又很高。家里糟糕的供水状况和不卫生的房屋布局为莱恩兄弟们评价生活环境设定了低标准。布鲁姆庄园的经历尤其在他们心中埋下了对共用浴室的共同痴迷,就是说,他们都痴迷于共用浴室,以至于这在他们人生中产生了令人吃惊的重要影响。另一方面,德文郡的农场餐比布鲁姆庄园的饭菜更丰盛,这又为兄弟们设定了很高的饮食标准,并培养了他们对厨艺的热情。理查德与道格·盖尔、马克·麦克明、宾厄姆一家,特别是与艾伦的情谊,为他今后交友树立了榜样。威廉斯-莱恩家的家庭生活成了艾伦、理查德、约翰、诺拉评价所有家庭的标准。

艾伦和理查德从相同的经历中收获不同。从与老约翰·莱恩的长谈中,理查德欣赏莱恩对文学界的贡献,尤其是他为崭露头角的作家和艺术家提供的帮助,而艾伦感兴趣的则是出版圈的八卦、莱恩舅舅对埃尔金·马修斯令人费解的所作所为,还有持有博德利·黑德出版社优先股的无知的人们。艾伦和理查德曾经一起开了一片园子;理查德因一起做事、能够挣钱而激动,艾伦则注意到他可以分派别人做事。有时,理查德把童年的游戏和爱好当作合作,而艾伦则理解为竞争。

然而,布里斯托尔没有提供足够多的共同经历,而理查德希望仅有的这些能让他和艾伦、约翰永远亲近。他希望莱恩兄弟永远是威廉斯家的男孩，一起钓鱼、一起爬山、一起探险、一起以不要命的速度坐着手推车冲下山坡。

虽然离开家和科腾谷令人伤心，但理查德愿意迎接新生活，这个威廉斯-莱恩家的特点驱策他走向更广阔的世界。理查德从小受到很多养成教育，形成了家庭观、友谊观、金钱观和爱情观。然而，所有这些观念都将在他的澳大利亚冒险中受到挑战。

第三章

巴韦尔男孩

　　1922 年 9 月，理查德、马克与其他 79 名"巴韦尔男孩"从泰晤士河口的蒂尔伯里码头乘"本迪戈号"出发，驶往阿德莱德，这是这艘轮船的处女航。船名是铁行轮船公司取自澳大利亚的淘金城的，其实"本迪戈"也是一位著名徒手拳击手的名字。1300 吨，四胀式蒸汽机，载客 1016 人，船员 225 人，"另加许多猫"。"巴韦尔男孩"听到过许多谎话，最早的谎话之一来自铁行轮船公司的宣传册，上面展示了二铺或四铺、带马桶和洗漱池的房间，还展示了一份午餐样菜菜单："汤、大块肩肉或腿肉、蔬菜、布丁和水果。"可实际上男孩们的住宿条件完全是另一副样子：拥挤的临时房间，"缩在货舱里筋疲力尽"。

　　马克和我住在一个八铺的房间里，不仅房间里没有洗漱池，而且整个这一层都没有水。我们房间有个节水装置，这台巧妙的装置上有一只小盆，用来装从一只小水箱里流出的水，按理说，乘务员会给水箱加满水。小盆下面的口关上时，里面的水就流进下面的废水箱，按理说，乘务员会把废水倒走。但是，只过了两天，它就用不起来了，因为没有盥洗用具可以配套使用这台装置。

理查德同批的"巴韦尔男孩",抵达阿德莱德后不久,
1922 年。理查德在第三排最右。

没有通风设备，没有自然光照。这些"房间"条件比不上三等舱。每过几个小时，它们还要变回货物储藏室。这种八个男孩住的临时房间比布鲁姆庄园的红色房间还要小。而房间里的设备和家具产生的所有费用，都要由男孩们平摊。枕头也硬邦邦的，咯得男孩们耳朵生疼。

午餐的样菜菜单也不具有代表性。没错，是有水果：每隔一个星期日发一个苹果。肉又少又不新鲜，男孩们总是吃不饱。理查德的腰带加打了两个孔，可还是很快又松了："照这个速度，我很快就得把腰带绕两圈了"。扁豆是"本迪戈号"上的主食——"又小又硬、脏兮兮、发霉腐烂的豆子，男孩们主要拿来互相扔着玩"。至于蛋白质，他们在船上吃的是臭肉，还有用腌肉皮、土豆皮做的香肠。汤也有，比利·阿斯克威思给这东西起了个新名字——"通了电的海水"。理查德觉得有些食物就连在轮船上空盘旋的信天翁都不愿意吃。饭菜盛在不干净的陶器和餐具里，而且每个人只能吃一份。

"巴韦尔男孩"来自各地、各阶层，但总的来说都很粗犷。他们打架、打牌、争论、赌咒发誓，跟在船舱下面干活儿的司炉一样。他们敲烂房间里光秃秃的电灯泡，偷走餐室和船上其他地方的替换品。大家都缺钱，于是竟创制出了一个以物易物、按件取酬的复杂机制。他们"为了钱和烟什么都愿意做……洗一件衣服两便士，洗一个衣领一支烟，擦一双靴子一支烟，或者把鞋油和刷子给擦鞋人也拿去用一回。我们房间有个男孩，不管谁给他一支烟，他都愿意替人家写信"。有的男孩甚至把衣服卖掉了。

在范围更大的乘客中间，有暴力的醉汉、戴镣铐的囚犯、偷渡者、偷情的男女。有传闻说一个姑娘掉进了海里。抵达第一个外国海港时，一名乘客在拘留所里待了一晚，一个被大家称为"老人"的苏格兰醉汉一路挣扎，挥舞着拳脚回到船上。他以一敌六之后，便倒地不起。"打架的时候,他手脚并用,厉害极了,人家不得不猛揍他的肚子,好让他安静下来……他被绑住胳膊拖回船上,一边大笑一边挣扎,结果帽子也丢了,脸也撞破了。"理查德很快就远离了布鲁姆庄园那舒适的壁炉。对于一个来自科腾谷的孩子来说,"本迪戈号"展现了一幅怪诞可怕的道德景象。不到十六岁的男孩们喝得不省人事。小孩子们打牌赌钱——"世上最坏的事情之一",理查德在日记中写道。在一个停靠港,他看见了犯罪现场留下的一摊血。理查德渴望拥有丰富的阅历,这趟澳大利亚之旅满足了他。起航第十二天,在"土耳其浴似的"湿热的一天,隔壁房间的一个"巴韦尔男孩"发了疯。

> 他不愿睡在上铺,因为害怕有人拿刀插他。十几天前,他夜里叫醒室友,说船要沉了,自己还穿上救生衣跑到甲板上。昨晚,他又大声为室友祷告和祝福。他看过几次船医,但是没有好转。

第二天晚上,这个男孩喝下了润发油,"要润润嗓子"。他名叫伯恩,但是"本迪戈号"上的人一直只管他叫"疯子"或者"呆子"。他的情况越来越糟糕,后来连自己的舌头也管不住了。他打断船上的讲道,狂热地改变了信仰,成为大家都讨厌的人。最后一根稻草是他想要说服事务长改变信仰。移民计划的负责人决定将他送回英国,不带他去阿德莱德或是悉尼。理查德和其他男孩试图劝服他,让他放弃那些疯狂至极的想法。但最终的判决下达了,理查德写信告诉家人,"我很为他难过"。

在南非,塞缪尔·莱恩的一位朋友——穆尔先生,他是副监狱长和麻风病人隔离区的新任负责人——带理查德出去吃饭。理查德感激不尽,他终于吃上了离家后第一顿像样的饭菜:"汤、咖喱蛋饭、烤牛肉、土豆、果冻和卷心菜、水果沙拉和凝乳、烤面包和黄油、干姜汽水、咖啡、椰枣",傍晚茶点是土豆肉饼、菠萝、橙子、香蕉、醋栗酱、藻类葡萄面包——"一种放了藻类和葡萄的小圆面包"。穆尔太太还给了理查德一些这种面包带到船上吃。

28   对于威廉斯-莱恩家来说,理查德在开普敦的中途停留意义重大。塞缪尔在那里度过的时光促使理查德决定离开英国,他打定主意要与父亲对此地的记忆发生联系。在市里和周边,理查德怀着崇敬的心情重访了父亲走过的地方:狮头山、平顶山、魔鬼峰、大峡谷、十二门徒石——还有豪特湾,小孩们在那里兜售易碎的贝壳串,价格高得离谱;在塞西尔·罗兹庄园,他见到了青翠的橡树、葡萄藤、桃树、成片的百合花田和长长的金合欢大道,还见到了养在笼子里的狮子、狒狒、猴子、孔雀、牛羚,而罗兹纪念堂就坐落于翠林之中。

除了游览开普敦,理查德还仔细观察与他同船的一位乘客,来自苏格兰的"老人"。

> 每次上岸他都喝得大醉……他很精明,把所有的钱都放在一只有两道锁的铁盒子里,身上只带着足够喝酒的钱,一般是每次 10 先令。星期一和星期二晚上他手头紧。昨天晚上他被送回船上之后,我去看了他。他躺在自己的床铺上,满身是泥,下巴上沾满呕吐物……泰勒先生和汤姆林先生拒绝和他睡在一个房间……但是加维先生说要夜里照顾他,等他清醒、明白事了,再好好教训他一顿。

在第一段航程中,马克、理查德、比利·阿斯克威思、加维先生、泰勒先生和另外四个"见多识广的人"成立了一个小组,叫"知识分子"。为了冲淡船上乱糟糟的气氛,他们组织了辩论会,讨论文学、哲学、神学和时事,还举办了欢乐却并不盛大的"盛大晚餐会"。"知识分子"的活动包括克尔先生开的急救培训课、加维先生开的舞蹈课,还有泰勒先生每天指导的健身操,他们还宣誓戒烟,至少坚持了几天。

在他作为逍遥学者的一生中,基思·加维从事过许多行业,比如做过"私人秘书、演员、舞蹈教师、旅行图书推销员、监工"。从开普敦起航后,轮船因为超载煤而严重右斜,加维给大家讲起他的四万里旅行,"环球旅行,从墨尔本出发,回到墨尔本"。加维和理查德成了朋友。他们谈论滑稽戏作家和小说家本·特拉弗斯和他们喜爱的其他作家,并且分享他们对人生、爱情和未来的看法。加维读了理查德离家时艾伦写给他的信。理查德记录了加维的反应:

> 他很感兴趣,说虽然自己也有一个兄弟,但从来没感受过兄弟之情,而且到了比我大许多的这个岁数,他兄弟,或者别的什么人也没有给他写过这样一封信。他觉得这封信很美,而艾伦和我这个配不上的人之间存在,并将永远存在的感情,是他年轻时最渴望得到的。

"知识分子"组织的活动并不是"本迪戈号"上唯一的社交活动。事务长代表船长赞助举办的聚会吸引了各层的乘客。一个星期六晚上,化装舞会游行最后以跳舞结束。"艾伦肯定会特别喜欢,"理查德在给家里的信上说,"轮船随海浪颠簸,舞伴们不得不搂得很紧。"

> 起初,因为天气原因,化装舞会要取消,但船长听说后吩咐一定要办起来,这样舞伴们正好可以抱在一起。还真是! 艾伦读到这段时,心里会暗暗记住船长是个热心肠,他想的没错。

29

在整个航程中，理查德始终牵挂着家人。他不停地仔细计算时间，想着父母、兄弟和妹妹在做什么。

船停靠弗里曼特尔，"知识分子"决定下船看看。马克、理查德、加维、比利·阿斯克威思走了20英里路去珀斯，又走回来。理查德关注了很多东西的价格。水果、电影、饭菜、烟草、衬衣领、汽车、冰激凌、照相机、邮寄服务、铁路车票和图书。这几位"知识分子"远足最精彩的收获是一袋香蕉，是由当地基督教青年会买下送给他们的。虽然这四位乘客在天鹅河里泡了脚，但当他们回到船上时，脚上还是起满大水泡，"伤痕累累"。

*

1922年10月24日，"本迪戈号"抵达阿德莱德，所有"巴韦尔男孩"——除了可怜的"疯子"伯恩——都去各自的安置地了。马克跟着一位斯彭迪夫先生去了贝里。比利·阿斯克威思去了欣德马什湖岛。理查德充分利用了在阿德莱德短暂停留的两天。他到城里游玩一番，去了美丽的植物园。他拜访了科利尔·罗伯特·卡德莫尔，一位有国际声誉的律师。在1908年的奥运会上，卡德莫尔作为英国队的四位队员之一，夺得了赛艇金牌；1910年，他获得了律师资格；第一次世界大战期间，他在西线指挥一个炮兵连，两次受重伤。1922年，他已初具一位优秀律师和政治家的能力，后来，他率先提出在国会、大学、交通法规、公共卫生和色情业等领域进行改革。卡德莫尔是塞缪尔和卡米拉两家的隔代嫡亲，他愿意竭尽所能帮助他们的儿子。

理查德坐火车转长途汽车去穆鲁可。这趟汽车是私人出租车公司的临时加开线路，暂时填补火车和汽车线路之间的空缺，它有时候还要行驶在暂时充当道路的牛道上。穆鲁可位于南澳大利亚分布着灌溉地和半旱地的河岸区，是一片退役军人定居地，城里有一座教堂、一家杂货店和一间面包坊。这片定居地依靠土地艰难度日。
兰·金和他妻子的农场在城外3英里，这是一片22英亩的零散田
地，种着葡萄，还有"供自家吃水果的"稀稀拉拉的苹果、梨、无花果、
油桃、榅桲和杏。他们有两匹马、两头猪、三头牛，但没有马厩和牛
棚，所以挤奶全是露天进行的。蛇类出没的灌溉渠组成一张网，防止
农场退化成它周围那种长满桉树灌丛和滨藜的半荒漠。

　　理查德收到寄来的一张"巴韦尔男孩"合影，还有一封英国移民
官和"巴韦尔计划"监督人维克托·瑞安的信。信里鼓励他：

> 　　留意那些第一眼看上去琐屑而不值得理会的细节，偶尔犯
> 错时，不要灰心。雇主知道你不熟悉澳大利亚的环境，只要你把
> 他们的忠告记在心里、照着做，他们肯定能够充分体谅你。"如
> 果一开始不成功，就一试二试再试。"

31

"巴韦尔男孩"管这位移民官叫瑞安"老爹"，把他当作所有移民过来
的男孩的父亲。瑞安给金和接待"巴韦尔男孩"的所有农场主也写
了信：

> 　　这些男孩是学徒，不要把他们当成农场的临时工……我想
> 说，如果您妻子或者其他妇女能够好心地关照一下他的福祉，那
> 将大大增加他的幸福感、促进他的好行为，而男孩肯定会以更出
> 色的劳动和对家庭的小小帮助来报答他得到的任何善意。

第一次世界大战期间，金参加了法国的军队，退役后他保留了许多军
人的特质：坚韧、严肃、沉默寡言。金家的房子和这个地区的其他房
子一样，是用水泥建造的，有一个铁皮屋顶。理查德的房间在房子主

体的外面，"算是披屋……8 英尺长 5 英尺宽，水泥地面"。房间的外墙是用透灰的粗麻布做的。屋里的家具包括：一张行军床、一把椅子、一块帆布包框的镜子、一片草垫子、一只烛台、一个煤油盒子、一块布盖着几个箱子搭成的梳妆台。洗漱用具是放在起居室架子上的一只锡盆。家里所有人共用厨房里的一条毛巾。"它总是臭烘烘的，我因此得了脓疱病，再加上天气炎热、我又刚开始刮胡子，日子真不好过。"卫生设施是一只闷声的罐子——"一个木头做的装置，在椅子中间挖个洞，下面接着一只桶"。这个装置摆在理查德卧室的窗外，由他负责清理。夜里，他能听见桶里蛆虫沙沙有声。

理查德刚来不久的时候，一位果农被蛇咬死了；理查德不想也遭此横祸。金家有两个不到三岁的男孩。他们同一天过生日，恰好在理查德到来的前一天，所以他们很自然地以为理查德的东西是给他们的礼物，可以随意玩。于是，他们一有机会就到他的房间里乱翻一通。有一次，理查德见饼干被他们吃掉了，就又买了一些藏在大衣的口袋里，而衣服则挂在床边的钉子上。一天晚上，他被一阵声音吵醒了，以为一定是来了蛇。他点上蜡烛，手里抄起一只靴子，顺着声音寻找，最后找到了大衣那里，他"猛地打下去"，原来是一只正在啃饼干的小老鼠，被他吓跑了。

从第一天到穆鲁可起，理查德就过上了日复一日的劳作生活，从早晨天没亮一直干到日暮沉沉，一切有关阅读或者文化的念头都给清除得干干净净，也没什么时间写信、记日记。活儿又多又累人。给葡萄藤去芽、喂猪、挤牛奶、把奶牛赶去吃草（"它们知道什么时候回来"），帮忙分离牛奶、锄草、耕地，还有最累人的，挖地窖。苍蝇钻进他的"眼睛、耳朵、鼻子、哪里都是"。

一天晚上，他看见缸里有一只青蛙在游水。青蛙搅碎了月亮的倒影，在身后留下一串闪动的波光。理查德喝不下这样的水，只好加一些柠檬汁来掩盖青蛙和盐碱的味道。皮肤晒伤、浑身酸痛,理查德人生头一次感到"忧郁",真希望自己压根没有到澳大利亚来。他强烈地感觉自己与家人隔绝了。登上"本迪戈号"之前,他总是和艾伦、约翰一起讨论、一起密谋、一起欢笑。他从来没有长时间离开过他们,或者塞缪尔、卡米拉和诺拉。现在,他背井离乡,穆鲁可和布里斯托尔的差距让他痛心。

穆鲁可的天气变化无常,时而严寒,时而酷热。11月12日,早晨8点气温就高达102华氏度,中午更达到了108华氏度。在这样炎热的天气,理查德开着马拉搂草机,拖捆、码堆苜蓿。"苜蓿跟英国的三叶草差不多。"他告诉家人。理查德还要给葡萄藤喷波尔多液:"硫酸铜、苏打兑水,再加一点儿面粉增加黏度。"他那晒掉皮的胳膊被这腐蚀性的配方烧得火辣辣的。

有一次,金先生决定移走一块苜蓿地四周的倒刺铁丝网围栏。他把几码铁丝网卷好,装上马车,再让理查德坐在铁丝网上面,用脚压牢。之后,他赶着马车在颠簸不平的路上跑,想这样来拉倒剩下的铁丝网。可是经过颠簸,车上的铁丝网散开了,理查德的脚被铁丝扎伤,他整个身子跌倒在铁丝网上。裤子、袜子都划破了,脚踝也割伤了。理查德请求金先生允许自己回屋包扎一下,不想却遭到了拒绝。金先生说他们不能停下来,要先把围栏拆完才行。理查德后来跟家人说到这件事,但口气相当勇敢,对受伤轻描淡写,也没有提起金先生不让他包扎伤口这一段。

理查德·莱恩努力成为一个理想的移民男孩:顺从、勤劳、守时、有礼貌、机智。但是金太太却没有听从移民局的建议,没有扮演母亲的角色。她在没有打定主意怎么对待这个家庭新成员之前,一直对理查德保持着距离。不过,她很快就想明白了。金太太得出的结论是,她讨厌农场上的这个新学徒。她讨厌在餐桌上见到他,因此不和

33

他说话，而是朝她丈夫问："这个英国混蛋要添饭吗？"

理查德按照金先生的要求，去邻近的农场干活儿，那儿的主人是一个叫邓肯的人。理查德在那里切了几星期杏子片，每天从早晨7点干到晚上7点。作为报酬，邓肯给了理查德一点儿甜头，可在理查德看来这却一点儿都不甜："每天挣的钱，超过5先令的部分都是我自己的，但是因为我还没干熟这活儿，所以真没挣到多少钱。"除了邓肯农场的活儿，理查德为金家做的许多事还得继续做，比如在黎明和傍晚挤牛奶，还有清理马桶。就算在星期日，这些事情也照样得做。

恶劣的生活环境、金家地里繁重的劳动、金先生的冷漠、金太太毫无理由的敌意、金家孩子破坏性的"围攻"，还有临时借调到邓肯先生那里切杏子片——这些都足够证明理查德参加"巴韦尔男孩"计划是个严重错误。他在穆鲁可坚持了三个月，但心里已经认定自己的处境糟糕透了。理查德不怕家里和农场上的繁重劳动，但是这样的生活占据了他所有醒着的时间，耗尽了他所有的精力。他以前曾在林间玩耍，骑车到英国乡间到处游逛，现在却不能做主安排自己的时间。他越发忧伤，想家想得厉害，觉得回家遥遥无期。"巴韦尔男孩"受到的虐待后来引起了政府的追责调查，但那是在两年后，对理查德已经没有什么用了。

退役军人定居地是一个政府项目，由政府补贴建立农场的退役军人。这个想法理论上不错，但由于计划不周，在实践中遭遇了失败。许多农场主没有务农经验，也没有接受过充分的训练；许多农场面积太小、资金不足；许多定居者后来被没收了地产。这个计划选择的许多土地非常贫瘠——贫瘠到什么程度呢？就是有些地从来没有被人耕种过，有些地是项目实施者以很低的价钱买下来的。想要土地有所出产的南澳大利亚退役军人定居者中，很多人都雇用了移民男孩。艰苦地区的农场主期待"巴韦尔计划"给他们带来廉价的劳动力,甚至带来一些资金。然而对于像理查德这样的男孩来说,"巴韦尔计划"加上退役军人定居地成了一个双重灾难。男孩们发现契约把他们与土地绑在了一起,而这些土地管理不善,即使付出一番苦干,也绝不会有好收成。

　　遭遇了在金家的惨败,理查德需要一条救生索。马修斯先生和太太在穆鲁可经营"梅拉"果园,离理查德不远。马修斯先生是英国人,但第一次世界大战期间他在澳大利亚空军担任军官。他和他的澳大利亚妻子曾经一起去过英国,他们认识斯坦利·德库西·爱尔兰先生和太太,而这两位又认识约翰·莱恩和安妮·莱恩。在理查德最不得意的时候,马修斯夫妇在金家的农场向他伸出了橄榄枝,他们尽力让他的生活变得可以忍受一些,为他获得自由铺路。马修斯太太请他到家里吃圣诞晚餐,带他去野餐,送书给他,她在理查德渴望友善的时候,给他了帮助和关爱。马修斯先生已经雇用了一名"巴韦尔男孩",他决定再提交一份申请;理查德拼尽余力,争取能调过去。他给在阿德莱德的卡德莫尔先生写信,说如果他能调到"梅拉","肯定会非常开心"。

　　　我很清楚,如果我调到马修斯先生那里,人们肯定会问我一些令人不快的问题,但是我觉得自己不会为此烦心,毕竟闲言碎语流传不了多长时间,人们很快就会找到新话题。另外,如果我在本地调动,就不会产生什么费用。马修斯先生和太太都是"最好的人",他们家里的卫生状况、家庭生活和舒适程度都仅次于我自己家——虽说它远在 1.2 万英里之外,但还是我的家啊。金先生家和马修斯先生家根本没得比……简单地说就是,一个臭气熏天,一个一尘不染……马修斯先生是一位勤劳尽责的劳动者,我敢肯定,他也是一位全澳大利亚最好的老板,马修斯太

35

太也是如此。

理查德告诉卡德莫尔先生自己还到邓肯的农场干过活儿。这说明金违反了学徒契约，因此卡德莫尔先生把此事告知了移民官维克托·瑞安。理查德还向穆鲁可的戴维斯神父透露了情况。这位神父听理查德说了两个小时，随后写信给瑞安：

> 据我所知，这个男孩家境很好，受过良好的教育。我了解他生活在什么样的环境中，因为我多次去过他雇主家里，莱恩说到的脏臭情况，据我所知，确实是实情。他们家对于正常地注意卫生的人来说，都住不下去，更不要说对卫生天生极为敏感的人……我强烈建议尽快把男孩调走，现在的情况伤透了他的心。

戴维斯神父支持理查德去马修斯家的选择，他写道：马修斯先生"似乎与莱恩性情相投……我和马修斯先生熟识，很清楚他家的生活环境。我敢说穆鲁可没有比他家更好的了"。瑞安没有办法，只好请政府调查。金写信给瑞安，回应移民局的询问，他为让理查德去临近农场干活儿一事辩解。邓肯"农场上的活儿很不巧地晚了些日子，他雇不到散工，我想想帮帮他……乡下人向来一方有难八方支援。小伙子不是他家雇工，也没有讲定工价"。接着，金攻击马修斯先生说："告密者或者他的人想让我不好过，他自己有一个男孩（农场学徒），如果他还想要一个，那就直接再提交一份申请好了。可那样的话，会有一百个人签名不同意再分给他男孩。"瑞安请临近的洛克斯顿的市政委员会实地调查此事。委员会干事偏信金，他回信里的话很可能是金自己说的：

穆鲁可地方的定居者都知道金先生是个公正的人……而马修斯先生是个没有原则的人,他只想着把男孩从金先生那里搞走,因为这男孩特别出色。而他一旦得手,不过会对男孩好一个来月,之后男孩会后悔换雇主的。马修斯先生也不适合培训男孩。

理查德的移民档案里塞满了乱糟糟的信件。瑞安得出的结论很正确:穆鲁可很混乱,莱恩必须换个地方。威瑟斯先生和太太来自英国,他们没有孩子,正在申请雇用一位"巴韦尔男孩"。他们住在伦马克,离穆鲁可大约30英里。在随申请表附上的一封信中,威瑟斯先生写道:"鉴于男孩会完全成为家里人,而我家只有我和妻子,我特别想要一个好小伙子。"于是,双方见了面,之后理查德正式调动,他如释重负地离开穆鲁可,心里感激所有在这件事上帮助他的人。尽管如此,他还是为澳大利亚历险的下一阶段、为还有多久他的生活才能回归正轨担心,这不是没有道理的。活儿难做、身体筋疲力尽、远离家人,这些都使理查德绝望,但同时他心里又存着期望。移民协议的双方之间存在着根本分歧。理查德原本希望这项计划能保证给他一段奖励性的休假。而南澳大利亚却把这段学徒关系看作收养和婚姻。

*

与穆鲁可相比,伦马克更加深入内陆,也更大,但两者也有不少相似之处。这里也有退役军人定居地。说到干旱和炎热,伦马克至少能与穆鲁可打个平手。这里春季树荫下的气温高达110华氏度。理查德在一个酷热的夏日抵达了威瑟斯先生和太太的农场——"兔子窝"。他收到了移民局一份调整后的协议,规定学徒期是两年零九个月。理查德拒绝签字,他回信给瑞安"老爹"说:"我在英国签的那

37

份协议规定,学徒期为至少十二个月,至多三年。我不想签一份两年零九个月的协议。如果能改成九个月,我就心满意足了。"

　　理查德在英国时曾收到一份"巴韦尔计划"的宣传册。他像其他"巴韦尔男孩"一样,认为"学徒期为至少十二个月,至多三年"这条规定的意思是,具体期限由学徒们在这个范围内自己决定。但实际上,他和塞缪尔·莱恩签订的协议规定"由政府决定不超过三年的学徒期",而政府却生硬而狭隘地将它理解为:协议期为最长期限,即三年。瑞安催促理查德在新协议上签字,装作不知道宣传册的事。

　　　　先前与金先生签订的协议期限为三年,转到威瑟斯先生处之后,鉴于你已经在穆鲁可工作了三个月,新协议期限为两年零九个月。我不清楚你提到的"至少十二个月"是怎么回事,文件中根本没有这条规定。因此,我必须请你遵守规定,立即签署协议,据此当一个合法的学徒。

理查德遇上了麻烦。他想家、筋疲力尽,现在又被控制着他的移民局逼迫,他只能拖着不回信。于是,瑞安又写来一封信,逼迫更紧,甚至带着威胁的语气。"我很惊讶本月 12 日的去信竟然没有回音,并且协议也没有按时签署、寄回。请你按照我的要求签署协议,不要再拖延,我不想发生任何不愉快。"理查德,一个离家 1.2 万英里的十七岁少年,发现自己陷入了一场与国家官僚作风的不均等争执。他明白瑞安"老爹"可以制造任何"不愉快"。理查德意识到自己可能会被困在南澳大利亚,至少在想出更长久的逃离办法之前都得待在这里,于是只好乖乖地签了协议。理查德更忧郁了。这不仅是因为他背井离乡、遇上了种种麻烦,还因为离家的时间延长了,变得不确定了。

　　理查德的新家"兔子窝"在伦马克近郊的乔维拉街。两条街之外就是库尔凯恩街,比尔·J.罗伯特的农场就在那里。这位比尔是威瑟斯家的朋友。理查德到这里之后,比尔也申请雇用了一个"巴韦尔男孩"。汤姆·纳恩,十七岁,1924 年 2 月抵达。他也感受到了理查德在穆鲁可经历的那种文化冲击,很快就开始想家、失去生活目标。理查德自然很同情汤姆,经常开导他、支持他,但是这个男孩仍然走不出来。汤姆做学徒的第二个月,比尔家办了一场聚会。汤姆那天弹了钢琴,唱了歌,还打了台球。然而,第二天早晨 7 点钟,鲍勃·比尔却发现他在一根架水箱用的横梁上吊死了。汤姆只是许许多多自杀的"巴韦尔男孩"中的一个。随之而来的讯问并没有得到什么有价值的信息。理查德伤心又迷茫,几乎不能提笔讲述这件惨事。对他来说,汤姆的自杀让他彻底断了认为澳大利亚之行是"男孩自己的历险"的想法。

第四章

冷蘸法

理查德在离家的日子里一直写日记。他买了一套笔记本，每写完一本就寄回家。这些日记积累起来总共超过 15 万字，配有几十张照片和图画，实际上这是一封长信，述说着对卡米拉、塞缪尔、艾伦、约翰和诺拉的爱。而他的家人读着从澳大利亚寄来的信，不断地感到惊奇、困惑和沮丧。钓龙虾。抗台风。救火。驾着卡车、打着聚光灯追小偷。威廉斯-莱恩一家读到这些故事时有什么感想呢？除了寄回这些笔记本，理查德还写信给布鲁姆庄园的其他人，以及约翰·莱恩、安妮·莱恩等其他亲友。这些信详细地记录了他面对的困难和克服困难的决心、情绪的起伏、他对澳大利亚的印象的变化，以及他怎样从一个男孩成长为男人。

理查德很珍惜写信这项活动，因为它拉近了澳大利亚和英国的距离。但是在伦马克写信可不是一件容易的事："写这封信的时候，我身上爬满了苍蝇。它们甚至顺着我的食指要爬到钢笔尖上去。到处都是嗡嗡嗡的绿头苍蝇。我满身大汗，空气沉闷极了。"理查德在日记中花很大篇幅描绘了澳大利亚广阔的天空和如画的风光。"金色的条形云悬在灌木丛上方，天空飘着透出几分红色的紫云。东方泛起了浅浅的粉色，月亮升起来了，亮堂堂的。""天色已晚，星光隐现。西方仍有余晖，映出一片独特的柠檬色。"有时候，天空血一般鲜红；有时候，明亮的闪电划过，天空被映成鲜艳的宝蓝色。云景引人入胜，它变化万千、色彩绚丽："星期日一般庄严、宁静……地平线上飘着一片瓦灰的云，它上面的云呈浅黄褐色，再往西边，我望向西南方向，瓦灰渐渐地、不易察觉地加深，成了深灰，浅黄褐色也消失了，那灰云的中心透出一块边缘清晰的粉色。太阳缓缓西沉，浅色的云都染上了粉色调，渐渐又由粉色变为浓郁的暗金色，再褪成闪亮的浅金色。"灌木丛一片晦暗，像用调和颜料画的，散发着魅力，这里虽然与夜莺山谷大为不同，却同样美妙。理查德并不熟悉澳大利亚的鸟，但他觉得这些鸟和它们的英国表亲一样美丽而高贵。在爱上澳大利亚的居民之前，他先爱上了这里的自然风光。

　　理查德警觉而冷静地观察当地人，就像格列佛观察他在巨人国、巴尔尼巴比、日本遇到的人一样。理查德的新雇主威瑟斯先生是米考伯和阿甘的奇妙结合，身上还有一点儿塞缪尔·莱恩的影子。年轻时，他曾经给伦敦一位律师做学徒，但是照他说的，"很快就厌倦了"。

　　　　他成了一名医学生，在医院实习，后来他不干了，去黄金海岸待了十二个月，然后又回到伦敦做投机。他在威廉国王大街开了办事处，他发誓说自己靠赌马发了财，还炒股票和证券。爱德华国王举行加冕礼之前，他包下了所有的窗户，出售观礼座位。鲍登公司刚开始做刹车线的时候，他就参与了；他给巴克斯商店当过买手；他做过很长一段时间自行车赛选手，得了几个冠军和很多奖牌；他是英国第一批开汽车的人；他是西非远征军的领队，刺死过很多黑人，也因此被击中膝盖，变成了跛脚。

41　　后来,威瑟斯在一家剧院做管理人,不过他随后拐走了演员,自己办了一个巡回演出团。他曾是"一位著名剧院经理的私人秘书,还干过许多其他的事,每件事都有说不完的趣闻"。最后,威瑟斯和妻子来到伦马克。他清理了自家地里的油桉、澳柏和桉树,建起一座石屋。

理查德来的时候,农场上有一头牛、两匹马、三十只鸡,再加上凤头鹦鹉"乔伊"和小猫"蒂德尔斯"。理查德在威瑟斯家的生活环境比在穆鲁可好太多了。舒适的家中有一间餐厅、一间大起居室和一个"惬意的壁炉"。理查德的房间"很小,但贴心地配了衣柜和梳妆台"。然而,他的新住所只是临时的。不久,威瑟斯先生家的人来了,理查德只能搬到原来的婴儿房去住:"没有天花板,只有一个(瓦楞)铁皮屋顶,也没有真正的窗子,只有纱窗和百叶帘。屋里虽然没有家具,却一点儿空地也没有,这里放着七个空的汽油桶,两只皮箱(其中一只是我的),几个纸箱,一张垫着铺盖的钢丝床,几个小木盒,几块手推车上的边板,两个糖果盒——一个装着杏子,一个装着李子。"

理查德以图片装饰他的房间,它们全都惹起他的伤感和思乡情。这其中,有诺拉做的精巧日历;有沃森小姐画的水彩。有一幅画,上面两只小猫在蜂巢前头玩耍,群蜂嗡嗡飞舞,上头配着一行字:"纯真是福"。有一张彩色照片,《六月的花园》——"茅草老屋,爬藤玫瑰,磨光的卵石路,屋前鲜花簇簇,远处高树蔚蔚"。有一张塞缪尔·莱恩戴着领圈的照片。有威廉斯-莱恩家的全家福,是理查德还小的时候,他们在马什照相馆照的。还有一张萨顿·帕尔默拍照的《克利夫顿的埃文峡谷》,上面有吊桥、瞭望台和利林。在最显眼的位置,理查德挂的是艾伦的获奖照片。

威瑟斯先生欢迎理查德来到"兔子窝"。因为这下终于能有个人听他讲趣闻逸事,并帮他干活儿了。渐渐地,这个"巴韦尔男孩"和他的雇主形成了一套日常劳作习惯。一天,威瑟斯先生做了蛋奶糕,理

Richard with Nellie and Jimmy, Renmark, 1924.

理查德与内莉、吉米，伦马克，1924 年。

查德"第一次,也是最后一次"品尝了它。

> 我问他放了多少糖。"糖,"他答道,"糖,往蛋奶糕里放糖做什么?""就是说你一点儿也没放喽。""当然没放,怎么了?你不喜欢蛋奶糕?""我不是这个意思。那你放了多少面粉?""记不得了,只有满满的几汤匙吧。""你不觉得太'粉'了点儿?"我问他。"哦,你这么一说,我还真觉得面粉放得太多了。多了一点儿吧。"他说。

理查德把这块蛋奶糕"当稀罕物"放了几天。凤头鹦鹉"乔伊"和小猫"蒂德尔斯"都躲得远远的。等蛋奶糕开始变色了,理查德才把它喂给鸡吃了。"说来奇怪,自从我给这些鸡喂了蛋奶糕,它们下的蛋比先前多了一倍。"

威瑟斯先生洗碗盘毫无章法,这让他的学徒很恼火,因为理查德认为"不论做什么事,都有正确的方法,也有错误的方法。洗碗盘也是一样"。

> 老板洗,我擦。他没有什么章法,抓到什么就洗什么。一只杯子,一个锅盖,一只盆,一只盘子,两把刀,一只盛过牛奶的碗,几根叉子和勺子,几只盘子,一只蛋杯,剩下的刀,两只奶盆,一口锅,再来一只杯子。有时候,我觉得哪样东西没洗干净,我就不擦它。我们需要更多的热水,但是水还没烧热,这时,老板又点上了烟斗。"什么?"他看着钟说,"已经8点多了。我答应史密斯8点一过就叫醒他,我得马上去了。"我赶紧把火烧旺,这时,沃特斯先生走进来拿脱脂牛奶,我们把剩下的都给了他。之后,他和老板聊了几句干果的事。他走后,我们接着洗碗盘。老

板这时候已经焦头烂额。"一口油乎乎的锅,必须放到肥皂水里,一只果酱罐,也放到肥皂水里,又来两只罐子,水还不够热,这两个也得放到肥皂水里,还有这口锅,角落里的那三口锅和两只罐子是怎么回事?""那是你昨天放进肥皂水里的。""哦,是吗?水太凉了,可我还是得把碗洗出来,不然明天早晨就吃不上早餐了。"

面包也出乎意料。有一段时间,面包师把面包放在屋后走廊的石板上。

> 上个星期,我们走到家门口,惊讶地发现整条面包的芯全被吃掉了,只剩下一个空壳。我们很容易就找出了肇事者,因为现在只要面包师一到门口,鸡就朝他飞跑过去。不用说,我们立马改变了取面包的方式,现在面包是装在盒子里的。

43

理查德对威瑟斯先生在阿德莱德之行中的表现印象深刻:"他是个地地道道的乡巴佬,像丧家犬一样在路上溜达来溜达去,漫无目的地盯着商店的橱窗看,望着高楼目瞪口呆。"威瑟斯显摆说,他年轻时住在伦敦,穿着是顶时髦的。但是他在阿德莱德完全是另一副样子:"外套口袋鼓鼓囊囊,裤子松松垮垮,一双脏靴子,袜子口翻在靴筒外面,衣领和领带乱糟糟地纠缠在一起,嘴里还叼着一支脏兮兮的老烟斗,抽着芳香的烟草。他用来切割烟草块的小刀每天平均丢失三次。老板在城里就是这个样子。"

威瑟斯先生出生在愚人节,因此拆开生日包裹时总是小心翼翼的。这么一个人,在加入伦马克共济会的前夕尤其不安。他对此"紧张极了"。

当然，除了玩笑话，没有哪位共济会成员对他讲过这个组织的事。他们只是逗他，虽然没有完全得逞，但至少让老板觉得它有很多秘密。我想，明天晚上过后，他会很开心。它的秘密就是让人摸不着头脑。

1923 年，经历长期经济衰退的伦马克遭遇了最低谷。当地大部分农场主都以制作干果为业，但是这时干果的价格骤跌。小葡萄干的装箱价是每吨 10 英镑，低于生产成本。果农损失了过去三年挣得的钱。"他们用光了从银行透支的钱。现在，他们发现，就算卖掉自己的地，也不够偿还透支的钱……这是 90% 的果农的处境。他们想摆脱这种境况，却无能为力。"种植酿酒用水果的农场主处境同样糟糕。政府发放水果补贴以帮助果农，结果却只是"延长了痛苦"。为了维持生计，几乎每家果农都发展了副业：卖蔬菜、谷壳、小麦或冷饮；为远方的无线电设备、汽车、摩托车制造商做代理；从事专业工作或做生意；养鸡养猪；伐木运木。"伦马克现在情况很糟糕，"理查德写道，"很快，我们就会靠给彼此洗衣服来赚钱了。"

选举当天，伦马克的所有人都出动了，人们乘坐各种交通工具而来，"有八匹马拉的大车，也有斜眼、八字脚、大肚子的耕地老马拉的破烂小车"。

从摩托车、侧三轮摩托车，到自行车，什么车都有。有轻型马车、双轮马车、运货马车、轻便马车、四轮马车、手推车，只要是能套上马的东西都拉出来了。汽车主要是别克、道奇、史蒂倍克、雪佛兰、福特这几个牌子，还有几辆帕卡德……男人们穿着浅色套装、深色套装、白色套装、黑色套装、卡其色工作装，卡其色裤子搭白色、黑色、蓝色或者卡其色衬衫……而"可爱的姑娘们"呢？白色、黑色、蓝色、黄色、粉色？没错，天蓝色、粉色，还有能想到的日光之下的所有颜色。阳光照耀着欢快的人群，真是一幅盛景。

理查德观察着他遇到的澳大利亚人。他学习他们的俗语，判断他们的智慧。起初，他对澳大利亚人印象不怎么样，但后来他遇上了来自阿德莱德的格莱内尔格的波特一家，从此改变了想法。

自上次给你们写信之后，我这里发生的最大一件事就是，11月月中，我遇上了之前没有见过的一群人。我姑且管他们叫"读过书的澳大利亚人"，因为我还没有想出更好的称呼。在这之前，我只认识工人和"没读过什么书的澳大利亚人"，当然我还见过住在澳大利亚的读过书和没读过书的英国人。要说作为一个人群，我喜欢并十分欣赏读过书的澳大利亚人；但要说作为个人，我两种人都喜欢。

在这个转变发生之前，理查德听到过对"平常的澳大利亚人"的智识令人放下戒备的一系列评论，他总是能在其中找到荒谬之处。比如，有一次，理查德对一个澳大利亚人说起 W.D.＆H.O. 威利斯卷烟厂在布里斯托尔的厂房。这个澳大利亚人似乎有点儿吃惊，过了一会儿才说："哦，他们在英格兰有分厂，是吧？"在另一封信中，理查德写道："你们都知道英格兰人、苏格兰人和爱尔兰人的故事吧……这里有些报纸也有类似的情况。要是英格兰人能做某事，那苏格兰人就能做双倍的，而澳大利亚人则能做四倍的。有一次，一个澳大利亚人告诉我说，澳大利亚人几乎总是'最厉害的'。"

45

　　理查德还遇见过一个澳大利亚人，一边喝鸡尾酒，"一边用牙签吃樱桃"，他还问酒店的吸管怎么这么小。而这个男人的妻子和理查德争论，葡萄藤到底开不开花。"最后，为了安宁，我向她保证，葡萄藤以前从来没有，以后也绝对不会开哪怕是有一丁点儿像花的东西，葡萄'就是这么凭空冒出来的'。"理查德有一箩筐这位女士的故事；其中一个讲的是她在伦马克头一次坐老式汽车。许多汽车挂着侧帘，并在驾驶位旁边"开了一个孔，孔上装着可以开合的搭盖。这是方便司机把手伸出窗外，示意转弯和停车等等的"。这位女士坐在副驾驶位上，注意到了这个搭盖，便问它是用来做什么的。她得到的回答是："好让司机朝外吐痰。""开孔可不太大呀，"她停了一下，接着说，"我这边怎么没有？"

　　理查德在交友方面抱着平等的态度。他在澳大利亚最要好的一位朋友叫唐·芒特，一个典型的处境糟糕透顶的乐天派。唐住在"兔子窝"附近的一座大棚屋中（临时搭造的帐篷房）。

> 　　那里原来有一座帐篷，唐用棕榈叶把它盖住，建起餐厅、客厅、卧室、起居室、厨房，全都是用棕榈叶和竹子，再加上桉树木杆搭成的。韦斯特家最近买了新毯子，把旧毯子给了唐，于是每个房间都铺上了地毯。在这座大屋的入口处，唐挂了一片棕榈叶，上面写着"布拉布拉加"……不能说这座棚屋里一无所有，因为至少它还有一个非常艺术的名字。

　　唐不算聪明，常常遇上意外。他有两只煤油桶，一只盛水，一只盛面粉和面包；一次，他把面包放进了水桶，"过了两个小时才发现"。但是，他有着丰富的实用智慧：他懂得<u>丛林</u>食物、<u>丛林</u>房屋、<u>丛林</u>姑娘，还有<u>丛林</u>居民的头巾。汽车对他来说是一个谜。理查德移开曲

46

轴箱上的检查孔盖板，检查汽车时，唐"趴在车底看连杆、曲柄轴、凸轮轴这些东西。他从来没见过汽车的这些部件"。结果，他沾了一身机油。

*

　　理查德在伦马克干的活儿很繁重，但是经常变化，不枯燥，相对于在穆鲁可，这算是仁慈的改善。威瑟斯家种植小葡萄和多拉迪洛白葡萄，后者是一种酿烈酒的葡萄，也可以用来酿葡萄酒。小葡萄铺在托盘上晾干，理查德整天忙着清理托盘、铺散葡萄、卷打包麻布、把葡萄装箱并运到包装站。他觉得自己获得了新的力量，也成了搭架、支竿、拉绳、浇地、修枝剪叶、盘葡萄藤的熟手。在晾晒之前，要先把小葡萄蘸一下沸腾的苏打水，腐蚀掉表皮，这样可以干得更快。在"冷蘸法"传入伦马克之前，人们都是这么做的。

　　在澳大利亚，"冷蘸法"首先出现在维多利亚西北的米尔迪拉。从希腊来的移民工人演示了怎么用冷的碳酸钾、水和橄榄油溶液处理葡萄。"效果很好……颜色浅了很多，葡萄皮也完整地保留下来，这样就不会起砂。"对于在腾腾热气中工作的伦马克果农来说，新技术比原来的办法强太多了。伦马克到处都在谈论"冷蘸法"。当地人见面再没有别的话题了。唐·芒特的兄弟沃利还写了一首关于"冷蘸法"的诗，投稿给《先驱报》。

　　没有用"冷蘸法"处理葡萄的果农都在为酒厂采摘、装箱多拉迪洛白葡萄——大家简称这种白葡萄为"多拉"。清教徒在南澳大利亚是一股强大的政治势力。伦马克起初是一座禁酒城市，很长一段时间都没有酒店。但是这里很多农场都种植葡萄，在经济衰退期间，大量葡萄酒积压，人们可以直接从酒厂买到葡萄酒。起购量5加仑，价格是2英镑。"因此，几乎所有人都买得起5加仑葡萄酒。"然而，酒厂并没有告诉人们，这种葡萄酒酒精含量非常高。"很多果农（还有其他人)都喝醉了。他们从来没有这么容易、花这么少的钱就喝醉，于是便再也放不下酒杯了。"理查德在伦马克的经历既是一出喜剧，也是一出悲剧。

面对经济衰退，威瑟斯家需要发展自己的副业。离他们最近的火车站在墨累河对岸的帕林加，所以乘火车去阿德莱德的人要先坐渡船过河——这很浪费时间和精力。理查德在伦马克待了一年后，和威瑟斯先生、鲍勃·比尔开起了汽车，他们开车 187 英里，送人直接往返伦马克和阿德莱德。理查德迫不及待地要摆脱晒葡萄干的活儿——无论是用"热蘸法"还是用"冷蘸法"，他请求移民局允许他退出"巴韦尔计划"，去开客车、创一番事业。1924 年 10 月，他写信给瑞安"老爹"："现在没人种水果了，鉴于此，我渴望退出'男孩移民计划'。"他强调说，他还会接着给威瑟斯家干活儿，因此不能把他的退出算作"巴韦尔计划"的又一个失败案例。

威瑟斯先生卖掉了他的旧车，用这笔钱作为首付款，买下了一辆崭新的美国产"月亮"汽车。理查德也要出一份钱，为此他向"巴韦尔计划"负责人索要自己的那一份报酬。卡德莫尔先生起草了一份法律协议，约定汽车由威瑟斯先生和理查德共同所有，所得收益归两人共同分配。鲍勃·比尔也加入了；虽然他对汽车没有所有权，但"有权不时开车出去拉活儿"。对于瑞安来说，理查德退出计划是个解脱，因为他总是在催威瑟斯先生缴逾期的汇款。但瑞安可不是一个好对付的角色。为着政府到底要从这个计划中给理查德多少钱，他和理查德争来辩去。瑞安一开始一个钱也不给，后来给了 6 英镑，再后来是 25 英镑，到了最后，他竟然拿出了 50 英镑。理查德用这笔钱付了自己那份"月亮"汽车的首付款。

现在，理查德不再是一名"巴韦尔男孩"，也不再只是一个水果种植学徒了。他是一名客车司机，在他满怀着希望的生意中入了一个份子。理查德和鲍勃每星期往返两次,每位乘客收 25 先令。除了在伦马克有路,"头 150 英里,没有现成的路"。司机们根据路况决定路线是经过尤丹达、卡潘达,还是高勒。在野外,循着沙地和矮树中没有标记、没有路牌的小道前行是一项全靠经验的活动,有时候甚至像是探险。

理查德和鲍勃载过一些很有意思的乘客,比如一只鹦鹉,还有可爱的柯蒂斯小姐。她和布莱尔修女付钱请理查德把她们从阿德莱德带到伦马克的时候,唐·芒特也来坐车。布莱尔修女坐在车的前面,柯蒂斯小姐和唐坐在后面。路上很颠簸,理查德尽力绕开坑坑洼洼的路面。"路过颠簸之处,唐就抓住柯蒂斯小姐的胳膊。"到了布兰奇敦,唐把理查德拉到一边,告诉他说别太担心车子颠簸。有柯蒂斯小姐在,他一点儿也不在乎。

鲍尔是摩根到尤丹达路上的一个地方,那地方的教堂有一座塔钟。它的时针和分针竟然是画上去的。理查德写道:"我想这大概比能走时的真钟便宜吧。"还有一条路线经过伯德伍德,战前这里叫布伦贝格。在伯德伍德和古默拉查之间有一栋低矮的白房子:"这家曾经有一个卧床的跛脚小姑娘,她从床上可以看见路过的所有车辆。一开始,我只是同她打招呼。后来有一天,我路过凯尼顿时从路边采了些野花送她。"从此以后,理查德每次路过都会送些东西给小姑娘:巧克力、糖果、鲜花、一串红艳艳的葡萄,或者一捆安妮舅妈寄来的杂志《笨拙》(Punch)。"她是个快活的姑娘,总是笑眯眯的。我很开心她恢复得很快。上次见到她的时候,她已经能坐着爸爸推的轮椅外出了。其实,她也可以跛着脚四处走动,医生说,再过几个星期,她就可以走得很好了。"

理查德载客总行程达到一万英里的时候,没有发生过一起事故,也没有弄坏过一根弹簧。他喜欢开车,喜欢深夜在阿德莱德的海滨大道上一路奔驰,喜欢加速穿过古默拉查陡峭的山谷,喜欢翻过塞丹山,也喜欢通过陡峭而风景如画的库德里溪峡谷。理查德摸熟了汽车——路上他自己修车——也熟知了人,只有出租车司机和酒保才能这么熟。他称伦马克为"经验的学校"。他喜爱这种开创性,这使他想起童年时与艾伦一起开园子的经历。但即使行程达到了一万英里,他们的客车生意依然没有赚到钱,理查德仍然没有攒够回英国的路费。三个人坚持了一年,最后还是散伙了。

他们的生意客人太少,还有很多人不给车费。然而,包括超速罚款在内的经营成本却非常高。最让人失望的是,理查德认为鲍勃·比尔对合伙人搞鬼。"比尔吞了我们的钱,相当大一笔钱。"理查德写道。他深信鲍勃侵吞了本属于理查德和威瑟斯先生的那部分车费收益,他俩本来可以用这笔钱支付汽车的逾期未付款。汤姆·纳恩自杀的那会儿,理查德还曾为比尔辩护,说他是"一个最好的人"。而客车生意结束的时候,理查德再也不那么想了,剩下的只有指责和破裂的友谊。

1925 年 2 月,有两笔款逾期未付,理查德不知道什么时候"月亮"汽车公司的人就会过来把车收走。威瑟斯先生也没有遵守契约;理查德说威瑟斯"真把我坑了":"在车款和附加款项方面,他总共只付了 1 英镑,而我付了超过 60 英镑。我在地里干活儿报酬也低得出奇,不过每星期 23 先令加上吃住,而这里长工的基本报酬是 3 英镑16 先令。我从来没有催他给钱,到现在我才拿到 10 月份的工资。为什么?就因为我觉得他不容易。"

同一个月里,一连发生了几件大的不幸。老约翰·莱恩去世了。理查德·莱恩手腕受伤。"月亮"汽车被收回了。一场蝗灾袭击了伦马克。理查德在日记中追念他的那位名人舅舅。

> 直到得知这个悲伤的消息，我才意识到舅舅对我有多好。这几天我不断地回想起我和舅舅度过的美好时光，在克利夫顿、布里斯托尔、巴斯、伦敦和布莱顿的那些日子。我越回想，越觉得他多么了不起……好多天了，我一直非常伤心。

十二个月以来，理查德第一次与马克·麦克明，就是他的移民男孩同伴、在朗·阿什顿的老朋友联系上了。麦克明带来了许多消息。他遇到了自己"非常喜欢"的女孩，切盼着与她安家定居下来。确切地说，他打算买下位于河岸区的一座果园。它面积 27 英亩，价格是 2850 英镑，要先付 850 英镑的定金。理查德与他想的不一样。"如果我有 850 英镑。我肯定不会在墨累河岸买一座果园。"马克的恋爱引起了理查德对女孩和爱情的思考。

50

> 我希望"我的真爱"能到来，但现在她还只在梦中……我还从来没有认真想过，我的理想伴侣是金发还是黑发，是一个"金发女郎"还是一个"黑发美女"。说实话，我真没有时间考虑理想伴侣，我整天想的都是"冷蘸法"、自动启动器、汽化器、水泵、风扇皮带、轮胎、车胎刺孔、燃料、汽油、润滑油等等各种东西。它们可不会让人想起理想的伴侣，要是我住在平静的湖边，呼吸着甜蜜的花香，看着壮丽的日落和美丽的风景，我想我会想明白自己理想的伴侣是什么样子。不过，这些至少说明了一件事：我的理想伴侣肯定不是一个女客车司机。

这对恋人对理查德更深刻的影响是，他考虑起自己的未来了。约翰舅舅去世、马克打算安定下来，这让理查德有了及时行乐的闪念。他已经浪费了三年时间，在十九岁上，他觉得时光正从身边飞逝。可下一步该做什么呢？理查德想去阿德莱德做文职工作。他和唐·芒特计划修好一辆破旧的福特卡车，开着它去东海岸。理查德想过养羊，也想过给拍卖商做职员，但他的这些想法都行不通。"月亮"汽车投资失败后，理查德几乎破产，似乎要永远被困在南澳大利亚的乡下了。他需要再发展一门副业。

第五章

哪一位来自英国?

约翰·莱恩去世之前几个月,他和安妮曾乘坐"法兰西王后号" 去过美国。在船上,他们遇到了另一位乘客,托马斯·亨利·罗兰兹。他是一位来自新南威尔士的羊场主,这次带着妻子和女儿出来旅行。莱恩夫妇说起他们有个外甥住在南澳大利亚,汤姆听闻便答应邀请理查德去米拉莫朗牧场,那地方在曼哲拉马附近,位于悉尼以西150英里。于是,理查德要去米拉莫朗过假期了。如果他喜欢羊场的生活,汤姆可以安排他在那里做个新手。

1925年7月,理查德离开伦马克,他坦承自己希望"永远不要再回来"。马克到阿德莱德向他的朋友道了别。理查德登上"丁布拉号"轮船,经墨尔本去悉尼。他在悉尼逛了码头和动物园,之后乘火车去曼哲拉马,再坐菲亚特汽车去米拉莫朗。

穆鲁可和伦马克不过是澳大利亚理想乡村生活的暗淡仿制品,米拉莫朗才是真品。一万英亩的田地、肥壮的美利奴羊群、阔大的农庄,甚至还有一座藏书丰富的图书馆。罗兰兹先生还与他人共同拥有一处地产,面积一万英亩的卡南德拉。汤姆·罗兰兹受过良好的教育、事业有成、热心慈善,他正是理查德钦佩的那种人:"他总是在搜集信息,总是在行动,总是忙忙碌碌。在这方面,他是一个完美的人,就像那位我能写上几天几夜的人,约翰·莱恩一样。"米拉莫朗就是理想的地方,罗兰兹先生就是理想的人,澳大利亚的田园传奇寄托在两者之上。

把约翰·莱恩和汤姆·罗兰兹做一番比较,这不算牵强。他们两人都合群而擅长交际、勤奋又慷慨——两人都曾为当地的医院捐过钱,都曾热心地帮助和鼓励年轻人(虽然莱恩介绍的那位博德利·黑德的办公室勤务员,简直给奥斯卡·王尔德带去一场灾难)。理查德描写汤姆·罗兰兹的一番话正反映了传记作家詹姆斯·刘易斯·梅对约翰·莱恩的描述:"总是有地方去,有东西看。"这么看,两人在"法兰西王后号"上那么聊得来一点儿不奇怪,虽然那时出版家的身体日渐衰微。然而,他们两人有一个很大的不同:每一个认识汤姆·罗兰兹的人都信任他,说他是一个正直的人。

理查德在米拉莫朗度过了非常开心的三个月,这段时间,他与罗兰兹一家以及他们的雇工、朋友相处,工作轻松,还可以思考自己的生活与志向。理查德学会了米拉莫朗核心圈子的习语和举止。他还和汤姆·罗兰兹、他的儿子道格、道格的朋友杰克·希尔一同在新南威尔士西部的中心区域旅行。他们见到了牧场的管理者、合伙人,以及上等的绵羊。他们去达博和科博拉,然后去达尼杜吃晚饭。去曼杜兰、罗基格兰和希尔格罗夫。去库纳巴拉布兰的贝克迪夫,再回到曼杜兰,经过达博去威灵顿;接着再去莫朗和有着美丽农庄的甘布拉牧场,经过卡克尔回到曼哲拉马和米拉莫朗。

甘布拉属于罗兰兹先生的一位朋友。"拉姆齐夫人恰好在他家做客,所以我们真的与拉姆齐夫人喝了一杯茶,随后大家一起去了奥兰治,在皇家国家公园享用了一顿丰盛的晚餐。"希尔格罗夫牧场是鲍勃·克利夫顿的产业。在与鲍勃的母亲见面时,杰克和理查德是一起被引见的。克利夫顿夫人问:"哪一位来自英国?""我跟你说,当时有趣极了，"理查德写道，"很明显，杰克是个澳大利亚人。"他们这一行人旅行了总共 800 英里，"度过了一段非常棒的日子"。

在米拉莫朗，理查德爱上了一个姑娘。埃丝米·罗兰兹是汤姆的侄女。汤姆的兄弟弗雷德拥有伍德斯托克附近的韦里比牧场——"一座漂亮的房子、网球场、两辆汽车"。

> 我们在那里吃晚餐，然后回米拉莫朗。埃丝米·罗兰兹小姐与我们一道，她是弗雷德先生的独女。如果这是一篇名副其实的"私人日记"，那我就要说说我对埃丝米的印象。可是，除了我自己，别人也会看这篇日记，我还是不要说太多为好。等回到韦里比，我再细细地说。她是个漂亮的姑娘，"喜欢运动"，拿过网球冠军，她迷人极了，说说这些不妨事吧。我最好还是别说下去了，不然很容易就说多了……埃丝米在的时候，我们睡得很晚，一般要到夜里一两点才去休息。

53

理查德在日记中有声有色地描绘了他的幻想：他英勇的另一个自我，"艾伦·威廉斯"是来自伦马克的果农，他对牧场主的女儿"埃丝米·柯克"一见钟情。起初，他的感情没有得到回应，但就像戏剧中的情节一样，他紧追不放，终于赢得了女孩的芳心。然后是摩托车赛、板球赛、包装站事故，他们还去了悉尼港和塔隆加动物园游玩。故事在"一个暴风雨之夜"达到高潮。那时，艾伦正在浇灌果园和葡萄园，来了一个邪恶的外国对手。他们冒着暴雨、在烂泥中打斗，最终艾伦打赢了。理查德决定不让艾伦杀死那个恶棍，"只是把他痛扁一顿"。

理查德也爱上了牧场的生活。想不到米拉莫朗竟成了布鲁姆庄园的新竞争者。理查德想知道怎样才能在米拉莫朗或者类似的牧场找到一份工作。

如果我能被任命为内陆一所小学校的校长，领一份体面的薪水，并且住在一座牧场上，那我就能有足够的业余时间来学习养羊方面的知识，也许还能攒下几个英镑。你知道我想学习养羊，但是作为新手，很难在一座体面的牧场找到工作……说到找一份做校长的工作，我想去托灵顿那里的学校。虽然我觉得托灵顿不太像德文郡，但是在那儿我可能会和罗兰兹先生的几个朋友一起住，他们是牧场主。如果不能住在牧场上，那我就不想当校长。

54　　最终，理查德并不能决定自己的去处。阿诺德·布朗是汤姆·罗兰兹的熟人，他在库纳巴拉布兰附近拥有一处地产，理查德去过那里。贝克迪夫面积只是米拉莫朗的十分之一，卡南德拉的百分之一。布朗先生与罗兰兹谈过之后，为理查德提供了一份新手的工作，薪水是每星期一英镑加食宿。

我心里并不想去库纳巴拉布兰，更愿意留在这里，但是我不喜欢拒绝别人。那个地区的牧场都很小，牧场主几乎都是退役军人，而这里的牧场则大得多，牧场主们已经养了一辈子的羊。从某些方面考虑，我觉得自己在这里能学到更多东西。接受那份工作，我会很伤心。要是有足够的路费，我明天就要回家。等成为新手工人之后，我估计很长时间都回不了家了。要是有 40 英镑，我马上就能决定该怎么花。铁行公司的支线轮船、"共和国"公司的三等舱，或者随便哪一艘船上的统舱都行。实话说，此时此刻，如果能在返乡的轮船上得到一份乘务员的工作，我会毫不犹豫地跳上船去。

理查德的经济状况成了米拉莫朗地方的一个笑料。在澳大利亚待了三年半，他名下只有差不多 5 英镑。而他又花掉了其中的 3 英镑买工作服和工作靴。这之后，他还得买火车票去库纳巴拉布兰。

　　　　向车站询问之后，我发现车票需要 1 英镑 19 先令 9 便士。米拉莫朗的人都好奇我拿 3 便士的找零能做什么。我最终打定了主意，花生是最有营养的食品，所以我要买 3 个便士的花生，人们也叫它"猴子果"。但是道格的一位朋友……认为"施比受更有福"，他给了我一大袋子"明蒂"糖和花生。

理查德感谢罗兰兹一家使他在米拉莫朗"度过了非常愉快的时光"，然而"罗兰兹先生却说：'如果你想表达感谢，那就以后来玩吧。'我原本想说点儿什么，却开不了口。结果，我一直在说'真的''说真的'"。就这样，理查德带着丰盛的礼物——书、香烟、花生、薄荷糖和嘱咐，还有一颗"几乎破碎的"心，与他仅剩的 3 便士离开了米拉莫朗。　55

*

　　贝克迪夫，库纳巴拉布兰：简易房以薄板做墙。站在其中有屋顶的几个房间里，理查德可以伸手够到屋顶。门的合叶是坏的，也没有门闩、把手和锁。篱笆朽坏了，"院子没有一扇像样的门"。农舍摇摇欲坠。罗兰兹先生来贝克迪夫的时候，轻轻一靠羊圈的围栏，竟然把它压倒了。布朗的羊浑身爬满虱子和跳蚤；罗兰兹先生说，在米拉莫朗，他的羊没有一只是这个样子。在理查德的房间里，除了床之外，其他所有家具都是他用煤油桶临时搭起来的。他称这种风格为"煤油时代晚期"。

　　活儿很重，每天要干很长时间。理查德很快就得出了一个可怕的结论：他在金家的苦干、在马修斯先生和太太帮助下的逃离、在威瑟斯家的劳动、退出"巴韦尔计划"、驾车一万英里——这一切都徒劳无功。总而言之，无论如何，他相当于又回到了穆鲁可。

布朗夫妇有三个孩子："他们总是吵吵嚷嚷，我从没见过像这么脏的孩子。"在剪羊毛的日子，理查德的房间成了剪毛人的餐室，他只好去睡走廊。孩子们搞起恶作剧来很有创意。理查德睡着的时候，一个孩子悄悄爬上床，用香蕉皮抹他的脸，另一个孩子拿起棍子打他；"一个从床下拽我的衣服，一个要揍我的脸……我屋里没有一点儿安宁，他们什么也不放过，把扯得动的东西都撕烂了，还抢走了我所有的东西。"理查德不得不把书锁进箱子，"不然就会被这些淘气包撕碎。我根本制止不了他们，因为他们总是回答'我偏要这样'。"

阿诺德·布朗是第一次世界大战中的英雄，现在他却作为一名列兵在创业。"停战协议签订的时候，他是少校，再过一个月他就要升为上校了。"在战争最激烈的时候，布朗在西线指挥一个营。经过两天紧张、持续的交火，他和手下的士兵很久没合眼了，补给也跟不上；"这时候，将军又派来一个营，不是来解救，而是来增援他们的。"

56 实在没有地方安置来增援的士兵，而全都挤进仅有的一道战壕相当于让他们送死。[布朗]给将军打电话，汇报了情况。将军说："既然我派他们去支援你，那就请你使用他们。"[布朗]回了将军一句"见鬼去吧"，随即抓着电话听筒，一把扯断了连线。他命令前来增援的营返回指挥部，自己随后又投入战斗。不久，他负了伤，等完全恢复之后他被送上了军事法庭。然而，他不仅没有被撤职，最后还因此获得了优异服务勋章。伯德伍德将军也给他写了一封私信，一方面说他不执行命令是错误的，另一方面却感谢他那么做，按将军的话说，"实际上救下了一千个人的命"。

后来,布朗又有一次表现得很智勇,获颁了十字勋章。理查德钦佩、尊敬布朗的军旅经历,但他同时意识到布朗像兰·金一样,难以适应乡村的平民生活。布朗取回漂亮的新汽车时——一辆棕色车身、蓝色座椅的威利斯牌骑士——一路踩着后刹开了400英里。贝克迪夫的经营状况和金家在穆鲁可的农场差不多。濒临破产、死里逃生是家常便饭。

贝克迪夫的邮箱离房子前门有半英里远。理查德到来后的头一天早晨,要去邮箱取信。他骑上了一匹曾在越野障碍赛中获奖的马,这是一匹有名的"烈马"。返回的时候,"它不等我骑上就开跑了"。理查德刚刚一只脚踩上马镫,一只手攀住马鞍,这匹马"就准备打破半英里赛的纪录……它跃过横贯牧场的火车路轨,一路踏坏了地面,以60迈的高速径直朝房子冲去。我拼命地抓紧马鞍"。理查德想起了《奴隶的梦》这首诗中的奴隶:"每一次腾跃他都能感受得到青钢的刀鞘/在骏马身上的连连撞击。""但对于我而言,是'青钢的马镫'在连连撞击……我竭力压住马镫。"

1925年10月16日,理查德·莱恩和阿诺德·布朗都差一点儿丢掉性命。那天,布朗正在井里安装水泵。这口井有110英尺深,其中水深30英尺。理查德帮着往下放一根80英尺长的管子。突然,拉住水管的链子滑脱了,一直往下掉了20英尺才又被夹钳卡住,直径半英寸的钢丝绳都被扯断了,好在管子保住了,没有掉进井里。"当时,我正握着绞盘把手,要是绳子没断,我就被拽飞了。"理查德写道。

布朗那时已经下到井里了:"他正要开始工作,把手纹丝没动,但绞盘却滑脱了。"

　　　　布朗先生丝毫没注意到这个情况,还是我提议装一个绳索

57

刹，以防绞盘再一次滑脱。这个提议被采纳了。他下到井里 40
英尺，离水面还有 40 英尺地方的时候，绳子又滑脱了。要不是
装了绳索刹，他就直直地栽进水里去了。那天晚上回到家里，他
跟布朗太太说，要不是我提议装了绳索刹，他今天就没命了，这
一天可真够刺激。

理查德早晨 5 点一过就起来干活儿了："生炉子，给三头奶牛挤奶，分
离奶油，劈一大捆柴，清理猪食桶，从饮用水水箱里打水灌满两只煤
油桶，倒空三个洗衣盆，给冷藏室加满水，每星期三次去前门取信。"
吃完早饭，他顶着酷热驾着中耕机犁地，尘土扬起，理查德即使带着
护目镜和遮阳帽，也几乎连马都看不见。他还与大家一起剪羊毛，这
是"一件非常脏的活儿"。布朗吩咐什么，理查德就做什么：梳理羊
毛，运送剥了树皮的木材，拔蓟和墨西哥罂粟，"堆谷堆"。

> 老板人不坏，只是性子太急，常无缘无故地大发雷霆。我最
> 讨厌的是白天没有什么盼望，晚上也无事可做。布朗一家不打
> 牌，留声机也被孩子们摔坏了，家里一点儿"让人舒适的东西"都
> 没有。

布朗一家去曼利海滩度假了，他们留下理查德"独自过活"。他骑马
去镇上买了牛排，第二天早晨打算煎的时候，它已经长了绿毛；他把
煮好的杏子泡在锅里，搁在炉子上，之后出去耕了几个小时地。回来
的时候，杏子和锅都看不见了，只有黑压压一大片蚂蚁。他把烤熟的
苹果留在小厨房里，出去干活儿。一只鸡进了厨房；"不仅苹果全没
有了，我还花了一刻钟来收拾烂摊子。"面包吃光了，他决定做蛋糕。
配方说明用黄油块，但是天气酷热，黄油块化成了"黄油"。

58

有一种苦马豆属植物能让绵羊上瘾，具有毒性，它遍布库纳巴拉布兰。"有些羊在长满苦马豆属植物的地上吃草，并不理会它，"理查德写道，"但是有些羊'对它上了瘾'，尝到它的滋味之后，再也不肯吃别的草。人们称受到这种折磨的羊上了'豆瘾'。它们上瘾的时候，又难受又可笑。"这种羊，即使喂最好的牧草，也只吃一点点，不过够留下一口活气而已："它们瘦得只剩皮包骨。"伦马克被崩溃的水果价格击垮；而库纳巴拉布兰则遭遇了苦马豆属植物之灾。

一天，理查德发现一只母羊特别不对劲，于是把它和它的羊羔抱出羊圈，放到了一块苜蓿地里。第二天晚上，这只母羊还活着。"我本以为它熬不到第二天早晨呢。"而那只羊羔则"和夜里出生的另一只羊羔玩到了一起，于是母羊还以为自己生了两只小羊。"又过了一天，一群乌鸦在苜蓿地里呱呱乱叫，它们搞死了什么东西。理查德见了，急忙开枪赶走乌鸦，可母羊已经死了，被乌鸦"糟蹋得不成样子"："它死了没多久，眼睛还没给乌鸦啄走，但肉已经被吃掉了一些。"理查德要向所有的乌鸦复仇，他在死羊周围摆好捕兔夹子。"不一会儿，我就满意地看见一只乌鸦被夹住了，这吃死肉的畜生！不过，我当时并不是这么说的，而是用了一个很澳大利亚的词。"被夹住的乌鸦最后挣脱了，当然也付出了代价；它的一条腿被夹断了。理查德把这条腿绑在一根杆子上，下面写着"所有的乌鸦都当心点儿"。

*

理查德习惯身边有书。威廉斯-莱恩家总是放着书，文理学校和米拉莫朗也有藏书丰富的图书馆供他使用。但是在贝克迪夫，布朗家唯一的书架上只有农业报刊和军事训练书。库纳巴拉布兰和附近的大部分农场主对书都没有什么兴趣。虽说绵羊是苦马豆属植物的最大受害者，但这地方的有些人也表现出同样的头脑症状。

在这里,如果有人阴差阳错地读了一本书,也会立马忘得一干二净。从来没有人喜欢诗歌。大家不认为诗歌是合宜的读物。如果你想读书,那可读的太多了,比如《新南威尔士农业杂志》《绿头苍蝇虫害》《绵羊药浴》《羊虱》……诗歌那些东西都是"胡说八道"。狄更斯,"哦,他的书,我曾经拿起来过,但是太啰嗦了",或者"从没听说过这个家伙,他是干什么的?"司各特,"他发现了北极,没错吧?"等等,等等。这可不好笑,而是令人特别遗憾。我因此很想回家。罗兰兹一家受过很好的教育,然而他们甚至不是千里挑一,而是万人中难遇的。

理查德难得有闲暇时间,布朗一家搞不明白,为什么他会把这么宝贵的时间用来写日记。"我渐渐觉得,如果我不花这么多时间写东西,会给他们留下更好的印象。写作在这个地方'不合时宜'。"布朗太太直截了当地说,理查德要是读《农夫手册》,而不是写东西,会更幸福。但是理查德没有照做。"这本书是我的朋友,但《农夫手册》不是。劳累一天之后,我一定更需要一位朋友……而不是一本参考书。"

我打开行李箱,看着我的书,眼泪几乎掉下来。我在这个地方的朋友似乎只有它们。好书,美画,忠实的朋友;难道会嫌多吗? 老柴,旧交,陈酒,古书最称心……我一定就是克雷布诗中的那种人:"他只钟爱书,或读或写。女子男人他竭力逃避,收工就急急往家赶回。"

"急急往家赶回"正是理查德想做的,但他仍旧没有足够的钱。他欠着裁缝的钱,还被南澳大利亚政府追讨汽车登记费。理查德陷入了财务困境。"不算我买的这双鞋子和付的行李托运费,最近两个月我

60

才花了不到 2 英镑。我的财务状况确确实实出现了危机。"

理查德给瑞安"老爹"、鲍勃·比尔和 A.B.威瑟斯先生写信，向他们讨工钱。结果，瑞安寄来了理查德在"巴韦尔计划"账户里剩下的 2 英镑 9 先令 8 便士。"我很遗憾，竟然让你不得不寄来这份申请，我相信，这点儿钱能帮你渡过难关。"比尔欠理查德的钱更多，但拒绝支付。他在信里写道："情况还是非常糟糕，除了维持农场日常开支的必要花销，真的再拿不出一分钱来。"威瑟斯先生寄来一封五页纸的信，却没有附上支票。"如果我能寄给你一点儿什么东西，我一定会寄——我们的收入现在主要靠奶牛和鸡，如果情况还不好转，那我们很快也会支撑不下去了。我们已经逐渐沦落到一无所有。"威瑟斯甚至到了要卖掉家里那台留声机的地步，只是卖不出去："人人都用上了收音机。"

理查德的处境越发绝望。他受克利夫顿先生雇用，开车从林德赫斯特运一批羊到库纳巴拉布兰。318 只母羊和 2 只公羊挤在两节双层货车里，每层 2.5 英尺高。理查德要一个人运送这群羊，在路上照料它们，最要紧的是，不能让它们躺倒，"不然它们很快就会死掉"。

> 有些羊的腿看上去弯曲得厉害，我费了很大劲才让那些马上要躺倒的羊再站起来。它们躺倒在[车厢]中央，任由别的羊踩踏它们，却不想站起来。如果它们能够靠边躺卧或者躺倒，呼吸就能更顺畅，也不太会被踩踏。

这是一份艰难又危险的脏活儿。在拥挤的车厢里，往往十几只羊一齐躺倒。理查德弯着腰，蹲下身子，使出浑身的劲儿把它们扶起来。火车开得很慢，还经常在旁轨上停住，这趟运送花了两天时间。因为要不时地去扶羊，理查德几乎没有时间吃东西。他又渴又饿又累，头一阵阵跳痛，"像一辆该死的福特车，开到高速挡，却走得慢吞吞"。到最后，所有的羊都活了下来，克利夫顿先生付给理查德1英镑。这趟差事花去了理查德14先令，所以从现金来看，他净赚了6先令。不过，他弄破了大衣，损失1英镑，还搞坏了最好的帽子，所以总的来看，这趟运送损失极大。理查德的经济危机反而加重了。

一个受过良好教育的年轻人，在没有书的荒漠中，一文不名，毫无出路。在贝克迪夫的一个晚上，理查德思乡到了极点，在伦马克和穆鲁可的任何时候，他都没有此时这么想家。在这段山穷水尽的日子，那些过往到过的地方、见过的人，打开又关闭的门扇，以及他变得一团糟的人生，在他脑中翻腾。但后来，他看到了一个意象。落日的余晖映着云彩，景色壮美。

> 那个方向上好似发生了一起大爆炸，云朵形成一个半圆，边缘是层层巨浪般的白云。往中心去，云色越发深沉，一直到地平线上，成了一片黑云。在这云象之中，有一片独立的云，孤零零地悬在那里，正是英格兰的形状，它渐渐上浮，直到太阳落下，一切都黑沉、暗淡。

理查德不像艾伦一样对神秘主义怀有那么浓厚的兴趣。但这一征兆是确定无疑的。等理查德终于决定回英国去的时候，澳大利亚也对这位移居来的果农、客车司机、新手和羊贩子给出了自己的评语。贝克迪夫召开了一场厨房会议。

> 一开始，我提到一个名字，然后又提到一个，最后，实际上我把我认识的和认识我的每个人都提到了，他们也都说出了对我的看法。有些话很动听，有些却不。A. 布朗先生认为我常识丰

61

富，思考问题方式正确；但我的主要兴趣不在工作，而在读书。
R. 布朗先生说我"绝不会在农活儿上有什么出息"。汤普森先
生说："莱恩是个聪明的小伙子，离开农活儿肯定能成名。"……
T. 罗兰兹先生、道格·罗兰兹、鲍勃·罗兰兹、罗兰兹小姐，还
有泽尔先生都对布朗先生说，照他们看，我在农活儿上绝不会有
什么出息，这倒不是因为我"不开窍"，而是因为我的心不在这上
面。克利夫顿先生也这么看。我想这是他们的真实想法。

62

查理·汤普森的父亲认为理查德会成为一名优秀的报社记者。理查
德工作勤奋，又是大家眼中正直的年轻人，并且从阿诺德到泽尔，每
个人都注意到他喜爱文字、写作和读书。结论：文学生涯比牧羊或者
任何农活儿都更加适合他。理查德同意朋友和雇主们的判断。"我
才开始认识到在某些方面，我并不适合农场生活。……说实话，我对
书远比对羊感兴趣。"

在他那布鲁姆庄园每个人都会读的日记中，理查德的想法逐渐
明朗，就是找一个省钱的办法回到英国，他可以在船上做乘务员或者
住在甲板间舱。艾伦给新南威尔士的银行汇去 20 英镑："祝好——
不反对工作旅行——缺钱来电。"他还发去了一份回电费付讫的电
报，只问了一个问题："何时回家？"

理查德订了一艘法国船——什么"城市号"的甲板间舱船票，随
后离开了库纳巴拉布兰，离开了新南威尔士，离开了澳大利亚。他动
身回英国，而在此之前，他已经在开普敦爬上了狮头山，在贝克迪夫
做过农场新手，在悉尼港游玩一番，在伦马克清理过桉树灌丛、搭过
葡萄架：一名优秀的帝国青年。

在这场澳大利亚实验开始之时，理查德·莱恩心里是有几个想
法的。他将积累起足够的探险经历和阅历，助他在"新世界"的开拓

之潮中做个弄潮儿,也许还能赚一笔小钱;他将自豪地回到布鲁姆庄园。一开始,他以游客或者年轻人类学家的眼光冷静地观察澳大利亚。渐渐地,他见识了这片南方大陆的真面目:一个陷阱。有发财的前景吗?希望渺茫,尤其在穆鲁可和贝克迪夫,两地的退役军人定居地是一场缓慢的灾难,在伦马克也是这样,在那里,即使建立最早的农场也濒临倒闭。更糟糕的是,顽强开创副业的经历耗尽了他的钱:他陷入了困境。而回到英国,失业的人很多。眼看经济混乱步步逼近。理查德的父母心里期盼,他能够补充,而不是消耗家里的储蓄。而理查德打算竭尽全力,千方百计不拖累塞缪尔和卡米拉。澳大利亚的陷阱越深,理查德离开的心志越坚定。

在"施特拉斯堡城市号"上,最便宜的舱位是货舱,比统舱还低一等。理查德离开悉尼时,与其他 12 位乘客住在一个房间里,其中 11 位不会说英语。他用学生水平的法语跟乘务员领班交涉,付了一笔小费,才终于帮自己升级了铺位。虽然正式说来,他还是在货舱,却搬到了一个四铺房间,与一个瑞士人、一个挪威-比利时人同住,他俩都会说英语。在所有二等和三等乘客中,理查德是唯一一个英国人,只有他穿衬衣打领带,也几乎只有他费事穿袜子。

"施特拉斯堡城市号"跨过赤道时,甲板上一阵骚乱,理查德还以为船员会通知说,海底发生了地震,或者至少是船撞上了什么东西。向北跨越赤道具有更深刻的意义,代表着理查德的澳大利亚生活和回乡之间的分界。"施特拉斯堡城市号"离开南半球后,有一段时间,理查德还很确定他仍能看见南十字星座。但他也在夜空寻找另一个星座,大熊星座,它的出现将意味着他和他的家人正在仰望同一片星空。

*

乘船回到英格兰的理查德·莱恩在许多方面变化很大。他在

"巴韦尔计划"中、在伦马克到阿德莱德的客车生意中受到了欺骗，因此从亲身的经历中，也从一路上遇到的生意人、专业人员和牧场主那里学到了重要的功课。这些人中最棒的要数托马斯·罗兰兹，一个养着美利奴绵羊的人，无人能与他相比。现在，理查德懂得了信任、正直，以及经营中资本总额和实验的重要性。他懂得了债务和金钱的真正价值。澳大利亚检验了理查德从布里斯托尔带去的价值观——说话算话、谦逊、适应力、慷慨大度，并且强化了它们。在澳大利亚，理查德关心他人、平等待人的性格像被灌溉的葡萄藤一般发旺。而回到英国之后，他更了解自己的想法、选择和能力了；他更了解汽车、人和生活了；他对女人和爱情也稍微开窍了。

理查德心中理想的女子不是一名客车司机，不是玩"咖啡壶"和"教区牧师"这类"白痴游戏"的伦马克姑娘，不是库纳巴拉布兰的考克斯"宝贝"（十八岁上下，留着波波头，穿着长度不到膝盖的短裙，叼着香烟，嘴里咒骂着"在必要的时候"），也不是多比小姐，一位被"施特拉斯堡城市号"船长约瑟夫引诱的新西兰少女。他的理想伴侣与埃丝米·罗兰兹很相像，但也许更像悉尼的那些漂亮姑娘：

> 她们都留着齐耳根的波波头或是平格尔式短发，戴着贴发帽，身着短裙，大概有一半姑娘还穿着肉色的丝袜……就像世界上任何地方的优雅女子一样。总的来说，她们发育良好，非常漂亮，衣着精致亮丽。如果你想看看她们是不是真的身材曼妙，请到曼利海滩去吧。她们在那里穿着泳装，只松松垮垮地披一件浴袍或者宽大的外衣。不管什么时间，都能在大街上见到她们一身这样的打扮，或是去海滩，或是刚从海滩回来。在星期六、星期天，海洋海滩上到处是衣衫轻薄的澳大利亚姑娘，由小伙子们陪伴着。

64

轮船驶入北大西洋时,理查德因经济上的失败而难过,但是他并不想就此结束。他已卸下重担,长长地松了口气:再也不用赶着马或者驾着中耕机犁地了,再也不用清理猪食桶和马桶了。在澳大利亚,他遇到了许多角色,其中一些人为他提供了前车之鉴,比如理查德在伦马克见到的那个"流浪汉"——他嗜好四处游逛和赌博、死去的汤姆·纳恩,还有贝克迪夫的每一个人。与这些人的相处对理查德影响很深,决定了他今后会成为什么样的人,也教会了他谨慎处事。他认识到了很明显的一点:澳大利亚之旅缺乏计划,他因此而被丢进了一群莽夫恶徒之间。现在,即将回到英国的理查德长大了,智慧了,但也变得脆弱了。

65 　　贝克迪夫像一片没有书的荒漠,"斯特拉斯堡城市号"的货舱也一样。理查德没有书可读,也没有人可以一同聊作家和文学,他对书、对文化、对写作如饥似渴。虽然身处嘈杂之中,理查德却一直坚持记日记。他琢磨人的性格,成了鉴赏人的行家。这份移居日记生动细致地记录了日常生活,是一份关于澳大利亚社会历史的重要资料。如果说澳大利亚是理查德的成人礼,那这份日记就是他的成长小说。

第六章

几乎一切

艾伦·莱恩第一次去伦敦是在博德利·黑德出版社做见习生，那段时间不长，他住在姑姑莉莉·史密斯和姑父泰德·史密斯家里。他们一家住在伦敦郊区的雷恩斯公园，远离时尚购物区，对安妮·莱恩来说，这里只在理论上存在。艾伦·莱恩获得姑父和姑姑同意后，便搬去了海德公园和肯辛顿公园附近的兰开斯特门大街。这幢豪华的房子有一间长 55 英尺的会客室、一间餐厅、一间早餐厅、优雅的卧室和浴室、一间藏书丰富的图书室，以及许多特别的艺术品和古董。对年轻的艾伦来说，这里可比雷恩斯公园舒适多了。不过，也有让人头疼的问题。艾伦 1921 年的日记里充满了郁闷的表述："被安妮教训了好几个小时，她说我做事不认真"；"约翰舅舅说他要写信告诉父亲，我工作不够努力，他打算打发我回家。"

塞缪尔的一个姐妹，弗洛伦丝，嫁给了爱尔兰人乔治·普克斯利。这对夫妇有三个孩子：理查德、小乔治和多萝西。女孩的中间名是欧什纳①，以纪念她在海上诞生。大家都管小乔治叫"帕特"，管多萝西叫"杜卡"。小时候，艾伦去过普克斯利家，那时他穿一件"漂亮

---

① Oceana，是海洋"Ocean"的变体词。

的束腰长袍",在地下室厨房里见到一个叫多丽丝的小女孩。全家人都记得他当时怎样走到小女孩跟前,对她说:"我想亲亲你。"现在,艾伦长成了一个少年,在伦敦遇上了许多他想要亲吻的姑娘。他又与普克斯利一家联系上了。在赴一场舞会的路上,帕特和艾伦到维多利亚车站喝下了他们人生中的第一杯啤酒。帕特成了艾伦的酒肉之交,两个小伙子经常出入伦敦的酒肆夜场。帕特继承了他父亲吊儿郎当的品性,放荡不羁。他比艾伦大两岁,后来家里人都叫他"全世界年龄最大的童男"。帕特与安妮·莱恩初次相见,他很不明智地说,比起书来,他更喜欢轮船。安妮保护着她新的被监护人,关怀着他的前途,她随后认定普克斯利家的男孩影响很坏。于是,这份酒肉交情转到了地下,至少有一次,在兰开斯特门大街的宅子里,帕特不得不躲进衣柜里,不让表弟那出名的舅妈发现他。

约翰舅舅后悔做了艾伦的监护人。1890年代,他乐于让自己笼络的那群狂热的诗人吵吵闹闹,而如今出版社里年轻人的生活要安生得多了:奥斯卡·王尔德早已离世,出版社已经适应了令人尊敬的规规矩矩。理智,也许还有安妮·莱恩,说服了约翰,他要为艾伦找一个比普克斯利更好的榜样。第一次世界大战之前,本·特拉弗斯是博德利·黑德出版社的资深职员。战争期间,他是一名出色的飞行员,在19次坠机事件中成功幸存。后来他的上级断定他坚不可摧,提他做了教练。战后,他成了一位成功的流行小说家和剧作家。约翰舅舅请本给艾伦做伴。然而没想到这个新人不久竟后来居上,在伦敦的欢场中悠游自在。友谊茁壮成长,艾伦和本一同闯祸。一天晚上,他们搞砸了鱼商同业公会的年会。原来,他俩听腻了演讲,偷偷逃出来,要找一家酒吧,结果,他们发现了专为演讲嘉宾预备的休息室。这里供应白兰地、威士忌、杜松子酒、波特酒和雪茄。艾伦和本大大方方地享用完这些美物,才被人发现、赶了出去。这两人酒足饭饱,回到兰开斯特门大街取睡帽。艾伦蹑手蹑脚地打开前门,生怕吵醒了舅舅和舅妈。可是很不巧,他踩滑了一块毯子,慌乱中,他伸手想扶上什么,却拉住了 7 英尺高的威廉·巴纳德老爷钟。钟重重地砸倒在他身上。一时间,钟声大作。有时候,约翰舅舅真不知道他会在家里闯出什么祸。

虽然莱恩喜爱外甥,却对这个成年了的狂热青年越来越没有耐心。艾伦则很快从一个杂役和低级职员,变为一个花花公子和交际明星。他与年轻时的尤安·麦格雷戈很像,长相英俊、魅力超凡、打扮入时;并且,他还有一个光彩的头衔:约翰·莱恩的外甥。这些优势都令人羡慕,可以借以建立名望,过上优越的生活,虽然他只是约翰的远房外甥,虽然艾伦的薪水——只比贝克迪夫新手学徒的薪水高一点点——不足以支撑他的头衔和他的爱好。

艾伦并不理会些许的美中不足,着手利用自己的优势。他在博德利·黑德出版社的一系列工作角色中恪尽职守——包装工、选书工、推销员、交易台骑师、打印机维护员、版税控制员——他努力工作,以博取舅舅更多的信任。老约翰·莱恩去巴黎到萨义德别墅拜访阿纳托尔·法朗士时,艾伦作为翻译随行(他的法语知识"还不够表达他的兴奋之情"),随后他们与畅销小说作家 W.J.洛克在蔚蓝海岸的别墅过假期。艾伦数了数,别墅共有七个浴室,他把这一点也告诉了理查德。这之后,他们拜访了安德烈·莫鲁瓦①,参加了阿纳托尔·法朗士的葬礼——理查德为此向帕特·普克斯利借了黑色大衣。没过多久,对这个来自布里斯托尔的小伙子来说,出于工作或者游玩的原因而通过英吉利海峡隧道,就成了常事。

在英国,他见到了其他著名的文学家——这些会面现在看来也

①　安德烈·莫鲁瓦(André Maurois,1885—1967),法国作家。

相当新奇,他一直珍藏着这些记忆。有一次,在多切斯特郡,他和已经八九十岁的托马斯·哈代以及哈代的朋友约翰·德林克沃特①喝茶。茶毕,艾伦小心翼翼地将德林克沃特用来包饼干的箔纸捏成的微型圣杯收了起来。还有一次,艾伦去哈代位于多塞特郡的家马克斯门拜访他。德林克沃特也在场,还带着他的妻子。小说家一个房间挨一个房间地翻找歌本,这些多塞特的古老民歌他年轻时曾在乡村的节日和舞会上听过。歌本找到之后,德林克沃特太太演唱了哈代最喜欢的几首,老作家"高兴得像个孩子,听得聚精会神"。

　　小约翰·莱恩到伦敦来看望艾伦,他们听了一场萧伯纳的讲座。讲座过后,艾伦和约翰走在皮卡迪利大街上,他们发现萧伯纳正在他们前头大约50码的地方。两兄弟掏出了签名簿,"追赶萧伯纳"。艾伦年龄大些,跑得快些,他"甩开约翰好一段距离"。于是,约翰只得跟在他身后,看他要怎样行动。"打扰了,先生,您能给我签个名吗?""年轻人,"萧伯纳说,"如果你不是把宝贵的时间浪费在找我这样的人签名上头,而是用来熟悉自己的业务,你将很快发现自己的签名像我的一样抢手。"那天晚上,艾伦和约翰站在威斯敏斯特桥上,把签名本丢进了泰晤士河。虽然举动这么夸张,但艾伦仍然至少把萧伯纳的一半忠告抛在了脑后——他收集了众多的作家签名。

　　阿加莎·克里斯蒂很快将终止与博德利·黑德出版社的合作,但她和艾伦已结下了此后将延续多年的友谊。为了与克里斯蒂以及其他作家的情谊更加融洽,艾伦在图书界中积攒了一套常备的八卦故事,与他们分享。这些故事里面,一部分相当下流,多数伤人自尊,几乎全部都是限制级的。比如,他从约翰舅舅那里听说,威廉·沃森"与沃森太太的女仆乱搞",而奥斯卡·王尔德则真的和维哥街的办

---

① 　约翰·德林克沃特(John Drinkwater,1882—1937),英国诗人,戏剧家。

公室勤务员搞到了一起。

博德利·黑德出版社的董事会邀请艾伦作为观察员参加他们的会议。约翰舅舅要将出版社重组为一家有限公司，引进外部股东的投资，艾伦虽然没有详备的会计和公司结构知识，却为老人留意、监察。约翰·莱恩最终找到了三个庄重、经验丰富的人，最重要的是，他们有公司需要的钱。休伯特·卡尔戈姆、林赛·德拉蒙德，以及社会主义和性学的业余研究者罗纳德·博斯韦尔，他们每人投资了1000英镑，并加入了董事会。艾伦也于1924年加入，但他的投资完全是创始的、非现金的。艾伦升入董事会并成为公司干事，将成为约翰·莱恩在博德利·黑德出版社最后的动作之一。

*

在从美国归来的途中，约翰和安妮遇到了汤姆和妮塔·罗兰兹，他们在布莱顿度过了一个多雨的星期。约翰·莱恩在车站等车时淋了雨，病倒了，接着又染上了严重的肺炎，不久便离开了人世。约翰舅舅1925年2月去世，艾伦和威廉斯-莱恩家的其他人都深感震惊。然而，这位伟大出版家的离世对他妻子的影响却完全不同。

安妮再次成了寡妇，她陷入了深沉而长久的哀痛。兰开斯特门大街8号发生了显著的变化。长期服侍的男管家科斯廷虽然不同意，但理查德现在已经成为这里的男主人。安妮·莱恩明显与威廉斯-莱恩一家——特别是三个男孩——更亲近了。原因有几个：这位寡妇年纪越来越大，需要也渴望家庭的温暖；尴尬的血缘距离——威廉斯-莱恩改姓掩饰了这一点——在约翰·莱恩去世后，变得无关紧要。约翰曾留下遗嘱，将一些与德文郡有关的绘画赠送给该郡，将几幅与该郡无关的重要绘画送给伦敦和布莱顿的学院，将从图书室选出的一部分书赠予友人。最后，莱恩出于挚爱，将自己的大部分财产留给了妻子。安妮自己本来就很有钱，现在更是相当富裕了。

70

莱恩身后，博德利·黑德出版社一片狼藉。在外，公司濒临破产的传闻甚嚣尘上；在内，新董事们焦虑不安。艾伦·莱恩，这个走超车道进入董事会的年轻人，成为他们焦躁与不满的避雷针。只有安妮——他富有的保护人和公司的多数股东——保护他，使他免于被董事会的其他成员打回原职。在布里斯托尔，威廉斯-莱恩一家从科腾谷搬到了库姆比峡谷，塞缪尔在那里建起新房子，仍沿用旧名"布鲁姆庄园"——他没有延续家族姓氏，却可以沿用住宅的名字。艾伦因工作压力累倒了，得了猩红热，在父母的新家里隔离。

此时，理查德·莱恩从荒蛮之地回到英国，急切地要见每一个人，不过，他对重新回到家庭圈子有些担忧。1926 年 3 月的最后一天，理查德抵达伦敦，从帕丁顿站走路去兰开斯特门大街。安妮·莱恩看到久未相见的外甥，高兴坏了，她给了理查德 5 美元，用这种非常实在的方式表达了心情。理查德随后到了新的布鲁姆庄园。那会儿，父亲出门了，妹妹诺拉在萨弗伦沃尔登的学校寄宿，而艾伦则被隔离在自己的卧室里。幸好，还有卡米拉和约翰，他们像安妮舅妈一样热情地欢迎他。母亲和弟弟见理查德变得如此高大、成熟，都大吃一惊。他们以往从那些精彩日记中读到的那个魁梧青年，此时就站在面前。塞缪尔和卡米拉曾与一位记者骄傲地分享过理查德日记的片段，而记者又在布里斯托尔的《西方日报》上选摘、赞扬了这些文字，这位移民男孩在当地成了名人。

在从澳大利亚写给安妮的最后一封信中，理查德分享了他对回英国的期待。

> 我不想说出我朝思暮想的人都是谁，因为这份名单太长了，但是有一个人我最最想见，哪怕是因此要少活几年，我想不用说，你也知道他是谁。我深爱我的哥哥，不过这丝毫不影响我爱

爸妈、爱家里所有人,还有许许多多亲人和朋友。

这几年,艾伦长大了,他不是在田地里、客车上,而是在办公室里成长起来了。在他的性格养成时期,听惯的是出版商的诡计与八卦。因此,隔着艾伦的房门讲话的两个人已非常不同,但兄弟之情很快复燃,他们之间的秘密计划又启动了。

艾伦和理查德有很多共同之处,比如对弟弟约翰出生和幼年时的温情记忆。约翰出生之前,大人们告诉他俩,约翰将由家庭医生接生。卡米拉开始阵痛时,医生到达布鲁姆庄园,他把带来的医疗箱留在楼梯上,上楼去看卡米拉。关于医生的工作,艾伦和理查德听说过只言片语,他们蹑手蹑脚地凑近医疗箱,小心翼翼地打开了。他们惊讶地发现里面竟有一只蛋挞。

理查德离家去澳大利亚的时候,约翰十四岁,在读书,还是一副唱诗班男童的嗓音。如今,他十八岁,管理着库姆比峡谷的磨坊,在当地走家串户征集农场主的饲料订单。他与朋友斯坦利·奇弗斯造了一艘平底船,用来查看磨坊用水。约翰还制作了一台无线电收音机,他喜欢根据嘶鸣的干扰音和"寄生噪声"搜寻新电台。这些爱好表明约翰对变动和长途旅行充满兴趣,所以难怪莱恩家最小的儿子后来成了一只热爱海、陆、空旅行的候鸟。哥哥们高兴地发现,约翰的旅行技能相当丰富:"他总能看懂时刻表,他能超乎寻常地感觉到火车将停靠哪个站台,火车的哪一端人最少。他和守卫、脚夫、前台打交道很有一套,总是能得到最好的座位和房间。"刚开始旅行时,有几次,他带了磨坊主鲍尔先生去伦敦。他们去了兰兹角,坐拖船游玩了一圈。

虽然约翰舅舅1925年2月就去世了,但他的骨灰却直到1926年4月才下葬。它将葬在约翰深爱的德文郡,在哈特兰的圣尼克坦

72

教堂。安妮·莱恩给布鲁姆庄园打来电话,问理查德要不要参加——最后这场葬礼成了在一个明媚的日子举行的美好仪式。理查德满心感激地加入到一小群仰慕者中,当莱恩的骨灰安放进墓穴之时,他们致以敬意。斯坦利·德库西·爱尔兰揭幕了一块纪念石碑,献上了一篇深情的悼词。

　　这场沉痛的葬礼过后几天,几星期,理查德游览了英格兰和威尔士翠绿的田野,这里的原野与树被剥了皮、牧场被毒豆侵害的库纳巴拉布兰完全不同,令人愉悦。他先骑摩托车去兰德林多德韦尔斯找到艾伦;兄弟俩再骑自行车穿过莱姆斯特和伍斯特,去埃文河畔斯特拉特福参观莎士比亚纪念碑;接着,他们路过北安普敦去圣尼茨,在那里"发现了一座似乎谁也不知道的古修道院,那里的古建筑已经改成了一座农场,阿比农场,周围环绕着一条宽阔的护城河"。两兄弟再到萨弗伦沃尔登接上诺拉,三个人一起骑自行车去剑桥,在剑河上泛舟。等送诺拉回了学校、艾伦去了布里斯托尔之后,理查德继续旅行,到伯纳姆去拜访本·特拉弗斯和他太太,一同吃了一顿饭。然后,理查德又陪艾伦回到伦敦。这趟旅行的重点是与他在"本迪戈号"上认识的朋友基思·加维重逢。这一切都完成之后,他在浴室里待了很久,洗得清清爽爽。

　　哥哥将弟弟介绍给作家、出版联络人、合伙人,正是这些人构成了伦敦文学界的中层和上层。理查德见到了首版书俱乐部的森尼尔斯先生和 A.J.A.西蒙斯、布里斯托尔小说家贝弗利·尼古拉斯和他的兄弟保罗·尼古拉斯、缪丽尔·海因("博德利·黑德出版社的头牌女作家")、安妮·海恩斯、兰姆小姐、阿加莎·克里斯蒂("超级有趣又特别害羞"),以及其他名人。犯罪小说家菲利普·克雷皮尼太太安排两兄弟见了当时已经上了年纪的阿瑟·柯南·道尔。老作家认识约翰·莱恩,还提醒过他谨慎出版风险较大、格调不高的作品,

73

比如德国民族主义小说家赫尔曼·祖德曼的《歌中之歌》(*Song of Songs*)。

与柯南·道尔的会面既令人困惑,又新奇有趣。柯南·道尔相信柯亭立精灵[①]和其他可疑的奇事。儿子金斯利死后,他就沉迷于唯灵论和招魂术。有一次,柯南·道尔注意到书房中的一个大花瓶挪动了位置,他查问了房间里的每一个人,大家都说自己没有移动花瓶。于是,他请来灵媒为他进行父子间的超自然对话。柯南·道尔告诉艾伦和理查德接下来发生了什么:金斯利承认是他移动了花瓶,因为他想让父亲知道他"与父亲肉体和灵魂都同在"。不久后,柯南·道尔的灵魂追随儿子而去,不过那时艾伦已经通过中间人、书商和作家的家人,找到了这位创造了夏洛克·福尔摩斯的作家的手稿。

在澳大利亚时,理查德最大的期望是他的二十一岁生日能够在米拉莫朗度过。而今,他竟能与家人在新布鲁姆庄园庆祝,真是开心极了。塞缪尔在香槟晚宴上向理查德表示祝贺,这位寿星收到的礼物有:约翰赠送的劳斯莱斯汽车,祖父母赠送的三枚沙弗林金币,还有塞缪尔、卡米拉和艾伦送的一只金表。艾伦还为理查德安排了一份工作,不过不是在博德利·黑德出版社,而是在芬奇利路上的威林斯·登顿图书馆。理查德搬到兰开斯特门大街8号与艾伦和安妮同住。那时,丧期已过,这里重又办起了晚餐会。理查德攒了几个月的新人薪水,终于在科克街的普莱德尔与史密斯裁缝店买了晚礼服和燕尾服,从此他便与艾伦一同有计划地、精打细算地寻欢作乐了。一次,两兄弟参加了切尔西艺术舞会,看见一位狂欢者装扮成魔鬼梅菲斯特。他身穿鲜红的紧身裤,头戴犄角,拖着一条又长又硬的尾巴。这条尾巴竟然在神奇地摇摆、蠕动,十分骇人。到了晚上,理查德在

---

① 1917年,英国小镇柯亭立的赖特先生拍摄了两个女儿被精灵环绕的照片。多年后,已是老太太的两姐妹才承认这是一场恶作剧。

洗手间发现了这个魔鬼的秘密：原来他在衣服里缝了一条五英尺长的康吉鳗。

74　　这样的夜晚是艾伦伦敦生活的常态。约翰舅舅去世后，他经过了一段悲伤和调整的时期，之后就开始忙于交际，有的时候，娱乐甚至和工作发生了冲突。每当此时，让路的都是工作。阿加莎·克里斯蒂注意到头角崭露的出版人这一角色，是艾伦的职业，也是他交际的借口。克里斯蒂以及艾伦圈子里的其他人觉得他做得有点儿过头了。与此同时，公司里，也许还有家里也形成了一种意见：艾伦需要有人看管，特别是在约翰舅舅离世、不再能为他的门徒提供指导之后。

*

没有人看管的艾伦随时都会发生事故。终于，演员和作家赫斯基思·培生让艾伦惹上了麻烦。理查德搬到兰开斯特门大街后没多久，培生寄给博德利·黑德出版社一份手稿，名为《回音廊：外交官日记选摘》（*The Whispering Gallery：Being leaves from a diplomat's diary*）。这部匿名揭秘回忆录的作者据称是一位重要的不列颠外交官。它包含一些关于各国领导人的无足轻重的短文——基奇纳伯爵、塞西尔·罗兹、英王爱德华七世、沙皇尼古拉、列宁、墨索里尼——以及对文学巨匠令人难以置信的描绘——H.G.韦尔斯、萧伯纳、托马斯·哈代、亨利·詹姆斯、吉卜林和马克·吐温。鉴于这份手稿得到了很高的评价，博德利·黑德出版社的董事会同意出版，前提是培生告诉一位董事手稿作者是谁。艾伦就是董事会推举的人，培生告诉他作者是伦内尔·罗德，是前驻意大利大使、国际联盟代表、古典主义学者、传记作家和诗人。在调研中，艾伦参考了《名人录》，发现罗德任期内与罗马的一宗事件隐约有关。"他又审读了几段，就乐意地接受了培生的意见。"既然艾伦给予了肯定，博德利·黑德便大量出版了这本书,期待销量可观。

不料,书甫一面世就遭到了报纸和政府的强烈抵制;罗德激烈地否认他是作者;博德利·黑德只好召回了这批书,以诈骗罪起诉培生。J.W.兰伯特和杰里米·刘易斯在书中详细记录了这场官司以及随后的流言。这件事对艾伦来说是灾难性的,从此,他给人留下了轻信、无能、滑头的印象,而博德利·黑德出版社则几乎因此倒闭。艾伦作为证人,尴尬地出席了案件审理,他推说自己没有读完整本书,这话招来了批评。艾伦与其他董事的关系不可挽回地恶化了,变成互相指责和猜忌。虽然大家不能把艾伦赶出董事会,但他们撤了艾伦的公司干事一职。新闻头条称公司"声名狼藉",文章说这本书是造谣的骗局和无耻的伪造品,鉴于此,董事会的多数人通过了决定,发表了一系列道歉,称这些单方面的错误行动是由"我们的年轻董事"做出的。

《回音廊》事件的压力摧毁了安妮·莱恩的健康。她病得很厉害,身边出主意的人给她请了一位看护。可是,正在官司最吃紧的那段时间,看护因站得离煤气炉太近,引燃了衣服,被严重烧伤了。两个女人都住进了医院,病情都相当危重。1927年1月,官司以培生胜诉完结,之后不久,安妮·莱恩便离开了人世。她的遗体火化后,人们在皮卡迪利大街的圣詹姆斯教堂举行了悼念仪式。安妮离世对理查德是一个沉痛的打击,因为舅妈曾给予他特别的关爱。在澳大利亚,安妮的信——理查德认为它们是"完美的"——在外甥需要的时候,给了他极大的安慰,她还以许多其他方式支持过他。理查德回国不到一年,竟又要到哈特兰参加亲人的葬礼,这一次,他怀抱的是亲爱的舅妈的骨灰。

《伦敦标准晚报》发讣告悼念安妮,说她的离世是社会的损失。"约翰·莱恩夫人……二十五年以来,是伦敦出版和文学界的活跃人物。去他们家拜访真是愉快的经历——比他们更加宜人的人家可不多——因为他们夫妇在广泛的领域都品位不俗，又天生爱结交朋友。"理查德和艾伦在兰开斯特门大街继续住了半年——费用从继承的遗产中支付，直到房屋的租住权和房内的物品被出售。1927年7月，杰克逊-斯多普斯地产经纪公司的几位先生拍卖了"图书室藏书和收藏的一批名人书信手稿；法国早期家具，奇彭代尔、谢拉顿、赫普尔怀特设计的家具，以及仿古家具；古玩、摆件、挂毯、刺绣、扇子；精致的古瓷器、陶器和锡器"。售品目录上有一封奥布里·比尔兹利的珍贵来信，里面附有一幅自画像和一只上吊用的套索。"亲爱的莱恩，如果在《黄面志》第一期上看不到那个胖女人，我肯定要自杀。我已经给各样的男男女女看过，所有人都说这是我最好、最诙谐的作品。"在拍卖会上，理查德下定决心买下舅妈和舅舅珍视的物件，他也真的做到了，它们再一次唤醒了回忆：一只黄铜克伦威尔式提灯钟、一座雕刻精美的橡木男子半身像、一对钻孔的钢制古董马刺、一条雕刻的金属鱼，以及其他富有意义的宝贝。

确定财产所涉的范围耗时弥久，因为兰开斯特门大街住宅的一些绘画的归属有争议，很明显，它们为博德利·黑德出版社，而不是莱恩夫妇直接所有。遗产执行人公布决定时，宣读了安妮给受益人的遗嘱。这成了威廉斯-莱恩一家命运的重大转折点。安妮把"几乎一切"都留给了艾伦、理查德、约翰和诺拉。这份馈赠包括安妮自己的积蓄、她继承自父母的财产、她因两次婚姻而得到的分布于两个国家的遗产，因此这个"一切"相当可观。它由现金、股份和年金组成。突然之间，威廉斯-莱恩家的孩子们成了有钱人。其中最大的一笔投资放在波士顿平安储蓄信托公司，它每年平稳地给每个孩子带来400英镑的收入。理查德和约翰还得到了一大笔一次性付清的现金，而艾伦则继承了博德利·黑德出版社的多数股权，他终于可以实现自盖尔姊妹和兔舍笨拙地开始的梦想了。除了英镑和美元,安妮的受益人还得到了1000多德国马克。

　　虽然安妮·莱恩离世的方式很不幸,但她慷慨的遗赠却带给威廉斯-莱恩家突如其来的好运。他们认定买地是保值增值的最好办法。塞缪尔和卡米拉搬进了更大的房子,位于格洛斯特郡法尔菲尔德的"山墙"庄园;房子是优雅的都铎风格建筑,石砌而成,共有5间卧室和7英亩宅院(这里如今成了一家贝斯特韦斯特酒店)。从客厅的玻璃门向外望去,可以欣赏到整座庄园的景色。约翰在路对面又买下了27英亩土地,既作为早餐前散步的地方,也作为储备土地。他们还买了一系列汽车,约翰也带父母坐飞机去了巴黎。诺拉则离开了萨弗伦沃尔登,改去瑞士的洛桑读书。

　　不过,威廉斯-莱恩家虽然新近获得了财产,但他们仍然保持着节俭的习惯。诺拉没有在学校寄宿,而是与一家瑞士人同住;她没有读女子精修学校,而是上了当地的普通高中,在那儿,她结交了一个美国来的姑娘。不过,诺拉的节俭仅限于此。两个姑娘发现"学校里没人在意她们是否去上课了,于是找到了一家叫'尼夫内格尔'的茶馆,两人在那里喝掉了许多杯热巧克力,吃掉了许多奶油小面包。当诺拉头一次放假回家时,她几乎一句法语都不会说,而是成了一个满口美国腔的胖姑娘"。威廉斯-莱恩家的所有人都花了好一段时间才适应富裕的新生活。

77

威廉斯-莱恩一家。由左至右:理查德、约翰、
卡米拉(坐)、塞缪尔、艾伦、诺拉(坐)。

第七章

亚历山大市的贵人

在布里斯托尔文理学校读书时，艾伦和理查德在年度音乐会上表演过节目。理查德演唱由休伯特·帕里谱曲的约翰·弥尔顿诗歌《一对幸福的海妖》。理查德喜爱这支曲子，也喜爱这首诗，而没过多久，他又接触了更多的弥尔顿诗歌。原来，作为对"捣乱"的"惩罚"，这个淘气的学生被罚抄写《沉思颂》。这首诗也收录在他挚爱的《英诗金库》里，罚抄写一点儿也没影响他对这首诗的喜爱，在澳大利亚的贝克迪夫，他又一次抄写这首诗，聊以自慰，也寄托思乡之情。约翰在克利夫顿的诸圣唱诗班学校读书时，艾伦和理查德曾去看过他表演，不过演的不是弥尔顿，而是莎士比亚的戏剧。约翰和声音各异的唱诗班成员演唱《暴风雨》中"在蜂儿吸蜜的地方，我吮露"一段，把哥哥们都逗乐了。在这样的音乐会上，也在老布鲁姆庄园举办的宾厄姆-威廉斯表演会上，艾伦、理查德和约翰都体会过当众表演的兴奋与恐惧。

对艾伦和理查德来说，伦敦展现了更多体验舞台兴奋与恐惧的机会。通过博德利·黑德出版社以及已故的约翰·莱恩夫妇，兄弟俩认识了作家和翻译家詹姆斯·刘易斯·梅。他和安妮都翻译过阿纳托尔·法朗士，梅后来还写过一本充满敬意的约翰舅舅的传记。

79　安妮去世以后几个星期,梅邀请艾伦和理查德参加伦敦北部米尔山学校举办的《哈姆雷特》演出。梅领衔主演哈姆雷特;莱恩兄弟的名字在节目单背面,他们负责舞台服装。结果,这场表演把可能犯的错误都犯全了。晚餐铃应该轻摇,却猛敲一通;本该半黑的场景,却打开了聚光灯;梅轻微的口吃拉长了王子自言自语的时间;莱恩兄弟则破坏了奥菲莉亚的葬礼。舞台侧台很陡,所以加了中央过道,方便葬礼的队伍经过。到此时,这出戏已经演了五个小时,留下的观众全等着赶演职人员回家;艾伦和理查德已经在津津有味地品尝为演职人员预备的免费饮料了。他们抬起奥菲莉亚,走上过道——这位死去的女主人公是用"五六只垫子"在担架上摆成的。两兄弟"摇来晃去",结果竟把"奥菲莉亚"晃掉了,只好再重新组装。

　　现在艾伦和理查德的时间由自己安排,于是他们加快了晚间寻欢的节奏。缪丽尔·海因在位于骑士桥的伦勃朗酒店举办一年一度的"茶会"。聚会上,两兄弟在吧台遇到了缪丽尔·海因的堂兄弟,演员休伯特·海因。就这样,理查德和休伯特交上了朋友。那段时间,休伯特在皇家歌剧院表演《卡巴拉》。最后一晚,兄弟俩到后台的化妆室看望休伯特,在那儿,他们听说一家新开的俱乐部正在搞优惠活动:穿燕尾服的人可以免费入场,还可以免费享用香槟。于是,他们半夜回家洗漱刮脸、换上了燕尾服。理查德真想不到从澳大利亚回国不过短短十二个月,他的生活竟发生了如此巨变。

　　休伯特·海因与尼尔·柯蒂斯同住一套地下室公寓,而后者认识一位富有进取心的演员和制片人,罗伯特·阿特金斯。通过休伯特和柯蒂斯,理查德在1927年见到了他们的名人朋友,那年,阿特金斯正在实践自己的一个灵感。他和妻子着手创建一家剧院,它追求的是一个不太有前途的目标:在法老的国度上演莎士比亚戏剧。公司的核心成员将是一群从老维克剧院出来的人;他们自幼表演莎剧,是开创这项冒险事业的可靠保障。

经历了澳大利亚的失败，理查德发誓今后做决定前要三思，他的大原则是不冒险、离家近，至少短期内是这样。然而，那股使他于1922年离开英国的精神，以及那份使他反悔做出了以后要谨慎打算的悔恨誓言的心思，都催促着理查德。他自愿加入了阿特金斯的公司。他为此还接受了一项可疑的条款："无薪，费用付讫。"海因，这位马克·麦克明式的朋友，还有尼尔·柯蒂斯也加入了公司。离开贝克迪夫二十个月之后，理查德又来到维多利亚火车站，这一次是去开罗。

理查德在日记中记录了行程：从福克斯通乘船到布洛涅，然后坐着摇摇晃晃的火车去巴黎。"从巴黎北站，我们哐当哐当地晃到了里昂车站。"他和之前来过巴黎的柯蒂斯一起到林荫大道喝酒，再坐地铁到巴黎歌剧院附近的咖啡馆，他们在那儿遇上了欧内斯特·米尔顿与阿特金斯夫妇。随后，一行人来到一家餐馆："我们之中有些年轻人是人生中头一次喝到免费的葡萄酒，大家兴奋极了，一路欢声笑语，9点钟左右到了车站。"

吃喝完毕，他们兴高采烈地到达出发站台。法国火车的卧铺车厢没有床单和毛毯，只配有一个枕头。因此，站台上挤满了推着小车的搬运工，出租枕头和毛毯，每件3法郎。离开车还有两分钟，他们与一位搬运工吵了起来。

　　他，一个法国人，马上停止分发卧具，两只胳膊像风车一样挥舞着，大声嚷嚷起来。这对我们这群人当然一点儿影响也没有。其时我们已经拿上了自己需要的东西，照着自己情愿的价格付了钱。我自己拿了两只枕头、两条毛毯，付给他5法郎，我觉得这个价钱比12法郎更合理。

这群人由二十名演员、经理和剧务人员组成。阿特金斯做导演，H.R.巴伯做总经理，菲利普·哈本做助理舞台经理。剧团的演员有欧内斯特·米尔顿、玛丽·奈伊、威尔弗雷德·沃尔特、斯坦利·拉思伯里，以及哈本逗乐的妹妹琼，她后来以莫娜·洛特这个名字在英国广播公司的节目《又是那个人》（ITMA）中出了名。海因身兼两职，既是演员也是舞台指导。阿特金斯也参加表演，他演伊阿古，威尔弗雷德·沃尔特演奥赛罗。他们随后乘"商博良号"离开马赛去亚历山大。大部分人，包括理查德，都晕了船。船在晚间经过斯特龙博利岛，理查德目睹了一场小型火山喷发。

> 黑魆魆的、巍峨的火山矗立在灰暗的夜中，只在山脚下有一两点灯火、一座灯塔单调地闪着光。这幅景象平和静美。突然之间，从火山口喷出亮红色的物质，而后像花园里的喷泉一样弯曲下落，落进黑暗中，沿着山侧滚滚流淌，直到被大地吞没。远处传来隆隆巨响，空气中弥漫着一种期待之情，要是整座火山突然像亚特兰蒂斯岛一样塌落沉进大海，也没有谁会感到意外。

他们抵达时，亚历山大正下着雨，但理查德仍旧觉得这座城市"非常脏，码头、车站、火车和人全都脏兮兮的"。开往开罗的火车途径干爽的田野；他注意到了灌溉系统，思绪立即回到威瑟斯先生在伦马克的农场。开罗像南澳大利亚一样酷热，所有的"正常人"都会在中午睡个长觉。

开罗的皇家歌剧院是为庆祝苏伊士运河开通而建造，整幢建筑是木结构的。歌剧院于1869年开业，可以容纳850人。阿特金斯一行来得正当时节，他们没有时间睡午觉。理查德在经理室和通风不良的18号化妆室里写下日记："这无疑是一座非常棒的剧院，但是我有点儿看够了。"剧团白天也表演,但大部分演出是在晚间,8、9点开始,一直演到凌晨1、2点钟。理查德的工作介于演员和剧务之间,没有正式的职务:"我是管行头的人,是化妆师,是勤杂工,是招待员,有时候也跑跑腿。总之,我在剧团什么杂活儿都干。"在海因手下,理查德名义上是助理舞台经理,负责照料那些他和休伯特从开罗和亚历山大的业余演员社团雇来做群众演员的人。当帕多瓦的人们抱怨彼特鲁乔①的婚礼礼服不够体面时,开罗和亚历山大的二流演员们却大获成功。

　　理查德培训演员,用歌剧院丰富多样的戏装装扮他们。他每天工作14个小时,午夜过后才能收工。不过,他心里也盼望能演一个角色。机会终于来了,他排上了歌剧院演出的节目单,要在《哈姆雷特》里演一名水手。这个角色的台词总共只有39个词,并且在好几场演出里,水手的这一幕都被省掉了。理查德与阿特金斯剧团中的低级别成员住在维多利亚酒店,"非常舒适的小旅馆,不过,剧团明星们住的大陆酒店比这里强了可不止一倍。"

　　　　我见过住在那里的弗纳船长,他说房间里有独立的浴室,每天的全部费用超过2英镑。在旺季,一套包括一间卧室、起居室和浴室的客房包周费用高达100英镑。酒水价格为2先令6便士到5先令,一顿丰盛的两人晚餐价格为3到5英镑。当地人不管叫多高的价,美国人都乖乖地付钱,实际上还专挑贵的买,就是他们把这地方给宠坏了。

剧团的所有演员和剧务都非常卖力。"不到一星期就排演一部戏",

①　莎士比亚《驯悍记》中人物。

82

还完成了很多马拉松式的壮举。

> 有一天，欧内斯特·米尔顿早晨排练《一报还一报》中的安吉洛，下午演哈姆雷特……晚上演夏洛克。还有一天，威尔弗雷德·沃尔特早晨排练《驯悍记》，下午在《哈姆雷特》中演国王，晚上演奥赛罗，而这还是在星期天。今天，我们已经排了一整天《驯悍记》，晚上还要演《一报还一报》。明天白天带妆排练《驯悍记》，晚上首演。我们上星期六到的这里，已经两星期了，一个早晨，确切地说是一个早晨、下午或者晚上都没有闲下来过。

剧团饱受三重折磨：流感、食物中毒和紧张的演出安排。"整个剧团要垮掉了……发烧太普遍了，腹泻也不稀奇，头痛和精神崩溃更是常事。"虽然面临如此艰巨的考验，但演出场场爆满，其中一部分原因是当地政府给学生们定了四五百张团体票。埃及国王来看过一场演出，英联邦高级专员劳埃德勋爵也来看过一场演出。勋爵定了包厢，他到场的时候正抽着雪茄。这幢全木结构的建筑里本来是禁止吸烟的，但劳埃德"如此有权势"，没人敢让他熄灭雪茄。于是，歌剧院安排了一名消防员拿着灭火器守在勋爵的包厢外。

离开开罗后，剧团又转战亚历山大的穆罕默德·阿里剧院，进行为期五天的演出。理查德和休伯特放下行李后，去了一家咖啡馆，他们见酒水单上有一样饮品尤其诱人。在此之前，理查德和休伯特两人谁也没有听说过"天使之吻"，于是他们各点了一杯。原来，它是把十种颜色的酒小心翼翼地倒进一只高脚杯，不能让彩虹色层混合，在酒层最上面加一只生鸡蛋。理查德喝得下生蛋，海因就不行了。"我很喜欢我的饮料，全都喝完了，但是海因受不了生蛋，他找来一只勺子，把饮料搅拌一番，可只尝了一口，他就扔掉了，又点了一杯啤酒。"

在穆罕默德·阿里的最后一晚,理查德和休伯特连轴转了超过
24个小时。工作了一整天后,最后一场演出在凌晨2点结束,他们要
在早晨8点之前将戏装打包好待运。理查德和他的朋友雇了一些帮
手,但"茶歇"过后——实际上是喝过啤酒和威士忌之后,清晨4点
钟,这些人全都跑光了。除了打包所有的戏装,他们还要列一份清
单,说明每只箱子里装的是什么东西,并且要把每一样戏装送到相应
的化妆室,这些化妆室分布在三个不同的楼层。理查德和休伯特,其
中一位只是志愿者,一刻也没有停下来过,他们想向自己和对方证
明,他们是吃苦耐劳、勤恳守信的人。所有这些都干完之后,他们倒
头睡着了。

*

在亚历山大的一场表演之后,理查德·莱恩邂逅了一位将对他
的人生产生巨大影响的人。理查德·库姆·阿布迪靠在埃及做棉花
生意、在巴林兄弟银行做国际金融起家。发财之后,他在三个国家居
住和广泛交游。为了少缴税,阿布迪将他在亚历山大的豪宅定为自
己的主要居住地,此外,他还在瑞士的沃韦有一幢别墅,在埃塞克斯
有一幢大宅。两位理查德相遇时,阿布迪被这个高大英俊的金发青
年打动了——莱恩能够专业地谈论文学和文化,坦率地述说自己的
人生和憧憬。他们约定回到英国后再见面。

在开罗和亚历山大的时候,理查德在日记中吐露了他对舞台生
活,以及对以此为业的可行性的看法。"干这一行,你会接触到形形
色色的人,识人之广大概仅次于做法官。我对它悲哀的一面最有感
触,反倒看不见'它在聚光灯下的光鲜亮丽'。"演员们同伦马克的果
农和穆鲁可的退役军人一样,身不由己。"我很吃惊,很大一部分男
女演员都是因为没有更好的出路才做了这一行,而一旦入行,便难以
回头,只能忍受着不顺心,在人生之河中随波往复。必须承认,一般

84

演员的人生充满了不顺与失落。"

回国途中横渡地中海时,理查德一直在思索的就是这些。不过,想到要与在亚历山大结交的那位新朋友重逢,他深感安慰。每年,理查德·阿布迪都会到位于埃塞克斯郡多佛科特湾的迈克尔斯托府上住一阵子,这地方离哈里奇有几英里。1928 年春天,阿布迪邀请理查德·莱恩去那里度周末。理查德抵达哈里奇车站的时候,主人坐着一辆锃亮的劳斯莱斯 40/50 银魅来接他,司机是埃及人哈利姆。两扇巨大的锻铁门缓缓打开,车子驶过两侧的石狮,开上了庄园的车道。主管园丁罗斯先生住在这门房里。车子开到半路,哈利姆按响了"低沉的喇叭",通知管家和男仆来前门迎接阿布迪和理查德。

迈克尔斯托府由加兰家族于 1903 年建造,采用后来被尼古拉斯·佩夫斯纳称为"当年舒适的新乔治亚风格"的样式。它是按杰出的英国乡村传统建造的大宅。房间宽敞而通风。在起居室一侧,所有窗子都面朝露台花园。餐厅可供 50 人同时用餐。1928 年到 1932 年,理查德曾来过迈克尔斯托府十几趟,经常一住就是几个星期。他数清了这里有几间浴室,也仔细观察了室内的陈设,小住的客人是没有机会看到这些的。这座宅邸和庄园保留了许多奇怪的习俗。"客人打开行李后,睡衣或者睡裙的颜色会被记下来,早茶茶具的颜色就按照睡衣的颜色预备。不知道要是一对夫妇中先生穿蓝色睡衣,太太穿粉色睡裙,茶具要怎么预备。"而客人离开时,阿布迪会送上一大束奢华的鲜花。

迈克尔斯托最了不起的不是房子本身,而是它的花园。夏季,52 名园丁在罗斯先生的督导下工作,他们住在庄园上的小屋里。"天气晴朗时,割草的园丁至少有十几人。除了平常的草坪,这里还有网球场和板球场。"阿布迪宣称只要哪位客人在庄园上找到一株杂草,他就能得到 1 英镑。园丁们组成了迈克尔斯托板球队。理查德曾作为马里波恩板球队的成员，与埃塞克斯警察队打比赛。在没有比赛的时候，马里波恩队就分成甲组和乙组，打训练赛。庄园的12座大温室保持着不同的温度，有些种鲜花，有些种热带水果。水泥池子里金鱼成群。阿布迪命人挖湖造山，为此运来整整一火车石块。"理查德·库姆·阿布迪从来都是大操大办。"理查德写道。结果，这些石块累成了全英国最好的假山庭院。理查德喜欢夜晚在迈克尔斯托漫步，在湖上划船、钓鱼。这片湖中有一条大狗鱼，曾经逃脱了许多立志要钓到它的人。

迈克尔斯托晚餐的丰盛程度超过理查德童年时在德文郡吃的农场餐。家禽和奶制品由一座农场专门提供，威士忌总是整桶整桶地买进。迈克尔斯托的特浓咖啡"味道好极了"，但是理查德最喜欢这里的杜松子酒、鲜榨葡萄汁、加冰苏打水——比穆鲁可的青蛙味盐碱水好喝多了。作为哈里奇的司法干事，阿布迪与哈里奇码头有名义上的来往，因此他得以招待美国巡航舰上的全部工作人员。这次活动请了理查德·莱恩帮忙。工作人员在板球场支起大帐篷，连续两天、每天分两批为600位客人提供晚餐，菜品包括烤火鸡，餐后有草莓和冰激凌。阿布迪从皇家音乐学院请了一位优秀的学生来表演。不过，只有两位理查德知道他收了"5美元，另包所有开支"。

理查德继承了舅舅的遗产、结交了阿布迪，这是他一生中的黄金时光。那时，诺拉还太小，不能动用她继承的那份遗产，因此她在瑞士经历着理查德在伦马克和穆鲁可经历过的那种穷困潦倒。她给哥哥写了一封信，盖着邮戳："洛桑。星期五上午。放学后。"

> 亲爱的迪克：
>
> 这是一封急信！我破产啦！我讨厌总是写信回家跟爸妈要钱。你能记到我账上吗？我真的需要一些钱。明天我要去费尔

86

斯切斯佩林,至于路费,我得从校长那里要么求要么借要么偷了。另外,我想要一顶新帽子。我只有一顶冬帽,花了我 5 法郎。我不能整个冬天只戴这一顶帽子。我觉得洛桑所有的人都见过它!还有很多很多东西我都想要。

今天下了一天的雨,还在下,看样子不会停了。

希望你和阿布迪先生玩得开心……我给你写信主要是因为艾伦,艾伦呀,他一放下信就什么都忘了!还有约翰!哎!他自己把钱存起来,觉得谁都不缺钱!我每天攒 10 生丁,已经攒了 2 法郎,可是现在这笔积蓄减少到了 30 生丁。这就是我所有的财产啦。所以,千万记得寄钱给我……我收到了很多信。上星期八封,这星期到今天为止七封。我还收到了法国男生朋友的信,里面附了照片。他长得丑极了,一副苍白脸。他居然在开头用了"亲爱的"!!!

我爱你们,再见。

*

87　　阿布迪将在亚历山大的宅子申报为他的主要居住地,在埃及缴纳所得税,但是英国政府认为他大部分时间住在英国,应该按照全部收入——"据称每年超过 10 万英镑"——在英国缴税。阿布迪与政府进行了一番令人气恼的斗争,最后他卖掉了迈克尔斯托府,留下了位于日内瓦湖北岸,沃韦附近拉图尔德佩勒的克莱尔蒙特别墅。这座宅子他曾租给廉斯·莱恩家,塞缪尔、卡米拉、艾伦、理查德、约翰和诺拉在里面住了一个月。别墅配备了全套的服务人员,威廉斯-莱恩一家还使用了阿布迪的汽艇"吉列特"号。对约翰·莱恩来说,开着游艇在湖面飞驰和驾着自制的小船在库姆比峡谷磨坊平静的水面上漂荡同样有趣。别墅里还有一位客人,弗雷迪·巴特勒,他介绍莱恩兄弟去蒙特勒那些令人眼花缭乱的夜总会玩乐。早餐之前，理查德和约翰从宿醉中醒来，觉得没有那么难受了，便到别墅的菜园里逛了一番，摘了一些被太阳晒得暖烘烘的桃子和油桃。艾伦睡过了头。早餐时，"总有一大碗用热水温着的鸡蛋，预备给没有吃饱的人"。

阿布迪当上了埃及地产银行的行长。1918年，他帮助建立了埃及国民银行，其英国总行位于伦敦金融区的核心，威廉国王大街。阿布迪对理查德说，他在银行业大有前途，"尤其是在埃及银行里"。于是，理查德带着这位银行领袖的赞许，入职了埃及国民银行，成为一名每月领5英镑16先令8便士的低级文员。他买了一套职业装，加入了一群每天辛苦挤进伦敦城的雄心勃勃的年轻人。他们在这座城市中学会了信用评估、财务结算、合规性审核等黑暗艺术。然而，一年之后，理查德虽然感激阿布迪给了他这个机会，却过够了"圣保罗教堂东面的丛林生活"，决定辞职。办公室的工作当然优于农活儿，但从事银行业与他始于澳大利亚，又在迈克尔斯托美化、细化的梦想产生了冲突。莱恩舅舅留给他的遗产给了他追寻梦想的许可与保障。而他的梦想是做一位出版商。

从与罗伯特·阿特金斯的埃及戏剧之行、从在迈克尔斯托的小住、从在银行的工作中，理查德大大增长了见识。他观察演员与剧务、观众与客户，还有他与之共事、用餐的各样伦敦人的气质。在埃及，他再一次认识到一切事物的价值。在伦敦和埃塞克斯，他对好友、美食和物有所值的意义有了更深刻的理解。在迈克尔斯托——这地方甚至比米拉莫朗更好，在克莱尔蒙特别墅，他见识了一旦强大的机构与巨大的财富联合，能够取得怎样的结果。

理查德·阿布迪似乎从没结过婚，而且还有许多细微的迹象——贴身埃及男仆，以及他深沉的嗓音；成群到来的水手；收费表

88

演的音乐学生；大批的流动园丁；对初露头角的演员的关怀照顾——足够拼凑出一种解释：他为什么对年轻的理查德·莱恩如此感兴趣。不过，这种解释只是猜测。当然，在理查德的日记中或者别的地方都看不出阿布迪有什么隐秘的动机。网上还流传着另一种说法，认为阿布迪是一个特工头子，通过银行从业者、工党的各种成员、公务员和贵族组成一条交通线，精心策划了一场苏联阴谋，要促使德国发动新的世界大战。然而，没有任何可靠的证据表明阿布迪过着其中一种秘密生活；更合理可信的说法是，阿布迪这位有钱人喜爱与智者相伴，他尤其欣赏理查德坦率而毫无戒备的机智，也许还欣赏理查德与博德利·黑德出版社以及已故的约翰·莱恩的关系。

在澳大利亚，理查德（借鉴约翰逊博士的做法）建立了一个体系，根据性格将人分类。按理查德的分类法，人可以是鲜花，也可以是杂草；可以是阴谋家，也可以是正直的实干家；可以处事谨慎，也可以在刀刃上行走。正直的实干家是"真正的英国人"，对他来说，荣誉最可宝贵："难以想象他会耍花招或者做什么见不得人的事。"伍兹先生——伦马克竞技俱乐部干事，伦马克助理选举监察官，有时候也送送邮件，打打桥牌——是这类人，塞缪尔-莱恩是这类人，老约翰·莱恩是这类人，C.R. 卡德莫尔是这类人，还有杰出的牧场主托马斯·罗兰兹也是这类人。而威瑟斯先生是另一类人：阴谋家，他们总是把不当获利看得比荣誉更重要。埃及之行归来，理查德将阿特金斯和理查德·阿布迪也归为正直的实干家。

为埃及法老表演莎剧是一段了不起的经历，它正像到库纳巴拉布兰的运羊之旅一样令人难忘。理查德离开埃及国民银行多年以后，他和他的两个兄弟在莎士比亚诞辰办了一场聚会，庆祝莎士比亚的六部戏剧出版新版本。莱恩兄弟请来了男女演员、制作人还有其他的戏剧人士，其中包括罗伯特·阿特金斯。聚会上，理查德谈到他曾经演过莎剧。有一人不相信，于是理查德把他带到阿特金斯面前，说："请你告诉这位先生，我有没有演过。"阿特金斯以他深沉的声音做出了简洁的回答，他这样概括理查德在表演艺术上的混乱表现："我一辈子见过许多演员，有大明星，也有跑龙套的。不过，在整个舞台生涯中，我还没有见过有谁比你更擅长'下台'！"

第八章

蜂　群

　　安妮·莱恩的房产被拍卖后，艾伦和理查德必须找到新的住处。他们在临时公寓住了一段时间，之后搬到老约翰·莱恩的密友普里查德医生诊所的楼上。伦敦西二区索斯维克街 37 号是一个四层半的绝望之地，是一座战场，在这里，莱恩兄弟表现出了无畏的精神和协作斗争的力量。战场地图如下：管家和她丈夫住在地下室；一楼是普里查德的手术室、候诊室和药房；二楼是一间卧室和一间起居室；顶楼是两间卧室。艾伦和理查德同住顶楼的大卧室；约翰到伦敦与兰开夏保险公司上班后，搬进了顶楼的小卧室；普里查德的助手，奥格雷迪医生住在二楼的卧室；他们四个人共用起居室。

　　约翰的房间没有通电，于是他和理查德在墙上钻了一个洞，从大卧室中唯一的电源插座上接出来一根看上去十分危险的电线。二楼和三楼没有通水，所以三兄弟只能打水洗漱。理查德说："那时候，我们过得像猪一样。"一间狭小、破败的公用浴室立在一楼和二楼之间的平台上。白天，唯一的外部光亮要透过小换气扇照进浴室，而这台
换气扇"太脏了，几乎透不进一丝光"。晚上，房客们要举着蜡烛照亮。理查德觉得这是他用过的最破、最脏、最昏暗的浴室。浴室用的是投币仪表，需要投币启动煤气喷流，加热洗澡水。"硬币接收盒的

盖子没有锁上，里面还有一个便士，于是只需要取出那个便士，往投币口里投四五次就能洗澡。"

普里查德去世后，奥格雷迪买下了诊所。他从前不情不愿地与这几个房客共用起居室和浴室，对他们渐生厌恶。接手房子后，他便严苛地对待他们。他首先采取的行动之一就是锁上浴室的仪表盒。理查德奋起迎战，他从自己收集的旧钥匙中找到了一把对得上的，"就这样，我们又恢复了一便士的洗澡制度"。莱恩兄弟与奥格雷迪的关系急剧恶化，他们决定闹腾后一番搬走。

在最后一晚，莱恩兄弟拆走了房子里所有可拆移的物件：通进约翰房间的电线、挂画、楼梯地毯（钉得很结实，费了一番力气才拆下来）、楼梯地毯压条，以及所有他们能够卸下、拧开或者撬动的东西。搬动地毯发出的声音很大，可接着，他们又有意无意地搞出了更大的动静。"我们把楼梯地毯压条小心地收起放在楼梯顶端，倒霉的是，我们忘了把它们捆好。奥格雷迪躺下后不久，肯定是谁摸黑经过楼梯顶端，不走运地踢倒了压条。压条滚落楼梯，我们都没想到声音会那么大。"之后，他们还失手摔烂了两幅"镜框松散的"挂画。"好容易才全部安静下来。我们三个人打算把约翰的床拆开。不巧的是，我们同时抬起床，又都一起松了手。奥格雷迪的卧室在约翰房间下面，这下他可受不了了。"医生披上便袍，叫来了警察。幸好"警察很讲道理，拒绝插手这件事"。

艾伦、理查德和约翰周末一般都回位于法尔菲尔德的家。在火车上，他们各尽所长。约翰知道怎么买票最省钱，理查德知道怎么吃到最价廉质优的美食，而艾伦则享受弟弟们的知识成果。最省钱的买票方法：只有头等车厢的乘客可以请求在最近的车站贝明顿站停车；所以，在买票之前，理查德先问守卫有没有人预订了车站；如果没有，他就买一张头等车厢票和两张三等车厢票，然后请求停车。吃到

92

最好的美食的方法：理查德和餐车服务员们交上了朋友，这样，在午餐开饭前，服务员会让三兄弟先挑选肩腿肉，想要多少拿多少，想吃哪块吃哪块，因为他们知道肩腿肉是莱恩兄弟最喜欢吃的部位。服务员还为他们新开了一盒亨特利与帕尔默饼干，让他们先选自己最喜爱的消化饼干。这些精选肩腿肉和甜点总共只花了他们 2 先令 6 便士。

兄弟们常带朋友回家，比如美国印刷商盖洛德·唐纳利、休伯特·海因、约翰在伦敦与兰开夏保险公司的朋友西里尔·皮尔，还有温德姆·黑兹利特和一个年轻人组成的古怪二人组"老马"——他俩到处飞跑，"无礼地吵吵闹闹"。有时候约翰会带回一位女友，而艾伦不愿让别人知道他的女友们。星期天上午，三兄弟和客人们摆弄家里的阳光牌汽车，或是最近新买的车，他们总是能及时搞定，然后一路试车，开到斯托昂泽沃尔德去。他们去看望朋友艾弗·蒙克顿。大家先品尝艾弗酿的苹果酒和白兰地，然后到当地的酒馆喝得酩酊大醉，他们总是直到第二天很晚才回来，那时管家蕾切尔已为他们预备好丰盛的午餐。在杂乱无章的网球比赛中，约翰喜欢采用网前打法，喜欢打滚网球："球刚刚过网，落在对手的防守盲区，他看着他们急得发狂，无望地试图救球，高兴极了。"

理查德从澳大利亚回来时，信心动摇；如今，与艾伦、约翰，还有朋友们在一起，他又找回了从前那种无所畏惧的感觉。三兄弟曾经征服过科腾谷那令人胆战的下坡飞车，现在他们怂恿彼此玩更危险的游戏。夏日星期天的下午，法尔菲尔德蜜蜂成群。三兄弟要验证一句古话。他们装备了铃铛、杵和臼，希望摇铃声能控制住蜂群，使它们安静下来。结果，他们证明那众所周知的说法"成群的蜜蜂不蜇人"是错的。

在索斯维克街与奥格雷迪斗争之后，莱恩兄弟们搬进了附近塔尔博特广场16号的顶上两层楼。在那里,他们对浴室的鉴赏力达到了顶峰。

在布鲁姆庄园,他们常常用冷水洗澡。在新南威尔士,干完剪羊毛这份"脏活儿"之后,理查德会理所应得地在浴缸里泡个澡。"半缸真正的热水"激发了他的创作灵感,他躺在里面想出了一篇世俗布道文,《热水澡颂》:

> 慵懒地躺在一缸热水里,什么也不操心,只不时地撩一捧水,或者翻个身聆听那舒缓的流水声,看着水汽自水面缓缓升腾,渐渐升上天花板,突然坐起身迅速地打好肥皂,然后又躺下,没入水中。对于一个干完重活儿,浑身脏兮兮的人,还有比这更舒服的吗?关上水龙头,一瞬间万籁俱寂,这时侧耳谛听,风从高树间掠过,而你正躺在浴缸之中。

在塔尔博特广场,这间独特的浴室成了公寓的中心,成了莱恩兄弟的非正式会议室。他们每天早晨聚在这里讨论工作、计划,还有世界形势。在长达一小时的聚会中,总是有一人在泡澡,一人在洗漱,还有一人在大声朗读当天的报纸。"我们会洗很长时间,燃气热水器把水烧得滚热。如果调低水量,喷头会发出嘶嘶声,突突地喷气,但我们很快就习惯了,知道把水量调到多少是合适的,不会发出嘶嘶声。浴缸前头的那一级台阶很宽,头几个星期,我们进入浴缸时差点儿绊倒。"理查德从燃气热水器的使用说明上读出了诗意,这说明倒是把握住了时代精神:"将燃气开到最大!"

三兄弟请了一位兼职家政员为他们煮早餐、打扫房间。艾伦越发会寻欢作乐了:一星期的大多数晚上,他都去参加鸡尾酒会,下班后他会回到住处换衣服,经常"打好白领带、穿上燕尾服"出门。理查德和约翰跟不上他的狂欢节奏,况且艾伦有时也更愿意带别人,尤其是他收服的姑娘们去玩乐,所以两个弟弟常常一起吃晚饭。理查德和约翰交了不少学费之后,终于总结出一份完善的下馆子指南:彼得·卡布勒斯烧烤店,兄弟俩站着用大杯喝嘉士伯淡啤,吃猪肉馅饼,牛排在一边烤得咝咝响;帕丁顿站一站台上的餐馆;普雷德街的肉店,香肠、烤肉和鸡蛋(回家的路上,怎么能不去厄舍——斯普林街的外卖酒吧,"买一瓶红葡萄酒……我们晚上的必喝酒"呢?);苏活区的许多餐馆,比如"法国"餐馆,七道菜只要 2 英镑 6 先令;德汉姆酒吧、司机酒吧,牡蛎,原味的或奶油蛋黄沙司味的;紧挨着大力神之柱酒吧的"上海"餐馆,中国菜;潘顿街的斯通餐馆,或者更好一点儿,再往前去的贝尔格雷夫勋爵餐馆,牛排;河岸街的辛普森餐馆,午餐或者晚餐,点一瓶 3 先令的佐餐酒。理查德和约翰在伦敦这些最好的餐馆里流连,他们忘记了一项约定,而它在之后的几年将至关重要。

*

在位于赞善里的伦敦与兰开夏保险公司,约翰勤奋地编制、修订精算表。虽然这项复杂的高要求工作艾伦做不来,但他更爱动脑筋的两个弟弟却很喜欢做。理查德在工作上帮助约翰,他们都把这些任务看成脑力游戏。不过,约翰却有些坐不住了。他办公室的窗下是一块光秃秃的草地,这更令他感到压抑。搬到塔尔博特广场后不久,他曾去瑞士滑雪。"作为一个运动假期,它不算成功,因为头两天他跌伤了腿,不能剧烈运动。"不过,他仍然玩得很开心:在假期拍的照片上,他和一个叫诺拉的姑娘(当然不是他妹妹)嬉闹玩笑。旅行归来后,他去姑娘父母位于伦敦周边郡县的家里度了几个周末。这段时间,约翰也在考虑做一次长途旅行。曾经坐着拖船环游兰兹角的男孩,如今想要环游世界,尽可能多去一些地方,他还要——像理查德参加"巴韦尔计划"那样——自己挣旅费。

经过几个月的准备，约翰成为很多公司的英国贸易代表。各种样品、价目表、产品目录和介绍信塞满了公寓，使约翰托运的行李"大大增多了"。在他的二十一岁生日聚会上，大家玩得太疯，几乎没有哪个参加者还记得什么细节。现在，莱恩三兄弟都在公寓，塔尔博特广场16号成了一个聚会点：出版聚会、圣诞聚会、鸡尾酒会、一年一度的莎士比亚聚会（一来庆祝大诗人的生日，二来庆祝圣乔治日，三来还庆祝艾伦首日入职博德利·黑德出版社），还有与朋友德拉蒙德兄弟共度的"灯与灯罩分手聚会"。但是最热闹的还数约翰的欢送会，它从塔尔博特广场开始，贯穿伦敦城，一直延续到北大西洋上。

到了深夜，大家都喝得醉醺醺，屋里一片狼藉，约翰的朋友保罗·尼古拉斯已经烂醉如泥。他踉踉跄跄地走到约翰跟前，"眼里噙着泪"，恳求约翰去上海拜访"他从前的一个启蒙者，还是助手"。理查德见他最喜欢的雕花玻璃果盘在餐桌上摇摇晃晃——它本来是用绳子固定在桌上的，于是取下果盘，放到地上。他以为这下可安全了，没想到另一位朋友一屁股坐在了这脆弱的物件上，"结果他摔倒在地，一动不肯动了"，就像"本迪戈号"上的苏格兰醉汉一样。"出于某种原因……我们想让道格拉斯·克拉伦登挪开，便告诉他有人从布里斯托尔打电话找他，我们哄他去艾伦的房间回电话。他倒是离开了很久，不过等到季度账单出来时，我们发现可把自己整惨了。"那天晚上，公寓里睡下了17个人，他们挤在四张床、一张沙发、一把扶手椅，还有一把长软椅上。

聚会的人第二天又到司机酒吧相聚。因为午餐吃得太久，他们错过了从芬丘奇街开来的港口接驳车。不过，这拦阻不了这群人，他们带着约翰超重的行李箱一窝蜂挤进了三辆出租车，朝乔治五世国王码头进发。到了码头，大家把行李往旁边一扔，登上"迦太基号"——"世界之旅"首批的四十艘轮船之一——要再喝一杯。第二天早晨，他们的船与"蒙特卡姆号"一同停靠南安普顿。"蒙特卡姆号"是一艘加拿大的大西洋航线邮轮，莱恩兄弟认识了这艘船上的一位高级船员，他们一同上船喝杜松子酒。再过不到一小时，"蒙特卡姆号"就要起航了，"所以我们喝得很急"。因为一旦回到"迦太基号"上，就喝不上白兰地和苏打水，只能喝茶，所以他们不停地灌酒。"蒙特卡姆号"延误了两个小时，这可把理查德害惨了。新的起航时间马上要到了，理查德最后一个走下舷梯，他一手端着白兰地，一手端着苏打水。铁行的工作人员拦住了他，说明不能带走船上的财务——一杯白兰地、一杯苏打水——于是，理查德"一饮而尽"，然后归还了酒杯，走下舷梯。

> 我两脚稳稳地着地了，我见约翰靠着栏杆，手里端着一杯临行酒。我伸手要接过杯子，却差点儿没踩空跌进船和码头之间的空隙。我只记得船开得很奇怪，一会儿沿着码头走，一会儿又开到河中央。最后，在艾伦的劝说下，我终于明白船已经远去，我们随后搭了一辆车回火车站。到站后，我带着钱却讲不出话，艾伦能讲话却没带钱。好容易，我们买到了回伦敦的票，上了火车。我想同车厢的人肯定不会喜欢我们。从那以后，我们有两年没见到约翰。

直到行驶到直布罗陀海峡，"迦太基号"上的聚会才停下了。约翰在国外的时候，艾伦和理查德收到了他许多精彩的来信，还有很多人打电话或者见面说，他们曾"在一个古怪的地方"见到过约翰。在从远东寄来的信中，他描写了日本的行人："要是在放学路上经过成排的威尔韦、拉纳姆这种商店，我就走不动了。可日本人走得比我还慢呢。他们步行,不如说是挪动的速度差不多是每小时一英里。"他谈到日本的司机:"想想在公休日的大街上,诺拉开着车,突然看见在前边一英里的地方,她的一个情人开着宾利超级跑车。日本人的车技还不如在这种情况下的诺拉呢。"在爪哇岛上的万隆,约翰就餐时,服务生向他推荐了"rijsttafel",这是个荷兰语单词,意思是"米餐"。约翰不知道这是一道什么菜,就点了。

> 取一只大汤盘,放上一团米饭,接着再盖上咖喱鱼、肉、鸡,烤鱼、肉、鸡,煮鱼、肉、鸡,煎鱼、肉、鸡,然后浇上熟果仁、炒洋葱、辣椒酱、对虾、酸辣酱等调料。可以再要一只盘子,取用想单独吃的东西。你自然会问这道菜怎么上。是这样子:大概三十名服务生站成一列,每人端着一只盘子,依次经过桌前。神奇的是,排在后面的十个人总会端着最令人难以抗拒的美食。最后端上的是一盘共十二只煎蛋。你轻轻拨一只到自己盘子里,喝一大杯水或者啤酒,然后解开两粒裤子扣,拿起勺子和刀叉,投入战斗。

97

在旅途中,约翰雇了一名男孩。

> 你们也许会觉得雇一名男孩真是太奢侈了。其实,这份钱花得很值。我是在新加坡雇他的,要带他去苏腊巴亚。虽然他的费用和工钱要花掉我 5 美元,但是这比不雇人要省钱、划算。因为这里生活开销很大,每天食宿大概要 30 先令,另外还要付小费;如果没有这个男孩,我就得至少再待一个星期,多花一个星期的钱。

在法属印度尼西亚，约翰带着他的"女眷"旅行：她们是三位来自上海的美国教师，在这里度假，分别是二十三岁、二十九岁和三十来岁。"那个二十九岁的姑娘最迷人，但我想到暹罗就与她们分别，不过谁说得准呢。"四人出发前往吴哥窟。约翰认为最好乘车过去，但由于租不到车，他便买了一辆。在柬埔寨的偏远地区，颠簸的道路也断了，他们走不下去了。约翰在一堆介绍信中，翻出一封写给此地总督的，付钱请人给总督送去，然后安营扎寨，就地等候。过了几天，送信人带回了大象，一行人才得以继续赶路。

约翰也向家人报告了他的感情生活。

> 下面的信息是给诺拉看的。迄今为止，我只有过三段艳遇，都来自墨尔本，所以到了那个地方，我的感情生活会非常活跃……
>
> 我觉得你应该派个人来澳大利亚看着我，免得我胡闹，因为我见到了很多有意思的例子。不过那里这种人很多，当然就没有什么风险。如果我滞留在那儿，也会搭上好多情人。

98　这一窘况也许有助于解释一段发生在墨尔本、现在已相当有名的逸事。博德利·黑德出版社是约翰此行代表的许多公司之一。很多见到他的人都以为他是博德利·黑德出版社的那位约翰·莱恩，神奇地维持着青春容貌。这个消息很快传开了：报纸记者采访他，文学俱乐部请他讲话，他还上了十几个国家的广播节目。一份报纸说，约翰在墨尔本见到一辆破破烂烂的汽车，车上挂着"墨尔本到佩斯"的牌子。报纸说："以这种怪诞的方式穿越澳大利亚的念头引起了他的兴趣，他窜进拥堵的柯林斯街，跳上行驶中的汽车的踏板，问司机是否真的载客。'载客。'司机回答。'太好了，'莱恩先生说着拉开车门，优雅地往后座上一倒,'继续开吧。'司机漠然地点点头,继续往前开。"在随后的汽车之旅中,他们穿越了纳拉伯平原,路程长达 2500 英里,费时 9 天。约翰和司机睡在路边小屋里,抬头便仰望星空,他们还曾不止一次睡在剪毛棚里。

除了这段穿越之旅,约翰还游览了澳大利亚南部和东部,以及新西兰北面和南面的岛屿。在维多利亚州,约翰与珀布里克一家住在他们的酿酒厂德宝酒庄中。为了帮他们推销葡萄酒,他跑遍了方圆 50 里以内的所有酒店。在南澳大利亚,他去伦马克"探访了"理查德曾经居留的地方。"据我所知,在南澳大利亚,在他之前没有谁,在他之后也没有谁(包括我在内!!!),离别时让那么多人伤透了心。"A.B. 威瑟斯先生已经不种水果,他开了一家酒吧。在新南威尔士,约翰去了米拉莫朗,那里也发生了很大变化。汤姆·罗兰兹 1933 年在家中去世,一个了不起的时代从此结束。第二年,阿什顿家买下了米拉莫朗,把它建成了一座世界闻名的马球场。

约翰到达悉尼时,一位记者问他是不是莱恩先生。约翰说"是",于是记者指着一张纸说:"我听说你与一家叫博德利①·黑德的出版社有关系⋯⋯我原以为它是出黄书的。"新西兰威灵顿的一份报纸写到了一段更尴尬的逸事,它发生在开往奥克兰的"兰吉坦号"上。萧伯纳先生和太太在这艘船上。有一次,萧伯纳请工作人员打开客厅里的无线广播,因为船上的广播是集中控制的。工作人员到客厅外去开总机,临走时他说现在正播放的是博德利·黑德出版社约翰·莱恩先生的一段讲话。过了一会儿,这位工作人员又路过客厅。

---

① 博德利英文为"Bodily",有肉体之意。

喇叭里传出的话让他觉得必须到客厅里看一看。讲话者在回忆和评论，明摆着他不怎么喜欢萧伯纳。工作人员进了客厅。"我关不上它。"从客厅地板附近传来一个声音。萧伯纳先生正趴在地上拧墙脚的喇叭，这喇叭与总机相连。突然，喇叭的声音断了。萧伯纳总算关上了广播。

第九章

书　商

艾伦有许多情人，他不断遇到麻烦，感到矛盾，一直难以确立稳
定的恋爱关系。1930 年代初，他急切想结婚"成家"。作为博德利·
黑德出版社起初表面上的、后来事实上的继承人，他出了名——一份
报纸的头条将他封为"伦敦最年轻的出版人"——很多漂亮姑娘都对
他感兴趣。然而，他却有一个问题——难以抉择，这问题可以远溯至
当年与盖尔家两姐妹罗玛和罗斯玛丽在兔舍的秘密约会，那时，他时
而觉得姐姐魅力更大，时而觉得妹妹魅力更大。约翰舅舅有个绰号
"裙子莱恩"，他为艾伦树立起女性朋友成群的榜样，加重了艾伦游戏
情场的倾向。艾伦曾仓促向海德公园一位首次进入社交界的姑娘求
婚，遭到了拒绝，这可能也加重了他的这一倾向。

佩吉·比顿数算过艾伦在当地交往的姑娘们。如果艾伦没在他
店里勾搭女孩子，便是在别的酒吧勾搭女孩子，比如 400 酒吧、司机
酒吧、皇家咖啡馆，或者什么比顿不知道的地方。在艾伦通讯簿上的
十几个女友之中，有两名女演员，佩吉·伍德和亨妮，有四个姑娘叫
菲莉丝，还有一位欧文小姐。佩吉·比顿以为这位欧文小姐是艾伦
的最爱，但后来"他在亲热时发现她的胸是垫的（固定得不太牢固），
就把她甩了"。这种迅速升温继而冷淡的情事数不胜数。不管是假

胸还是其他什么,艾伦总能找到拒绝的理由。用约翰·莫珀戈的话说,艾伦是"一个典型的单身汉,他们觉得女人的陪伴是很棒的消遣,却绝不想发展成一项事业"。

埃尔莎·兰彻斯特(查尔斯·劳顿的太太)和埃塞尔·曼宁(亚历山大·波蒂厄斯的太太)也是艾伦脂粉队的成员。虽然已婚,但放荡的曼宁太太,也许还有她丈夫,对这段关系相当开放。她和艾伦走得尤其近,不过她也和其他两位莱恩兄弟交上了朋友;理查德·莱恩不打招呼拜访她时,她提醒说:"不期而至绝不是明智的做法……你很可能看到'有损名声的场面'……那样大家都尴尬。"艾伦的不少风流事都近乎令人尴尬。他曾与一位来自曼彻斯特的已婚女人交往了四个月,结果塔尔博特广场公寓的电话费账单高得吓人——有些电话粥竟煲了两个小时。那女人的丈夫来公寓监视他,艾伦只好闭门不出。

在这段风流事期间,按照理查德的说法,艾伦征求过所有人的意见,最后谁的也没采用。不过,为了搞定他变动不定的感情生活,艾伦真的请教过占星师。很奇怪,像之前阿瑟·柯南·道尔爵士一样,威廉斯-莱恩家也对伪科学、神秘主义极为当真。1930 年代发生的一件事对他们影响很大。那天,他们在表亲家里吃午餐,有人拿出一块通灵板。威廉斯-莱恩家转动后,显现的信息是:"当心法尔菲尔德226。"这是他们家的电话号码,所以他们很担心,便开车回家了。原来,一辆公共汽车撞进了他们家的车道。1930 年代之后,还发生过一件事。莱恩三兄弟应艾伯特·贝利教长邀请在温莎城堡做客。晚上,他们被房门吱吱呀呀的声音吵醒了,就起身查看。只见走廊里有个人影,明显是在爬。第二天,他们把这件事告诉了贝利。贝利说,几年前,他加高了宅子的楼层,三兄弟看见的是一个有名的鬼魂,它在从前的地板上游逛。

占星师在感情关系方面给了艾伦一些泛泛的超自然反馈："你在情爱方面会感到焦虑"，"你自己的行为将引起很多小麻烦"。不过，占星师也回答了一个具体问题：

> 我看，你 9 月份遇到的那位女士很有可能是你命中注定的缘分。但是你必须非常谨慎地处理整个关系，特别是在从现在起到 4 月中旬这段时间。从 2 月中旬开始，你会遇到一些麻烦，虽然并非事关重大，但你一定要小心，因为它们可能会影响你的行业地位……从你所说的情况看，我认为如果你能不卷入丑闻而得到自己心仪的那位女士，你和她会幸福的。不过，从星盘看，我认为你要慎之又慎。星盘显示，那个孩子会让事情变得复杂。我知道现在离婚的人不少，但是从你的星盘、你的处境，还有你要达到的目的看，那对你没什么好处。

艾伦的个人行程排得满满当当，但他仍然是先顾玩乐再想工作。琼·科尔斯——很可能是威廉斯/史密斯这边的远房表亲——来博德利·黑德出版社给艾伦做秘书，这是一个几乎没人能胜任的岗位。艾伦随身带着一些记事的纸条，这象征了他零散、混乱的工作方式。他常常不在伦敦，就算在的时候，他也不愿意遵守正常的办公时间。琼尽了力，却没有说服他早晨到社里处理堆积的信件。"他习惯傍晚过来，"琼说，"他还希望有人能留下来工作到很晚。"

有一件事却是持久的：理查德·莱恩是哥哥的知己至交。艾伦把他那些情事的细节告诉理查德，一方面请弟弟为他最危险的风流韵事出谋划策，可另一方面又把弟弟的建议当作耳旁风。理查德在澳大利亚和埃及时，艾伦特别想他。虽然他并不总是听取弟弟的建议，但他心怀感激，有时候没有弟弟的建议还真挺难的。博德利·黑德出版社发生《回音廊》事故时,理查德还没有到艾伦身边帮助、辅佐他。那之后不久,理查德就成了艾伦的同事、公司的重要参谋。

在澳大利亚时,理查德是一个身处没有书的荒漠的爱书人。如今在伦敦,这座只有纽约可以媲美的英语文学繁荣之城,理查德离爱书人的天堂从来没有这么近过。他曾在兰开斯特门大街的图书室畅读,曾帮助安妮拍卖约翰舅舅的部分藏书和手稿:"哈代《一双蓝眼睛》的十二章手稿卖得 1500 英镑,其他杂七杂八的书卖得 1000 英镑。"理查德在出版界、藏书界广交朋友,他开始收藏图书,也开始养成对精美装帧和好文章的品位。除了卡米拉送他的袖珍本祷告书、穆鲁可的马修斯和米拉莫朗的罗兰兹送他的签名本,理查德的图书室现在骄傲地拥有了本·特拉弗斯以及其他博德利·黑德出版社的作家的赠送本,还有一些代表性的精美图书以及最优秀的当代文学作品。在库纳巴拉布兰,理查德把他珍贵的图书锁在行李箱里;现在,他把他的宝贝存在保险柜中。

*

理查德从埃及回国后不久,又一次见到了热情的藏书家 A.J.A. 西蒙斯。阿方斯·詹姆斯·阿尔伯特·西蒙斯身高 6 英尺 3 英寸,身材高大、肤色黝黑,几乎算得上英俊。他衣着考究,戴着牛角框眼镜,袖子上缀着一排 4 英寸长、闪闪发亮的袖扣。西蒙斯是一位精细出版人、乒乓球爱好者、八音盒收藏家,他喜欢人家叫他"AJ"。他有个时髦的爱好——参加俱乐部和社团,并且在许多项目中都非常活跃,比如出版奥斯卡·王尔德传记的长期计划。他与德斯蒙德·弗劳尔合办《藏书家季刊》;他是散册会①,一个准入严格的藏书家兄弟会的"投机兄弟";他与安德雷·西蒙创立了佳酿与美食协会;他还创

---

① Sette of Odd Volumes,1878 年成立于伦敦,19 世纪末知名文学俱乐部,至今仍致力于书籍收藏、出版等活动。

办了享有盛誉的首版书俱乐部，一家出版、鉴赏美书的利基企业。俱乐部趁着两次世界大战之间的爱书热，与金鸡出版社、弗朗西斯·梅内尔的独一出版社等品牌竞争，向几百名订阅会员发行装帧、印制精良的书卷。

老约翰·莱恩是散册会的成员，他像艾伦一样支持西蒙斯和首版书俱乐部。当俱乐部的秘书滑雪摔断了腿时，西蒙斯向理查德发出邀请：你想取代她做秘书吗？尽管理查德不会打字和速记，但他还是答应试一试，因为与书为伴的前景使他着迷。就这样，理查德得以进入藏书这一迷人的世界。起初，他相当谦逊谨慎——他最早的工作是为俱乐部餐厅拟菜单，然而没过多久，他就承担起许多让一家小社繁荣壮大所需的工作。

一天傍晚，理查德在 A. J. 办公室喝雪莉酒。窗外，薄雾蒙蒙，贝德福德广场华灯初上。西蒙斯问理查德是否知道王尔德的《斯芬克斯》。理查德回答说不知道，西蒙斯便端着酒杯、踱着步，以深沉、悦耳的嗓音背诵起这首阴郁的诗。小时候与舅舅的聊天带领理查德进入书的世界，也断了他做农夫的前途。现在，理查德觉得自己终于和藏书理想的人格化身在聊天了。

理查德此前已经熟悉博德利·黑德出版社的一些比较精美的图书，这回又在俱乐部学习精良图书的制作艺术：漂亮的手工纸；合宜、易读的字体，印刷清晰、墨色均匀；美观、牢固的装订，封面采用硬麻布、亚麻布、摩洛哥革。他细细地研读了自己帮助维护的所有图书，比如 H. 威廉斯的《大不列颠及爱尔兰的图书俱乐部与印刷协会》（印数 750 册，柯温出版社印，封面采用奥利弗·西蒙设计的花布）；G.S. 汤姆金森的《大不列颠及爱尔兰主要现代大众出版社与私人出版社精选书目》（印数 1000 册，柯温出版社印，伯纳德·纽迪盖特作序）；第六世拜伦勋爵乔治·戈登·拜伦编撰的《拉韦纳杂志》[印数 250

104

册,牛津大学出版社 J. 约翰逊印,特雷福什字体(TreyforsType),巴查姆·格林纸,优雅的装饰艺术风格装帧]。

理查德也学习到了俱乐部的商业模式,以及它出版方式的经济效益。俱乐部的名字暗示着珍贵性,它出版的图书在装帧和内容方面一贯高标准。后来,这种经营方式在英国和美国被广为效仿。理查德一方面看到了建立在高成本和小众客户群基础之上的企业的固有局限,另一方面也看到了俱乐部的优势:与会员的深度关系、对品质的深切关注。他认识到人们对图书定价的奇妙心理。就像美国游客宠坏了开罗的酒店一样,有些人更愿意自己买的书定价高,而不是定价低。这种毫不理智的心理是俱乐部取得成功的原因之一,尽管这成功是有限的。理查德意识到,英国出版业可能只有两种赚钱的定价方式,一种以便士为单位,一种以几尼①为单位。博德利·黑德出版社的图书两种都不沾边;不久之后,理查德和兄弟们会将这两种定价方式付诸实验。

理查德和 A. J. 对荒诞、对美食有共同的爱好。两人在佳酿与美食协会于萨沃伊饭店举办的晚宴上吃喝谈笑;在霍尔本的一家酒吧——有肩腿肉、两样蔬菜、半品脱苦啤酒;在 A. J. 位于埃塞克斯郡芬兴菲尔德的舒适宅子——有地窖、大花园、乒乓球和几百只八音盒。一旦他们结为朋友,西蒙斯就成了无与伦比的引路人,他介绍理查德参加散册会的神秘仪式,介绍他进入精细印刷商、私人出版社经营者、独家书商和先锋作家的圈子,这些人正是英国的核心藏书迷。A. J. 写了《寻找科尔沃》(*The Quest for Corvo*),一部关于作家弗雷德里克·罗尔夫的开拓性新体传记,他送给理查德一本签名本:"敬赠迪克·莱恩。他与这部实验性作品的作者共度了一段灿烂的时

---

① 1 几尼相当于 21 先令,即 1.05 英镑。

光,他分担了作者的责任,也感受了作者热忱的善意。谨以此纪念一份长久的敬意。A. J.。"这又为理查德日益扩大的图书室增添了一件珍宝。

后来,理查德离开首版书俱乐部,投身主流出版,但他对精美图书已经有了深入的理解,并与西蒙斯保持着友谊。1930年代末,西蒙斯——他永远有新的业余爱好,拜访了莱恩兄弟,想激发起他们对制作西洋景的兴趣。理查德记下了这次见面和莱恩兄弟对提议的认真考虑:"我们经过非常仔细的研究,认定西洋景的需求量……不足以让提议产生足够的经济价值。[A. J.]因为吃了变质的牡蛎,身体不适。不过,他永远不会说出坏牡蛎是在哪儿吃到的。"

离开俱乐部之后,理查德开始为博德利·黑德出版社审读作者自投稿。他不像艾伦和约翰舅舅,而是认真地审读每一个词,每星期就21份手稿进行审读并撰写报告,每份报酬5先令。艾伦早年在公司收入微薄,那时他也曾审读手稿以贴补收入。审读完 W.H. 雷恩斯福德的《游行的姑娘》(*That Girl March*)之后,艾伦列出了问题:人物"名字非常古怪"、括号和下划线过多、副词使用不当。艾伦的报告肤浅、含糊,带有个人癖好,这都是理查德反对的。"优秀的审读员,"理查德写道,"不光阅读、写报告,还要给出修改建议来改进作品。"如果书中内容可能会被认定为诽谤性的,优秀的审读员"自然会提出来"。总的来说,报告应该全面、有说服力、兼评风格与内容,对作品的价值做出客观判断。理查德通过休闲阅读,培养了对文学风格和技巧的良好鉴赏力。几年前,他曾断言玛格丽特·肯尼迪的《永远的宁芙》(*The Constant Nymph*)"写作风格富有魅力,肯定是一部杰作"。他读完 A.S.M. 哈钦森轰动一时的爱情小说《如果冬天来临》(*If Winter Comes*)后,感到"极大的精神愉悦",便改变了自己的写作风格,以此向作家致敬。对戏仿这部小说的另一部作品,他却并不

106

喜欢。"读完[哈钦森],我又读了巴里·佩因的《如果夏天来临》……但没什么感触。说实话,我觉得它不值一读。可是我讨厌读书读一半。"

作为公司的审读人员,理查德按照自己的想法撰写全面详细的报告,因为做得出色,博德利·黑德出版社请他编校稿件。他编校的第一本书是《安德烈日记》(*Andrée's Diaries*),写的是 19 世纪的瑞典探险家乘坐热气球飞越北极的尝试。1930 年,一个挪威组织在斯匹次卑尔根群岛附近发现了这些瑞典人的遗体。他们找到了探险家的日记、书信和未冲洗的胶卷,《安德烈日记》即依此创作。实际上,这是一个神秘故事:死去的人并不缺少食物,并且还携带着一只普里默斯煤气炉。日记的英文译文错误百出,都被理查德找了出来,这让博德利·黑德的管理者相当欣慰,他对理查德表现出的编校能力非常满意,随后请他担任全职的编校员。

博德利·黑德出版社的经济状况一直不乐观,有些员工趁约翰·莱恩去世浑水摸鱼。公司的管理者担心一些旅行图书推销员上报的开销有水分,便请迪克·莱恩盯紧他们。"如果推销员住的是提供晚餐、床位和早餐的商业酒店(价格不定……在 12 先令 6 便士到 1 英镑之间),而他的开销单却含有晚餐费,就要对他多加注意。"理查德非常适合做这项工作——他痴迷谜题和价格数字——表现极为出色,并因此被公司选中做图书推销员。于是,他像朋友基思·加维一样,成了一名旅行图书推销员。他先走遍了"荒凉的"郊区,然后才来到"旅行推销员的终点"——东海岸。理查德依次造访了不列颠和爱尔兰所有有名的书店。他认为,要成为一位优秀的出版人,"必须了解一线图书销售人员"。

理查德又升职了,这一次他成为伦敦地区的旅行推销员。他将机械天赋与市场直觉结合起来,前者他在澳大利亚的灌木丛间练就,后者是他从幼时与约翰舅舅关于怎么陈列和销售图书的聊天中受到的启发。为了推销一本情节发生在洲际飞机上的小说，理查德从航空公司借了一些飞机模型。他在丹尼书店的橱窗里码好堆，在书堆上面挂上一台飞机模型："几本小说之间有一道窄缝，我在窄缝后面放了一台电扇。从前面看不到这台电扇，但它能吹动螺旋桨。这个办法特别成功，吸引了很多行人驻足，甚至差点儿引起交通堵塞。"推销诺曼·亨特的《B教授的狂想之旅》(*The Incredible Adventures of Professor Branestawm*, 1933)时，理查德和休伯特·海因在塞尔福里奇百货公司搭建了一座特别的展台，摆着一台怪模怪样的、8英尺宽的希思·罗宾逊①式煎饼机模型，"它引起了牛津街行人的强烈兴趣"。

> "小狗安格斯"讲的是一只苏格兰梗的冒险故事。出版这个系列的时候，我找到生产黑白狗威士忌的酒厂，问他们要了一些展示威士忌时用过的小黑狗模型。结果，不仅书商们喜爱这些小狗模型，毫不夸张地说，有好几百位顾客还想购买同样的模型。

行业杂志《书商》称理查德"在伦敦出版界广受欢迎"，在推销方面他有许多功课要学习，"但学得很快"。没过多久，他便向公司展示出了自己的价值——全面的审读员、善于取证的审计员以及老练的推销员，他还是艾伦的重要参谋。因此，他被提拔为博德利·黑德出版社的董事。然而，他和艾伦在领导出版社方面并没有立即达成一致意见。有一天特别热，理查德用社里的钱给维哥街的每个人买了一个

① 希思·罗宾逊(Heath Robinson)，英国杰出漫画家和插画家，他绘制的机器极为复杂，实现的目标却又极为简单。

冰激凌,这件事"让艾伦很不高兴"。

"迦太基号"离开东伦敦①两年后,理查德和艾伦到滑铁卢车站迎接约翰归来。哥哥们发现他成熟了,"竟有点儿谢顶了"。约翰现在是出口贸易方面不容置疑的专家,他加入博德利·黑德出版社,负责海外销售。他在伦敦出版商白天经常出没的场所结识他们,就是位于拉德盖特交叉口的铁路拱桥下面的谢里夫酒吧——店里的场景使他想起那漫长艰辛的"墨尔本到佩斯"汽车之旅。新年前夜,约翰与法国阿歇特出版社的茹贝尔先生一起喝雪莉酒和马沙拉白葡萄酒。这位"法国人在英国待得越久,英文越差"。他说自己好多年没有与父母在巴黎过元旦了,约翰听闻便说"那走啊"。他回到公寓匆匆收拾好护照和换洗衣物,去法国度过了一个令人兴奋的星期。身在国外时,莱恩兄弟有他们自己的非正式银行系统:"我们一旦缺钱,就找最近的书商赊账,回到社里再把钱打过去。"

奥尔巴尼公寓的权力争夺战愈演愈烈,周围满是"纷争和猜忌"。艾伦从舅妈那里继承的股权成为他有效的弹药。巴兹尔·威利特在约翰·莱恩手下工作了二十多年,他是一位有想法的经理和精明的参谋;莱恩去世时,威利特担任着博德利·黑德出版社的执行总经理。现在,艾伦作为多数股东,突然与威利特作对,任命自己为总裁——有些人认为此举相当粗暴。艾伦狠狠地敲打了董事会和出版社的持股人,防备他们发起反击驱逐他。然而,更令人担忧的风险却是整个出版社可能会倒闭。鉴于公司的权力争夺、居高不下的运营成本,以及在大萧条背景下图书的惨淡销量,这一前景真真切切。艾伦把持着公司的财务(由斯梅德利·鲁尔公司负责),他让会计将敏感的信件寄到塔尔博特广场,不叫它们落入他的反对者,那些紧张的

---

① 南非开普省港市。在东南部布法罗河口,濒印度洋。

董事手里。为了躲避资产清算，艾伦和两个弟弟大胆削减开支，激进地处理掉公司积存在圣三一教堂地下仓库里的定价过高的超量库存。兄弟们担心一旦进行了倒产交易，他们个人就要对此负责。艾伦还掌握了与公司法务（布尔克雷格与戴维斯）之间关系的主动权。不过，他们的法律弹药不足以清除保守派，所有这些敌对的董事不久便通过缓慢消耗等方式，将博德利·黑德出版社引向了破产的漫长过程。

塔尔博特广场也有事情要做。虽然这里的条件远比索斯维克街优越，可公寓的边角也开始老化损坏，而艾伦的品位却越来越优雅（比如，他现在特别喜欢做工精良的套装）。约翰回国后不久，艾伦向弟弟们下了最后通牒：如果他俩不同意对公寓重新进行一番彻底的设计和装修，他就自己去找一套新公寓，留他俩继续在这脏乱的屋子里住下去。这个故事的一个版本说，艾伦宣称这套公寓不够体面，配不上英国出版界最杰出的家庭！

弟弟们默许了艾伦的要求，与他一起委托设计师制订了计划，并请建造商科芬来对公寓进行大改。按照计划，浴室和盥洗室要向上移一层楼——改造期间，三兄弟还住在公寓里，这增加了施工的难度。对新浴室的贴心设计是整个工程的核心。在查令十字街的一家展销店，兄弟们试用了一系列浴室套件，测试尺寸、感受舒适度。浴缸陈列在展销店的橱窗里，行人们疑惑地看着三个小伙子仔细比较各个浴缸，不知道是买这一个还是那一个，是买搪瓷的还是陶瓷的好。当他们坚持要试用马桶时，店长终于决定结束这场盲目的、毫无隐私的闹剧。

公寓里浴室之外的地方都铺着镶木地板，他们还装了带玻璃层板和隐藏照明装置的吧台，配了稀罕的燃气冰箱——阿加莎·克里斯蒂在里面找到了一具冷冻的兔子尸体。理查德原来的房间改成了浴室,原来的浴室改成了厨房,而原来的厨房并餐厅则改成了一间大餐厅。通向理查德房间的走廊改成了一间放纵的大衣橱,足够挂50件套装。但是翻新不止关乎放纵:为了方便摆弄器械,理查德安装了一个6英尺的工作台。他还喜欢新房间里时髦的家具,它们没有一件是用煤油桶搭成的。艾伦的房间则装饰成古怪的绿色——墙壁、地毯、床单,甚至电话机都是绿色的。这次翻新花费了1000英镑,用了将近一年才完工。

如今,莱恩兄弟可以在他们时髦的新公寓里办聚会了。他们请了一位叫"骑士"的男仆,这名高个子退役海军一听到有人喊他名字,就站得笔直。据理查德说,"骑士"是个烟酒不沾的单身汉;不过,这些年来,兄弟们早已明白"不能所有话都当真"。他们办了一场小型餐会,以此来考验这位新帮手。三兄弟提前向"骑士"交代清楚了他的职责。餐前酒由三兄弟亲自调制,"骑士"负责操办晚餐、煮咖啡、洗碗盘。"一切进展顺利,"理查德写道,"他穿白衣、打黑领带的样子精神利落。""骑士"做好晚餐、上完菜、干完别的活儿之后,推开了客厅的房门,问兄弟们还有什么需要。理查德说"没有了,谢谢",并向"骑士"道晚安,但是"骑士"却立正汇报说:"报告,先生,少了一只咖啡匙。"最后,咖啡匙在壁炉上找到了,莱恩兄弟和宾客都松了一口气。

为了防止另一种尴尬,三位单身汉在公寓里立了一条规矩:如果有人带姑娘回来过夜,就要在自己的房门把手上挂一条毛巾,示意"骑士"不能进去。

约翰长途旅行归来后,兄弟们继续到处旅行。约翰和艾伦去过很多次瑞士的蓬特雷西纳。艾伦一年去六次巴黎,他与"直率的、满嘴脏话的"印刷商雷蒙德·黑兹尔及其妻子骑摩托游览了法国南部。艾伦也去过西班牙。到头来,他还是更喜欢巴黎。他在公寓墙上贴了斗牛的海报，宣示他对巴黎的喜爱。莱恩兄弟们不是斗牛士，他们自认为是"三剑客"：这份亲密的兄弟之情让他们同仇敌忾，就像在索斯维克街那时候一样。然而，他们之间也不是完全没有矛盾。三人对这种关系的认识不同，期待也不同。约翰不像理查德那样崇拜艾伦，也不为艾伦日益膨胀的自我找借口。艾伦那些短命的情事，还有他半开玩笑地威胁说要搬出塔尔博特广场，都在告诉弟弟们，这份兄弟之情并不是无限和永恒的。时不时来一件的亲密小事使三兄弟团结友爱，现在这些黏合剂变得尤其重要，开浴室会议的习惯在翻新后的公寓里变得更加珍贵。

111

艾伦喜欢先洗澡再刮脸；他的新玩法是躺在浴缸里"不停地就不同话题发表评论，拖延着不肯出来"。理查德乐于通融，便先刮脸再洗澡，而约翰"根本不在乎先做哪一样"。热水器是烧燃气的，放满一缸水需要十五分钟，所以三兄弟共用一缸水，只是不住地"往里面加水"。在这些会议上，他们讨论的话题五花八门：钓鱼、旅行、时事，还有工作上的事。现在，兄弟三人都在博德利·黑德出版社，所以常常谈到工作——在办公室内外，谁对谁做了什么——他们对新企业的构想就在这种谈话之中渐渐成型。

第十章

"终于飞来了一头信天翁"[①]

　　1930 年代初,莱恩兄弟在博德利·黑德出版社的分工并不明确,就像理查德从前在阿特金斯的莎士比亚剧团的角色不清晰一样。正式、公开的说法是,艾伦是公司老总。理查德兼任伦敦的旅行推销员和编辑,他按照福勒的《现代英语用法词典》删改文稿中花哨的遣词用语,还是公司与作家、文学代理的主要联系人。约翰负责图书出口。理论上,他们各司其职,但实际上,兄弟三人都会插手他们影响所及的任何方面,如同三驾马车共同监管着公司的业务。三人轮流照管美国分社;三人都参与发掘、培养新作家;三人都发展了广泛的出版人脉网,并在伦敦城里各处酒吧、饭店和牡蛎餐厅增进与这些人的情谊;三人都通过创造性的反对过程,提出、检验发展业务的新思路。塔尔博特广场的浴室成了博德利·黑德出版社事实上的会议室、控制中心和创新工场。

　　约翰舅舅去世后,博德利·黑德出版社仍旧家喻户晓,并取得了一些显著的出版成就。但公司在走下坡路。J.W.兰伯特研究该社的历史,他称这段时期公司渐渐陷入混乱和衰退。这家曾点燃伦敦文

---

① 　此处为双关。"终于飞来了一头信天翁"是柯勒律治《古舟子咏》中的诗句,同时,信天翁是德国的一家出版社,出版了最早的现代大众平装书。

学激情的出版社,如今外强中干、死气沉沉。原因是多方面的:不当的企业规模、错误的业务重点,还有定价失当、决策失误的图书。总的来说,公司正被一种无可救药、筋疲力尽的经营模式拖垮,怠惰和不良习性乘虚而入。每个新选题计划都要套用包含建议定价、预估销量、固定和变动生产成本、预估利润等变量的公式,往往就此搁置下来。图书定价的艺术就是寻找最佳点:定价、印量会与编校、设计、营销等方面的投入发生难以捉摸的化学反应,同时还要考虑运营费用和作者版税,以使预估利润最大化。有时也靠假想推测来定价,因此高估了销量、低估了成本,或者定价高得不切实际的情况都可能出现。

113

艾伦在购买沃尔特·迪士尼的"糊涂交响曲"系列立体书的英国版权时,竟然连猜带蒙地预估成本。他全不在意有根有据的计算——而这些计算本可以使他免受能轻易避免的损失——贸然对理查德和约翰宣布该系列定价 2 先令。理查德向来支持奇思妙想,但这一次,艾伦的提议却很荒唐。

理查德先是怀疑地耸耸眉毛,然后气呼呼、理由充分地驳斥艾伦。他说,艾伦的提议要想成功实施,印量必须很大,而艾伦提出的印量相对来说非常小;这个系列不像会畅销的样子。更糟糕的是,高达 1 先令 1.5 便士的成本让公司利润相当有限,即使是销往较小的书店,每套也只能赚 1.5 便士,这完全不够支付运营费用……艾伦面带顽皮的微笑,认真听着,一句话不说。他也没有听取其他气愤的董事们的反对意见。

后来,理查德还就许多图书和套系的成本提出过质疑,但对于"糊涂交响曲"来说,却为时已晚。这套书广受读者欢迎,公司"卖出的每一本都在亏钱"。艾伦甚至还要卖到沃尔沃思连锁百货去,那里的所有商品都"不超过6便士",会使损失激增。

艾伦和理查德之间的建设性反对关系从塔尔博特广场的公寓一直延续到维哥街的办公室。艾伦常去营业部;理查德每次都会再去一趟,悄悄地给哥哥即兴而发的、不切实际的指示打个折扣,或者干脆撤销他的指示。就这样,理查德成了艾伦的专业军师,即使他的意见不是总被采纳。在当年的《回音廊》事件,还有其他困境中,艾伦亟须的就是这样一个人。

在博德利·黑德出版社,莱恩兄弟面临着一项明显必须完成的任务:给公司的业务带来起色,或者转变业务的方向。这项工作需要新思路。虽然已故舅舅创办的公司前景渐渐暗淡,但事后想来,它为三兄弟提供了一个极佳的平台,来启动他们的出版试验。他们得到了创新、实践莱恩的大胆想法,以及震动出版界的机会。董事会意见不合,兄弟们因此获得了试验各种图书、体裁、装帧和定价方式的许可证。这样做出来的书仍通过博德利·黑德出版社的常规渠道印制、发行,但是记在莱恩兄弟名下,盈亏自负,与公司无关。换句话说,艾伦、理查德和约翰现在是自担风险做书了。

1931年圣诞节,三兄弟组合——现在俨然是一间社中社——赶上出版了一本不雅的情色漫画书。彼得·阿尔诺的这本《游行》(Parade)尽管受到了博德利·黑德出版社内外怀疑者的讽刺挖苦,却销量强劲,三兄弟因此"大赚一笔"。有了理查德对生产成本的监管,阿尔诺这部生动的艺术作品成为兄弟们的一座奖杯。不过,《游行》只是一个小动作,莱恩兄弟组合下一部作品的出版将是20世纪的一件大事。

*

1934年莱恩兄弟接触《尤利西斯》时,詹姆斯·乔伊斯的这部作

品已经历过出版到绝版的极端状况。它素有激怒宗教人士和警察的
恶名,出版历史复杂而富有争议。1922年,该书由西尔维娅·比奇
的莎士比亚书店在巴黎印制了1000本。1920年代到1930年代,英
国和美国想读《尤利西斯》的人大部分都靠从法国进口的书,其中不
少是由莫里斯·达朗蒂埃在第戎印刷的。政府竭尽全力阻止《尤利
西斯》的传播:英国海关截获并焚毁了499册由哈丽雅特·韦弗赞助
的利己主义者出版社1929年的版本。美国邮政局更胜一筹,他们焚
毁了500册。

115

　　兰登书屋的共同创始人本内特·瑟夫1932年初买下了《尤利西
斯》的美国版权。很走运的是,该书在美国得到了莫里斯·恩斯特的
支持,恩斯特是赞成言论自由的精明律师,他后来与莱恩兄弟成了朋
友。1933年12月,瑟夫、恩斯特打赢了一场《尤利西斯》被控为淫秽
出版物的官司,于是兰登书屋于次年1月出版了该书。在宣判和上
诉——出版商再次胜诉——的间隙,《尤利西斯》销售火爆。艾伦认
识瑟夫,也亲眼见识了纽约的《尤利西斯》热。

　　在英国,伦纳德和弗吉尼亚·伍尔夫想在他们的霍加斯出版社
出《尤利西斯》,但由于印刷厂的问题,最终没有出成。乔伊斯本来在
英国优先选择了费伯出版社,但是T.S.艾略特和其他董事举棋不
定。乔纳森·凯普也不愿意掺和。而莱恩兄弟最先明确表示愿意出
版该书。不过,尽管他们决心率先出版英国版本,但还是很担心因淫
秽出版物而吃官司。该书的承印厂要求先收到保障全面的书面补偿
承诺,再开工。而博德利·黑德出版社的保守派要求更高,三兄弟必
须缴纳2万英镑保证金,以免公司因提供印制和发行渠道而遭受法
律上及其他方面的损失。兄弟们(主要是理查德和约翰)筹集支付了
这一大笔钱——这也说明莱恩舅舅留给他们的遗产多么丰厚。

　　从法国进口的大部分《尤利西斯》都是便宜的平装本。莱恩兄弟

采取了一个保险的做法，即以完全不同的思路做这本书：豪华装帧（高品质的纸张、装订和排版）——这是理查德 1920 年代在首版书俱乐部学到的，并限量发行。首印的 1000 册每册都有编号；其中 900 册为日本牛皮纸印刷，亚麻布封面，定价 3 几尼；另 100 册为乔伊斯签名本，模制纸印刷，皮质封面，为最痴迷的藏书家打造，定价 6 几尼。埃里克·吉尔在封面上画了一张优雅的金弓作为装饰。后来，博德利·黑德出版社的百般谨慎被证明并无必要——书没有遭到举报，一部分原因在于高昂的定价和豪华的装帧限制了它腐化大众的影响力，减轻了政府的担忧——《尤利西斯》成了三兄弟组合和博德利·黑德出版社的摇钱树。莱恩兄弟赎回了保证金，而理查德将一册 6 几尼的珍本收入了自己的藏书。

在筹集保证金的过程中，各种问题层出不穷：其他董事犹豫不决；合同问题；豪华装帧造成印制时间过长——这些问题合力拖延了博德利·黑德版《尤利西斯》的出版。直到 1936 年 10 月，该版才面市。这期间，在《尤利西斯》面市之前，莱恩兄弟们做出了另一项投机：他们在又一场浴室会议上提出，以亲民的定价再版一批《游行》、《尤利西斯》这类图书。

1929 年金融危机爆发后，三兄弟一直在寻找最好的方式来出版、销售这样一批书。在他们隐秘的策划会议上，兄弟们沉浸在众多的新想法和先前的经历之中。博德利·黑德出版社早些时候曾经试验推出过 9 便士的平装书，那次投机失败了，公司损失 1000 英镑，定价中的每一个便士都赔了钱。虽然三兄弟想到那次试验就伤心，但他们也参与了时下的书业热议——通过降低定价来拓展市场。1930 年代，精装书一般定价 7 先令 6 便士，此类图书对许多潜在读者来说是不可企及的奢侈品。萧伯纳支持图书降价，可以说他是莱恩兄弟的再版活动之父，至少是祖父。他给《书商》写了一封措辞激烈的信，倡议公众多读书，他还打算将自己的版税贡献给这项事业。萧伯纳已经请美国的一家图书俱乐部赠阅了几万册他的著作，他还自信地挑战沃尔沃思，请他们给他开一份足够大的订单，他会"很乐意"去承兑。

虽然约翰在新西兰的广播中说他不喜欢萧伯纳（并且这位剧作家在卡尔庞捷对登普西的拳击比赛中支持的竟是卡尔庞捷），但莱恩兄弟还是与萧伯纳站在同一阵线。一群知名的出版商，由斯坦利·昂温爵士带头，形成了强大的另一派。这些大人物认为，平价平装书会冲击精装书销售，或者降低读者对书价的预期，把整个书业送进救济院。在出版界，昂温并不掩饰他对博德利·黑德出版社的新领导者，以及他们所代表的颠覆性潮流的厌恶。

理查德心里千头万绪。他虽然了解高端出版的原则和技术，但考虑到影响力和利润，仍主张出版平价书。在首版书俱乐部的那段短暂时光，他学习到了出版的两种盈利方式：一个是豪华制作、限量发售的高端路线，另一个是多印广销的低端路线。然而，理查德绝不是出于唯利是图而对平价书感兴趣。他在澳大利亚内陆那片图书荒漠中的经历影响了他的一生，他意识到出版更多人买得起的平价书是多么重要。他曾经格外关注价格，对便士意味着什么有具象的认识——它们是葡萄酒、啤酒、巧克力，是香烟。在他整个一生中，这一幕始终活生生：在曼哲拉马，他用仅剩的三个便士买了花生。理查德思索着高端和低端两条路线，产生了一个强烈的念头：应该将两者结合起来，让图书既像一包花生一样低价，又能保证良好的品质。

约翰对如何在出版界取得成功有新的想法。他调研了伦敦新近出现的两便士租书屋，这些租书屋满足了"勤杂工、跑腿人、打字员等一群周薪不足一英镑的年轻人"的需求。周游世界归来后，约翰精通海外市场和出口策略，熟知图书的价值和销售，他意识到读者对"宽泛文学",比如经济学、政治学、游记和传记等的兴趣日益增长。他因曾在旅行中为哈拉普、费伯、戴维斯等出版社做过贸易代表,就像代表博德利·黑德出版社一样,所以对这些社的图书也有所了解。他被同行们出版的图书深深触动,从国外来信批评自家公司的图书品质平庸、成本高昂。

> 我认为[博德利·黑德 1933 年出的]小说都不达标……我没能推销出很多[秋季目录上的书],因为此时东部对埃德加·华莱士①这类作家的廉价文学需求更大,我要看看在南部能做点儿什么……我得给[博德利·黑德出版社的]温妮写一封安慰信,请她帮帮我。不过,在过去的十个月里,我恐怕没给她留下什么好印象,因为我总是挑剔他们的工作方法,提出一堆破坏性意见,以及极少几条建设性建议。

同时,理查德调研了其他出版社的图书,而艾伦非常清楚约翰舅舅在世时与去世后博德利·黑德出版社的成功与失败。三兄弟都看到,出版业像丰盛的农场餐桌一样在他们面前铺展,充满了机遇——虽然艾伦在思考和行动上极少征求他人意见——他们相信三人合力可以苦干一番,站稳脚跟。三人都能做出想象与直觉的飞跃,但两个弟弟还精于算术——使平价书盈利所必需的那种计算。莱恩兄弟即将展现他们的天分,乔纳森·凯普后来称其源自"对行业历史的熟稔,因此可以从前人的经验教训中获益,从而懂得何事可为、何事不可为"。

*

---

① 埃德加·华莱士(1875—1932),英国著名小说家、戏剧家。一生创作了 173 部小说、15 部剧本和无数其他类型作品,《金刚》和《十三号房》是其代表作。华莱士是世界上第一位畅销书作家,正式确立了"创作可以盈利"的观念。

关于莱恩兄弟策划一系列再版书的缘起,一个离奇的故事流传得越来越广。艾伦与阿加莎·克里斯蒂,还有考古学教授马克斯·马洛温度完周末后,返回伦敦。在火车站站台等车时,艾伦想读点儿东西,却没能在车站的书报亭找到什么看得上的书。这则逸闻最早由理查德在1973时回忆讲述,随后被比尔·威廉斯写进了他的艾伦·莱恩回忆录,而近期的两本艾伦·莱恩传记,还有许许多多书刊都引用了它。据理查德说:

> [艾伦]回伦敦需要转车,候车的时间很长。他读完了手头的东西,去书报亭寻找他想读又价格合理的书……真正便宜的书只有"读者图书馆"系列。这是一种封面绘图的小书,品质平平,选题也不甚精彩,它们断然不是艾伦想读的那一类书。本的兰登书屋出版了一个系列,"本的九便士",但是封面沉闷,篇幅过短——每本只有4万字左右……都是些新书,作者当然很不错,但总的来说,不算成功。

故事继续,艾伦把他的想法告诉了两个弟弟。随后,他们推出了新的系列,以填补艾伦在车站书报亭找不到的那类书所代表的市场空白。后来证明,这一新投机对莱恩兄弟的出版生涯极为重要,因此它的缘起的细节就引起了人们的极大兴趣。站台在约翰·莱恩时代的终结与再版系列的初创间扮演了中心角色,这个想法包含着一种古怪的对称。遗憾的是,站台起源的故事流传虽广,却非常可疑。我们来细细地反驳它。

首先,故事本身并不合理。艾伦绝不是一位饥渴或挑剔的读者。书报亭(一般)都备有各种类型和开本的书。其中一些确实粗制滥造,"封面沉闷",但书报亭还是足以满足一位走马观花的读者,而艾

119

伦——他拥有囫囵吞枣的特别本领——正是这种人。理查德在讲述艾伦的故事时不免夸张,其实,那间小书报亭里书也不算太少,还是可以买到经典书和质优价廉的当代作品的。其次,故事的细节变来变去。拜访的时间不明确,地点也有不同说法:有的说是在埃克塞特车站,有的又说是在牛顿阿伯特。拜访阿加莎·克里斯蒂这个模糊的陪衬情节似乎只是为了给故事里加个名人。

还有,这个故事讲得太高明、太漂亮了。在故事里,艾伦是一个普通人①,他在候车,只是想买一本物美价廉的书。而实际上,艾伦可不是什么普通人,他是一名花花公子、崭露头角的未来出版大亨。这个站台传说未免太适合一位想要靠销售平价书而发达的企业家了。最后,故事是在许多年后记录的。在其间的岁月,艾伦表现出了对历史小说和历史修正派的天分——认识他的人都知道这一点。早在 1973 年,比尔·威廉斯就认为艾伦的车站故事是虚构的。它不过是艾伦为再版系列编造的创始故事之———这些故事全都半真半假,或者只有一点点真实元素。有的故事讲到苹果树,有的讲到雪茄、桌子和沙发垫。

理查德的个人回忆揭示了艾伦讲过的早期版本的车站故事。艾伦曾对家里人说,他刚去伦敦的时候买不起到布里斯托尔的火车票,但仍经常去帕丁顿车站的一号站台,看开往布里斯托尔的火车。可以想象不安分又不易动感情的艾伦向家人讲述这个充满渴望的看火车的故事,但难以想象他真的会那么做。就算这故事里只有一半真话,它也捕捉了艾伦一生中难得的安坐时刻。

两则有据可查的背景故事坐实了艾伦的创始故事的虚构性。第一则背景故事:正当艾伦兄弟发展他们的组合之际,博德利·黑德出

① 此处为双关。"Everyman"意为普通人,也指 J.M.登特先生 1906 年开始出版的"人人经典书库"(Everyman's Classics)。

版社的其他年轻人也在酝酿新想法。H.A.W. 阿诺德是个初级会计,爱德华·扬是位初级广告营销人员。1933 年,新手会计告诉营销新人,他相信公司可以以 6 便士平装书这样的形式出版廉价系列图书,比如"人人经典书库"。专注版权已过保护期的选题可以节省成本。扬知道社里出的书很多,却没有多少能够再版,于是他和阿诺德一样看好这个主意,在他这位朋友的鼓励下,阿诺德向执行总经理提出了这项建议。艾伦虽然对提议不是很热心,但也答应会考虑的。没过多久,阿诺德就去了大英博物馆施展他削减成本的才能。在后来的许多场合,艾伦谈起再版系列的缘起时,似乎从没提到过他与阿诺德的这番对话。

第二则背景故事涉及一家多彩有趣的公司,信天翁出版社。它1932 年成立,所有人是南非人,董事会主席是意大利人,而控股公司又是一家英国公司。库尔特·恩诺赫从德国掌控营销和发行;马克斯·韦格纳从巴黎处理编辑和印制问题。这样一家国际企业需要一位国际型名誉负责人。约翰·霍尔罗伊德-里斯本名赫尔曼·里斯,为人神秘,懂多种语言,是一个多面手,他像 A.J.A. 西蒙斯一样,曾参与出版过许多图书。信天翁为旅行者和欧洲大陆的读者出版英文平装书,既包括最优秀的现代文学,也包括流行小说。"现代大陆文库"的每一类别都有一个封面颜色,方便读者立即分辨。蓝色:爱情小说;绿色:游记和异国见闻;灰色:戏剧、诗歌和作品集;紫色:传记和历史小说;黄色:"心理小说、散文等";红色:惊险故事和犯罪小说。信天翁的图书版式是由汉斯·马德斯泰格尔按照达·芬奇设计但未公开提出的"理想版面尺寸"设计的。1933 年,霍尔罗伊德-里斯见到了艾伦,他们商讨两社合作,以同样的版式出版平装书,印制成本双方分摊。然而,出于几个重大理由,这项合作没能开展:版权问题;德国纳粹主义兴起;艾伦从舅舅那里继承下来的对合作的厌恶。不过,

121

艾伦给了贸易经理斯坦·奥尔尼一本信天翁的书，还有一本它的姊妹出版社陶赫尼茨的书，让他与阿诺德一起计算，如果以沃尔沃思-萧伯纳的 6 便士定价出版再版系列，成本如何。随后几个月，奥尔尼和阿诺德调研印制成本和纸张订单，精打细算，调整数据，终于得出了一个可以盈利的数字。

从上面这些背景故事看来，艾伦那生动的车站传奇便不足为信了。"车库神话"是创业者，特别是取得伟大成就的 IT 创业者故事的一个主题。神话想象出一小群创始人——有时仅有一位，在简陋的环境中奋斗，取得了了不起的成就。比如，史蒂夫·乔布斯、史蒂夫·沃兹尼亚克、罗纳德·韦恩创立了苹果，比尔·盖茨和保罗·艾伦创立了微软。"车库企业家"被描绘成阁楼上的诗人，苦苦奋斗，独自经历灵感迸发的创造时刻。神话典型地弱化了车库之外的因素——其他合作者、更大的社会环境以及之前的创新等——所起的作用。艾伦的车站故事成为莱恩再版系列的"车库神话"。

该系列的真实缘起其实没有那么浪漫，而是相当民主：阿诺德-扬和信天翁-陶赫尼茨的激流涌进了塔尔博特广场的浴室，在那里，它又经过了莱恩兄弟们关于尝试的思考的过滤与引导。舅舅的公司景况日下，这更催促兄弟们将自己的思考、计划与这股合流结合，而萧伯纳的公开行动倡议促进了这股合流。三兄弟还向埃塞尔·曼宁、本·特拉弗斯等朋友，以及哈罗德·雷蒙德、罗伯特·勒斯蒂、雷蒙德·黑兹尔等值得信赖的同行征询建议。最后形成的看法是：莱恩兄弟组合应该采用信天翁的形式，出版一个系列——鲜艳的纸质封面、达·芬奇-马德斯泰格尔版面尺寸、按类别编码的颜色——价格相当于六块猪肉饼，选题既包括版权已过保护期的，也包括仍在版权期的，选题来源既有博德利·黑德社，也有其他出版社。莱恩兄弟将创建一家新的信天翁。一家英国的信天翁。一家莱恩的信天翁。

第十一章

成　功

　　计划出版再版系列令莱恩兄弟与博德利·黑德的年轻员工们兴奋。计划的关键是设计一个品牌或商标，以吸引书商和大众读者，将再版系列和博德利·黑德的常规选题区别开来，从而创造出属于兄弟们自己的新事物，并且——在老公司过于惨淡时——带走它。三兄弟的品牌讨论从塔尔博特广场的智囊团延伸到维哥街，在办公室引起了热议。为了得出一个结论，莱恩兄弟召开了最后的会议。参加者包括爱德华·扬，以及其他编辑和销售人员。在这一重大会议上，大家来来回回、反反复复地商议了几个小时，最后取得了两项成果：一是撒开一张大网，收集了一长串可能的品牌名；二是通过艰辛的建设性否决过程，确定了最合适的吉祥物——找到了胜出的品牌名。

　　很自然，霍尔罗伊德-里斯的信天翁成了那一长串品牌名的起点。什么动物——真实的或者想象的——能比得上信天翁，成为莱恩兄弟的新项目最合适的名称、标识和纹章呢？首先列入名单的是从布里斯托尔市徽借鉴来的海豚。凤凰也给提到了，还有几维鸟、骆驼和大海雀。艾伦想到了啄木鸟。理查德搜肠刮肚，寻思其他合适的动物。他想到了利林里的白嘴鸦、鹩鹉、椋鸟。他还想到了乘"本迪戈号"旅行时,见到的飞鱼、鲸鱼和海燕。开普敦有好斗的灰松鼠和友好的红松鼠,狮头山则有甲壳虫和大蚱蜢。在伦马克的路边,蓝舌蜥蜴、巨蜥和喜鹊蹦蹦跳跳。理查德·阿布迪宅院里的湖上养着鸬鹚,岸边种着高大的松树。最后,还有一只奇异的狐狸,理查德和约翰看见它卧在法尔菲尔庄园的一根大树枝上。

出于多种原因,会上好几个人都想到了企鹅。这种动物与信天翁一样,多见于南极海域。伦敦动物园最新的企鹅馆于 1934 年开放,里面那些友好可亲的居民是媒体报道上的熟面孔。1925 年,博德利·黑德出版社出了阿纳托尔·法朗士的《企鹅岛》(*Penguin Island*)。1933 年,都铎出版社出了斯图尔特·帕尔默的《企鹅塘杀人案》(*The Penguin Pool Murder*),封面上画着一只巨大的黑白企鹅。这种动物被看作鸟类与鱼类之间"缺失的一环",因此也是伪古生物学的主要证据。关于企鹅的产品种类众多,有企鹅牌巧克力棒,有企鹅运动队,还有"企鹅斯奎克",她是深受读者喜爱的连载漫画《皮普、斯奎克和威尔弗雷德》(*Pip, SqueakandWilfred*)中三口之家的一员。企鹅还以其他各种形式占领了大众的想象,在维哥街的会议桌旁,好几个人都提到了它。后来,很多人都自己宣称,或者被别人宣称,是这一想法的提出者。艾伦坚持说是他的秘书琼·科尔斯首先说到这种不会飞,却会游泳的鸟,理查德则把这一版本记录为艾伦的又一个传说,而忘记了集体的不断尝试与努力。不过,有一点很明确,那就是这个主意不是艾伦自己想到的。

最终的长名单列出之后,参会者仔细观察受试人对其中各项做出的积极和消极反应。这种自由联想过程——如今为所有大工业企业和广告公司所熟悉——将心理分析运用到营销之中。第一步:放空大脑看受测品牌名。第二步:用品牌名自由联想。记录下受测人的语音和语法反应。我们发挥一点儿想象,便不难再次构想出维哥街的思想是多么先进。

海豚很快就出局了，因为它已经被别的出版社使用了。凤凰也被弃用，它是查托与温达斯出版社的标识。啄木鸟、几维鸟、骆驼和大海雀也很容易排除，因为它们缺乏活力、形象不明朗、不够友好或者濒临灭绝。企鹅怎么样？它比海豚更适合黑白印刷。在陆地上，企鹅滑稽蠢笨，很容易被逮到。虽然多见于南极，但在温暖的地区也有分布，并且，它们比骆驼友好多了。大西洋彼岸的人们也像英国人一样对企鹅感兴趣，美国的动画设计师和商业艺术家赋予这只时尚的黑白鸟儿一件脱不掉的燕尾服。于是，这只鸟便永远彬彬有礼了。不过，身子两侧微张的一对翅膀、摇摇摆摆的步态，还有这只南极鸟儿——身穿适合一位莱恩兄弟的时髦服装——一场接一场地参加都市鸡尾酒会而带来的滑稽逗乐感，立时又破坏了礼貌的形象。

放空大脑看"企鹅"（penguin）这个词。从前缀"pen-"开始，我们跟随"大龙头"（pendragon）①走上了不平静的文字之旅，从"贫穷"（penury）来到"忏悔"（penitentiary），最后到达终点"苦修赎罪"（penance）。情感反映："乐观"（sanguine）与"忧郁"（pensive）。音节：从汉语"peng""ping""pin"的首音，到相对含糊的"gu-goo"和"ui-wee"，再到最后的"winning"尾音。

大部分反应很好，但也有不尽如人意之处。比如，"鹦鹉"（parrot）首音与"企鹅"（penguin）稍有不同，它意味着尖利的叫声和不经过思考的模仿。这道字母汤②有抱怨（whine）和混杂语（pidgin）的意味，而且虽然这个名字很容易记，但不知为什么，人们总是将"penguin"拼写成"penquin"[后来又把"pelican"（鹈鹕）拼写成"pelikan"]。在1934年，"企鹅"这个词还没有获得"年轻人的反传统愤

① 古代不列颠威尔士首领的称号。
② 西方的常见菜，用字母形状的通心面煮出来的汤。

怒"这一澳大利亚含义,也没有"穷凶极恶"这一美国内涵。(后来又出现了两只著名的好莱坞企鹅:《玩具总动员》中可爱而焦躁的企鹅吱吱,《搏击俱乐部》中冷冰冰的、穴居的精神动物企鹅。)维哥街一致认为,总的来说,"企鹅"收到的反应非常积极。按照这张由同音词、同义词和其他联想组成的词汇地图,模仿者很快想到了美人鱼、蓝知更鸟、猎鹰、矮脚鸡、小天鹅、犀鸟、牧神潘恩、黑豹、圣骑士、河马、寒鸦、澳洲鹤等有图书品牌名价值的动物。而莱恩兄弟和员工们又选出了鼠海豚、角嘴海雀、鹈鹕、孔雀、游隼和雷鸟。

"企鹅"(penguin)与对立的"不赢"(unwin)押韵,这让三兄弟笑了。还有什么能比它更有力地回应那些顽固反对兄弟们关于大众市场平装书的提议的人?还有什么能比它更适合一个在浴室里想出来的项目?三兄弟派爱德华·扬去动物园画企鹅。那天特别热,扬满腹怨气,说那些鸟"臭死了"。但他还是完成了这项臭烘烘的任务,回来给莱恩兄弟看企鹅写生。直到此时,再版系列的名字才终于确定下来。

126　　　　扬是这些创业时刻以及艾伦在其中所扮角色的记录者之一:

> 艾伦这个人自己想不出来什么主意,但他能迅速理解别人的建议。他总是把自己记录的事——通常记在信封背面——坚持做下去,当然,他会审阅所有的提议,启动工作,不过之后,他一般会热情冷却,由别人来善后。人们打电话找他,却找不到,别人只好代他道歉。然而,他理解提议确实很快,并且能从出版的角度审视它们,评估它们是否适合他,是否能赚钱。

整个 1930 年代,主要由理查德为艾伦善后。1934 年,理查德审查了奥尔尼和阿诺德的开支,而他自己的开支则更多。他起草了一份合同,规定的作者版税很低:每册 1 法新①或者每千册 1 英镑,而版税总额控制在 25 到 50 英镑。理查德分析,版税定在这个水平,便可以通过简单地计算印量来使这个低价再版系列盈利:印量提高,每册书的成本就降低,而运营、广告等其他费用也会由于册数增加而被摊薄。按照理查德的版税率,企鹅可以在版权系统内运作,并且不像信天翁出版社一样仅局限于欧洲大陆市场,还能够销往英美。企鹅的市场因此更大了,并且得益于更大的印量,它可以将价格定得比信天翁更低。信天翁像是一条双车道老路,新近出现了一条与它并行的四车道公路,它的市场很快就会消失。

*

企鹅的策划时机相当重要。那时,读者们已经见识过再版系列,比如登特出版的"人人经典"、格兰特·理查德的"世界经典"、博恩的"先令书库"和柯林斯的"口袋经典",它们提供了各种级别的低价简装书,取得了不同程度的成功。然而,1934 年却与以往不同。虽然英国正逐渐走出大萧条时期,但印刷商、书商、作家因为经济衰退而丧失了底气,愿意接受一些放在十年前他们根本不会考虑的条件。旧的关系和势力分崩离析。中产阶级崛起,带动了大众阅读。许多行业对新的产品和经营模式抱着开放的心态,而这些新事物不少都受到了美国资本主义的影响。技术和社会因素发挥着重要作用,例如:如何使小开本书清晰易读是从卡克斯顿②时代延续下来的问题;大家提议的企鹅成本结构只有在当时书业革新,比如实现了机器排版的情况下,才可能实现;印刷价格低廉、颜色鲜艳、经久耐用的卡纸封面成为可能;纸浆和草取代更昂贵的麻,成为新的造纸纤维。识字

①　英国 1961 年以前使用的旧铜币,合四分之一便士。
②　威廉·卡克斯顿(William Caxton,约 1422—约 1491),英国商人、外交家、作家、印刷商。他被认为是最早将印刷机引进英国的人,也是英国最早的印刷图书零售商。

的普及也是一个促进因素。

爱德华·扬将企鹅写生做成一个标识,印在莱恩兄弟向书商展示的模型书上,S. H.斯坦伯格称这种做法为"商业纹章"。最早的企鹅标识看起来有待完善,像是学生的速写作业。这只鸟面朝左侧,身型好像土豆,它弯腰塌背、贼眉鼠眼,警惕的小眼睛躲避着观众的眼光,表情几乎算得上阴险。而相比之下,精致的信天翁标识表现出了清晰、时尚的对称美。后来,经过多年反复变化的试验——企鹅以各种形态出现,两腿直立、扬起翅膀的,两脚和翅膀都着地的,伸直两脚坐直的——企鹅标识才实现了其优雅的潜质:清澈的眼睛;更加清晰、对称的侧面轮廓;更趋向梨,而不是土豆的身形。扬为模型书制作了简洁的封面样式,即大块的类别颜色加上加粗的书名,书名采用的是由埃里克·吉尔设计的无衬线字体。这位吉尔从前为《尤利西斯》的封面提供了金弓装饰,他还与爱德华·约翰斯顿合作设计了伦敦地铁的指示牌。新书采用信天翁式的颜色编码:橙色是小说,绿色是犯罪小说,蓝色是传记,等等。(用红色代表犯罪小说确实更加合理,但那样的话,模仿信天翁的痕迹就太过明显了。)

至于图书内容,三兄弟选择了十位畅销作家的十部畅销作品——阿加莎·克里斯蒂、苏珊·厄茨①、欧内斯特·海明威、埃里克·林克莱特②、康普顿·麦肯齐③、安德烈·莫鲁瓦、贝弗利·尼古拉斯④、多萝西·L. 塞耶斯⑤、玛丽·韦伯⑥和 E.H. 扬⑦——其中有

① 苏珊·厄茨(Susan Ertz,1887—1985),英国女作家,以写感伤小说和上流社会生活著称。
② 埃里克·林克莱特(Eric Linklater,1899—1974),苏格兰作家,创作小说、军事历史和旅行文学等。
③ 康普顿·麦肯齐(Compton Mackenzie,1883—1972),苏格兰作家,创作小说、传记、历史回忆录、文化评论等。
④ 贝弗利·尼古拉斯(Beverley Nichols,1898—1983),英国作家、剧作家、作曲家、记者。
⑤ 多萝西·L. 塞耶斯(Dorothy Leigh Sayers,1893—1957),英国著名犯罪小说作家,诗人。
⑥ 玛丽·韦伯(Marry Webb,1881—1927),英国浪漫派小说家,诗人。
⑦ E.H. 扬(E. H. Young,1880—1949),英国作家。

几位是莱恩兄弟的私交。另一位朋友，出版人乔纳森·凯普，许可企鹅使用十部作品中六部的平装本版权，他以这种方式与三兄弟合作。虽然他私底下希望项目进展顺利，却公开判定企鹅会失败，说"我想，在你们赔钱之前，我得撤走 400 英镑"。查托和本各提供了一部作品的版权，其余两部作品的版权来自博德利·黑德。按照理查德计算的成本，三兄弟每部作品要卖出 1.7 万册，才能收支平衡；他称这个量为"成功"销量。这是一个很高的销量，不过，那时很多新书都能幸运地卖出几千册，而首批企鹅作品此前已经以不同的形式向公众推出过。三兄弟本着"要么努力，要么出局"的精神，全力投入，他们委托黑兹尔、沃森与瓦伊尼公司印制首批作品，每部 2 万册——这 20 万册书开创了一个企鹅集合。为了支持这场冒险，理查德与马丁斯银行的伦敦分行，即科克斯与比达尔夫银行签订了一份贷款协议。

首批书当然存在不足（版权和印制问题）和差错（标识有待完善，排印仓促，其中字体、字号、排列方向变化过多）。但是，这只企鹅的骨、肉和羽毛已经彼此调和，组成了一个脉动有力的整体。这些书有简洁、现代的书名，极为适合批量展示的鲜艳封面，以及家喻户晓的作者。首批书给人的主要印象是欢快，而说到为它们注入欢乐的人，那就是理查德·莱恩。他是首批书的编辑、销售经理、印制顾问和首席财务官。约翰继续分管出口，并且和艾伦一样，各项事务都参与一些。在这样的环境中，理查德有很多乐观的理由：与哥哥、弟弟一起工作；靠着安妮舅妈的遗产，过上了优裕的生活；正在开创富有魅力和前景的事业，这可比种多拉迪洛白葡萄或者剪羊毛适合他一千倍；而且，还实现了自己的读书人梦想。理查德以在澳大利亚学到的那种乐观的不拘礼节，来规划和管理企鹅。这种随和的乐观精神鼓舞着哥哥、弟弟，使他们不再裹足不前，也滋养着这只刚刚起步的企鹅。

再版系列的低成本印制要想实现，必须满足一个重要条件：书卖

129 得出去。大印量需要大批量发行和大批量零售，因而亟须开发新的销售和发行渠道。三兄弟每个人都要充分发挥自己的展示、营销、销售和物流特长，如此一来，企鹅那富有感染性的欢乐才能传递给书店和读者。约翰凭借他在环球旅行中建立的人脉关系，再配合昂贵的罗乐德斯名片盒和订单系统，组建了一个高效的出口部门。他与所有出口公司和国外书商都有私人关系，向每一家寄出他确定这家能够销完——或者他是这么对他们说的——的企鹅图书。这种哄骗的办法相当奏效；理查德记得，没有一家抱怨过寄去的书太多。

艾伦在英格兰和苏格兰旅行，寻求与英国书商签订单，而这些书商却对新系列及它的发起者们抱着高度怀疑的态度。理查德再次主攻伦敦，这里的书商了解、信任他，但对他的书反应却差别很大。最谨慎的几家书商担心这个项目会破坏图书销售行业。6便士的平装本还能给零售商留下什么利润空间？还让他们怎么按照老价格销售其他图书？但是，邦珀斯书店的威尔森、塞尔福里奇百货公司的埃利奥特抓住了概念的本质，他们看到了物美价廉的图书对于读者、对于扩大未来阅读群体的规模有着怎样重大的意义。于是，曾经用来展示备受欢迎的煎饼机的橱窗，如今摆满了企鹅图书。

艾伦回到伦敦后，三兄弟统计了他们得到的订单。虽然理查德在签订单方面比艾伦和约翰更走运，但他们三人的订单总共只有7万本，离10万本的目标还差得很远。首批书在8月的公共假日开售。那个假期，理查德是与朋友们在诺福克郡一座农场度过的，他染上了夏季感冒，痛苦地反思着再版系列为何失败，以浓啤酒来浇愁疗病。他已经准备好将企鹅归入"失败尝试"的清单，这份清单现在包括苹果酒酿造、果树种植、莎士比亚戏剧表演和伦马克往返阿德莱德的长途车业务。艾伦也一副灰心丧气样，他告诉图书行业里最亲近的朋友们，企鹅失败了。

　　然而,失败还没有板上钉钉。三兄弟希望,顾客们在店里看到这些书时,能够喜欢上它们,然后他们的热情又会刺激书店追加订单。在8月的那个湿漉漉的假期,读者们竟真的解救了他们。"书一陈列出来,就受到大众喜爱。订单纷至沓来。"人们不仅购买,还要收集企鹅图书。莱恩兄弟还有一件秘密武器。E. 克利福德·普雷斯科特是英国最大的连锁百货沃尔沃思的新奇货采购员。不同于"糊涂交响曲"系列,再版项目是按"不超过6便士"的标准,给沃尔沃思量身定做的。普雷斯科特对新产品有一项开放政策,于是,艾伦便去他在梅菲尔区①的办公室拜访,向他展示首批的十部企鹅作品。普雷斯科特又把这些书拿给妻子看。"她仔细考察过这些作家和作品后,说虽然自己一部也没有读过,但因为每本定价只有6便士,她会毫不犹豫地买下一整套。"普雷斯科特在几家百货店做了试销之后,来找莱恩兄弟签一笔"寄售单"。艾伦并不明白"寄售单"是怎么回事,但他一贯反应快,立即表示他和弟弟们什么单子都能接。

　　艾伦回到办公室,打电话给柯林斯一位与他交好的销售经理——西德尼·哥德萨克,咨询什么是寄售单。理查德记下了这段对话:"西德尼解释说,这是一笔将要发送给他们所有连锁店的订单。艾伦问:'大概会要多少册?''很难说,'西德尼说,'从5万册到10万册都有可能。'"结果,这笔寄售单高达6万多册。企鹅再也不是一只不会飞的鸟了。

　　单单沃尔沃思的这笔寄售单就几乎相当于企鹅之前所有订单,包括出口订单的总和。如今,最大的危险不再是订单太少,而是不能按时交付了。如果沃尔沃思在即将到来的最后期限收不到货,订单就会终止。莱恩兄弟本来印了大约14万册,但是出于谨慎,只装订

---

① 伦敦西区的高级住宅区。

了其中一半。他们急得发狂，便强拉一家印刷商来帮黑兹尔、沃森与瓦伊尼公司装订。没过多久，三兄弟又签下了二刷和三刷的订单，并且规划推出第二和第三批作品。企鹅图书销售迅速，平均每十秒就售出一册。

莱恩兄弟将这个繁荣忙碌的新项目搬离了博德利·黑德出版社，在大波特兰街 204 号租了一间小办公室，它的楼下是一间汽车展厅。不过实际上，"所有要紧的工作"都在附近尤斯顿路上哥德萨克圣三一教堂的地下室里进行。这间地下室原是博德利·黑德出版社从邓禄普轮胎公司租来放超量库存的，现在企鹅在这里储藏、包装、发件和开列发货清单。理查德确保了这里的每一寸空间都物尽其用。"地下室的墙边摆着一圈石砌棺材，每一口前面都有一块铜牌，上面写着逝者的姓名与生平。其中有一口棺材空着，我们拿来放公司的书和零用现金。"

*

圣三一教堂的地下室成了企鹅的一个图腾，但它并不是艾伦的图腾。艾伦很少到那里去，而是选择在大波特兰街待人接客。早年间，在工作强度最大的时候，所有能找到的人都被叫来帮忙，而艾伦却经常或在国内、国外旅行，或在疗养，或出于其他原因不能过来。他的弟弟们一头扎进这个项目。约翰做过环球旅行，理查德去过澳大利亚和埃及，他们因此都培养出了坚韧精神。在企鹅的草创岁月，弟弟们自己动手搬抬重物，他们的帮手只有不到二十位，包括新雇员，也包括从博德利·黑德借调来的人。在这间地下室，理查德、约翰与清一色的男员工并肩奋斗，大家建立了深厚的情谊，还参加了彼此的婚礼，认识了彼此的家人。比尔·拉普利、彼得·凯特、鲍勃·梅纳德、斯坦·奥尔尼、阿什顿·艾伦、杰克·萨默斯和埃里克·马斯普拉特等人与理查德和约翰一直保持联系，在这家新出版社的历

131

史上扮演了重要角色。欢快、乐观的精神加上裸女画像照亮了这间昏暗的地下室。新组建的企鹅团队连轴工作的时间,远超理查德和休伯特·海因在埃及创造的纪录。

每天早晨,他们乘坐一台不牢靠的电动起重机下到地下室去,这台起重机是通过一根从前用来放下棺材的绳子控制的。"用力拉绳,起重臂上升,松手它就停住,轻轻拉绳,起重臂下降。所以从下面往上运书的时候,到达地面的高度后,松开绳子,书就立刻卸到地上了。起重臂可上可下,但是不能前进或后退,所以需要好好适应一番才能操作它。"圣三一教堂的牧师有时会乘坐咯吱咯吱响的起重臂到地下室来,这时大家就拿布遮住美女画。包装台摆在圣坛正前方的铁窗栅下,噪音便从窗栅传出。在一场下午举行的婚礼上,牧师问新娘"你愿意嫁给这个人,做他合法的妻子吗?"这时,一名包装工的拇指恰好被木槌砸到了,因此新郎吃惊地得到了一个粗钝的男声回应。"声音……很大,粗俗不堪。牧师、新娘和伴娘,实际上,全体会众都听见了。"一位教堂司事急忙跑下来,却见美女画已经被遮住,包装工作台也搬离了窗口。

地下室像一个中空的方形甜甜圈,外面一圈墙上嵌着棺材,房间正中立着一根砖砌圆柱。由于空间非常宝贵,大家不得不把书堆在柱子上。比尔·拉普利是一位"虔信的天主教徒",有一次,他爬上柱子顶去搬书,结果砖塌了,"他正摔在一口棺材上,巨大的冲力砸烂了棺材"。拉普利摔倒在一片灰尘和尸骨之间,他吓疯了,一个劲儿地画十字。老鼠也是一个问题。理查德让勤杂工买来十二个老鼠夹。第二天一看,"第一个夹子空着,后面十个夹子每一个都逮到了一只老鼠,最后一个夹子还逮到了两只"。地下室被棺材和呜呜有声的管道环绕,阴森可怖,在这里上夜班可不是一件容易事,况且还有老鼠呢。这些啮齿动物会"在大半夜,你正填发货单的时候蹿出来。拉普

132

利曾经吓得发疯似的画十字！"书在棺材之间放上一段时间后，染上的"地下室气味好几年都散不掉"。企鹅的首批书散发着橡胶、老鼠和死亡的味道。卫生也是个问题。地下室没有水，也没有卫生设施，只有一只桶，"每天晚上天黑后，把便溺倒在教堂墓地里"。离这里最近的卫生间——也装着一便士投币机——在大波特兰街的地铁站里：理查德每星期给每位员工一本企鹅书定价的钱，作为如厕费。

为了给下一步大发展做好准备，莱恩兄弟安装了一个露天滑梯，这样，送到地面的图书包裹只需几秒钟就能运进地下室。理查德、约翰与核心小组的其他成员在老鼠出没、充斥着橡胶味的沉闷地下室里，一连几日地连轴奋战。"我们什么活儿都干——填发货单、打包、码堆，熬到清晨，困意袭来，我们有办法清醒起来，就是沿着木头滑梯往上跑。"诺拉·威廉斯-莱恩也会到地下室来，卷起袖管帮忙，这时候，包装工都会遮上美女画。艾伦来过几次，他明确告诉所有人，他一刻也不想待在这儿。勤杂工鲍勃·戴维斯描述说，艾伦过来时"脸色阴沉，心不在焉，说话含糊，非常非常急促，就好像一秒都活不下去了似的"。有一个月，大家忙疯了，甚至打破了之前的地下室工作时长纪录，可艾伦居然说自己"长胖了"，决定去特灵度假两星期，"只靠喝水维生，加一片柠檬作为每天的奖励"。经过节食，他脾气更差了。

艾伦还继续向占星师求问。伊万杰琳·亚当斯对他说："你没有什么从商的命。"迪科伊大街的凯特·穆雷发挥一位优秀分析师和人生导师的全部智慧，进一步预言了他的人生。

> 你实际上不像看起来那样坚定执着……而是很容易犹豫不决、拿不定主意……你一生际遇多变，你会发现，在大部分重要时刻，都有人助你一臂之力。你虽然坚强有力、精力充沛，却似

乎需要他人心灵、品质的鼓舞，才能全力以赴。幸好，你几乎总能遇上这样一位贵人。因此，你不会孤身奋战，为一己命运拼搏，你总能从他人的帮助和建议中获益良多。

她总结说，艾伦容易冲动任性，但同时也注意到艾伦生性好胜，注意到他的取胜之道。"如果他手上的交易被取消，也总会给他带来好处。"占星师说艾伦需要他人的鼓舞，不会孤身奋战，这番忠告让艾伦困惑。他就不能靠自己成为出色的领导者吗？穆雷来信详述，不过她并没有给出艾伦期望的解释。

> 现在，说到不与人合作这一点，我认为你最好与一个心里有主见的人联手——因为你缺乏主见——同时又在一定程度上由你说了算。你看，你实际上不像表现得这样强大，所以你需要在生意上与非常有主见的人合作，即便他并不是总与你意见相合。

134

只"在一定程度上"说了算？只能与他人"联手"或者"合作"？不像表现得这样强大？这些话全都让人忧心。穆雷最后说："我认为你绝不会长成一个矮胖子，但是你身上有一些迹象，这样的人通常需要非常注意饮食。"至少，艾伦听从意见节制饮食是做对了。

首批书在公共假日开售四天，就卖出了15万册；不到四个月，销量达到100万册；不到一年，销量超过了300万册，相当于用掉了600多吨纸。1936年元旦，三兄弟成立了一家新公司——企鹅图书，这家公司设有三位所有人董事：艾伦、理查德和约翰。在企鹅成立后头两年，理查德不领薪水——报酬水平与他在埃及时相当，又少于他在穆鲁可的时候。约翰也不领薪水。可是艾伦在头两年却每年收入1000英镑。到了在企鹅的第三年，艾伦的收入达到1万英镑。

第十二章

友好的氛围

135　　自然,企鹅不仅是莱恩兄弟的项目,也是博德利·黑德出版社的项目。首批企鹅图书封面和扉页上的文字宣示着它们属于博德利·黑德,曾经出版过《黄面志》和奥斯卡·王尔德作品的出版社。1936年,莱恩三兄弟是博德利·黑德和它羽翼渐丰的子公司仅有的三位共同的董事。母公司可能为年轻的出版人提供了理想的实验平台,但到了1930年代中期,这个平台却迅速地衰落了。莱恩兄弟将精力转向新社也是可以理解的;它是三兄弟一手创立的,需要他们的帮助,况且它还比他们继承来的精疲力竭的老公司更有前途。1936年5月,兄弟们走出了无可避免的一步:申请博德利·黑德自愿破产。艾伦极少作为执行总经理处理老公司的事务,每当这时,他就躲开维哥街——在那儿,他面临着收到未支付的发货单,或者更糟糕的是,收到法院传票的切实危险——因此琼·科尔斯常在俱乐部与艾伦见面。

　　在艾伦与保守派的斗争中,他继承自安妮舅妈的股权发挥了关键作用,然而,这些股权的经济价值却是零。公司在最后几年已经没有赢利,无法支付股息,财产清算时,所有股东(和债权人)都损失惨重。因此,若纯粹以金钱衡量,三兄弟当中,艾伦从莱恩遗产中获益最少。

　　昂温领导着一群与莱恩兄弟竞争的出版商，不久之后，他们就重振了博德利·黑德出版社。然而，艾伦、理查德和约翰他们却没有时间为失去约翰舅舅的公司而落泪；读者和出版界都在热烈地议论生机勃勃、大获成功的企鹅。三兄弟买了一艘游艇，理所当然地将它命名为"企鹅号"。理查德还据此写了一个短篇，《"企鹅号"的首航》。（我们起锚了，一丝风也没有，我们发动引擎，突突突地驶向广阔的大海。海水在涨潮，阳光洒满海面，宁静而美丽，船长、领航员、厨师和我——每个人都很开心。）当年莱恩兄弟模仿信天翁，如今这个大获成功的新品牌也吸引了一群模仿者。英国、意大利、法国、印度和南北美都出现了盗版。哈钦森的"口袋图书馆"系列效仿了企鹅图书的分类、版式、装订、护封、字体、排版和定价。塞克与沃伯格出版社的"探照灯"系列效仿了除分类和定价之外的所有特征。兄弟们担心模仿者的书过于相似，可能会瓜分企鹅的市场。尚无人使用的名字"鹈鹕"尤其容易和"企鹅"搞混：人们把通信地址误记成"鹈鹕"，在书店想买企鹅图书时，却说成是要买"鹈鹕"[①]。后来，三兄弟一有机会，便迫不及待地使用起"鹈鹕"这个品牌。

　　萧伯纳看到自己曾经帮助创立的企鹅如今繁荣蓬勃，相当满意。他寄给莱恩兄弟一张明信片，说他们应该出版一本关于南极洲的书。这本由萧伯纳的邻居阿普斯利·彻里-加勒德写的《世界最险恶之旅》（*The Worst Journey in the World*），讲述了斯科特去南极的最后一次探险。艾伦又一次展现出了迅疾的反应速度。他回复说，三兄弟很乐意买下《世界最险恶之旅》的版权，不过，他们对萧伯纳的《聪明女士的社会主义和资本主义指南》（*Intelligent Woman's Guide*

---

① "企鹅"的英文为"penguin"，"鹈鹕"的英文为"pelican"，两者的拼写和读音十分相近。

理查德在莱恩三兄弟的游艇上，企鹅号。

莱恩三兄弟在嬉闹，诺拉拍摄。

to Socialism and Capitalism）兴趣尤其浓厚。萧伯纳确实践行了他对《书商》讲过的话——欣然奉上自己的书，供沃尔沃思百货低价销售——他接受了企鹅提出的低额版税，并且进一步在书中附上讨论苏联和法西斯的两个部分，以增加图书的销量。这部适时出版的非虚构作品对企鹅的姊妹品牌"鹈鹕"来说，十分理想。理查德记录了"鹈鹕"的诞生。"我们决定创立一个新的系列，全是非虚构作品，并且以一种新颜色，淡蓝色来展示，这种蓝色将与从前的传记蓝完全不同，我们还要任命一位新编辑。"

罗纳德·博斯韦尔渐渐丧失了他在博德利·黑德的董事地位，就是那段时间，他雇请了态度严肃、面容也严肃的 V.K.克里希纳·梅农来审读手稿，并为非虚构的"20 世纪文库"出谋划策。这位梅农禁欲到了身体虚弱的程度，他因为睡在钉床上而出名，样子"像是刚从图坦卡蒙的墓穴里钻出来"，还一辈子把"我活不长了"挂在嘴上，实在让人不舒服。后来，莱恩兄弟请梅农做了鹈鹕的编辑，除此之外，他们还为新系列任命了三位编辑顾问：英国成人教育学院秘书威廉·埃姆里斯·威廉斯，伦敦经济学院经济史讲师 H.L. 比尔斯，还有查默斯-米切尔，伦敦动物园当时的园长！

《聪明女士的指南》修订本分为上下两册，分别属于首批和第二批"鹈鹕"，它甫一出版，便获得成功："书商坐着出租车来到企鹅的仓库，装满一车萧伯纳作品，然后匆匆赶回书店，去满足人们对'鹈鹕'这一新系列的无厌需求。"彻里-加勒德的作品也于 1937 年分上下两册在企鹅出版。作者写道："我很高兴《最险恶之旅》即将在企鹅出版：它主要描写的还真是企鹅。我真不知道附有三张地图的这本书，定价怎么能这么低。"《每日工人报》把"真正低价"的鹈鹕的面世，比作"印刷术的发明……以后，最优秀的现代文学作品会逐渐交到那些想要阅读它们的人手上，在此过程中，人自身将被改变。"

137

鹈鹕的成本体系可能非常神秘，但有一点大家都看得很清楚：艾伦和梅农很不相同，他们很快就对彼此的行事为人失去了耐心。当艾伦再也忍不下去时，他便采取冷战策略。他不回梅农的信，做决策也比以往更加冷漠随意。梅农经历了这番对待，最后以激烈的方式离开了鹈鹕，此后，他便出了名地讨厌一切会使他想起艾伦的人：英国出版人，英国人，说英语的人，欧洲人，白种人。在随后几十年的地缘政治学界，梅农作为印度独立运动中的主要思想家和指导者，发挥了突出的作用。从这个方面来看，可以说，艾伦的管理风格奇妙地对帝国的未来和世界历史产生了重大影响。

138　　　莱恩兄弟们蓬勃发展的六便士事业很快便面临供需矛盾。在需求方面，出版社亟需更多的书以供销售；在供给方面，各方意见五花八门。读者的建议和要求潮涌而来，几乎淹没了出版社，而作者们则催着他们的出版商按企鹅的方式出版自己的作品。依照这种方式，作者的版税率极低，但是因为每一本企鹅和鹈鹕图书都销量巨大，因此作者的收益却极大地提高了。

　　为了调和供需矛盾，理查德召集了一系列文学会议，他在所有地点中，选中了比克街的一家西班牙饭店。虽然在"巴塞罗那"饭店召开的这些会议的议题涉及企鹅和鹈鹕两个系列，但人们一直称它们为"鹈鹕会议"。其中的"文学三人组"由理查德·莱恩、兰斯·比尔斯和比尔·威廉斯组成。通常，他们吃完 A.J.A. 西蒙斯力荐的午餐之后，便端起雪莉酒杯，再过一会儿，他们会换上大瓶的西班牙葡萄酒。这种大酒瓶瓶颈细长，饮酒者可以将酒直接倒入口中。"尽管我们差不多每次都想对瓶喝，但最后还是用了杯子。"理查德回忆道。三人组雇了一辆货车，将每周收集到的书、文稿和信件都送到"巴塞罗那"饭店来，它们能启发人想到选题和关于图书的点子。这一做法很快成了一项传统。"我们一边吃午餐，一边看这些材料。我想，很多书的命运取决于它们在午餐的什么时段被讨论到。我敢说，几杯葡萄酒下肚，我们都会变得随和起来。"艾伦和其他老同事——包括秘书兼编辑尤妮斯·弗罗斯特——不久也参与进来。这些会议虽然并不正式，但它们定下的编辑策略和风格却确立了新公司的特色。

爱德华·杨成了大波特兰街这家新公司不多的几名员工之一，他负责设计和印制。让·奥斯本受雇当秘书，没过多久，她就喜欢上了理查德——"可爱的"——和约翰——"笑眯眯的"。但是，艾伦经常"心不在焉"，让她觉得邋里邋遢又不舒服。让在新公司没待多久，在企鹅的最初几年，秘书的离职率非常高。公司的大部分工作仍然在地下室里完成，那里租金便宜——每年 200 英镑，没有其他费用。不过，这种狭小、恐怖、虫子遍地、通风不良、没有卫生间的条件只能是暂时的。后来，理查德和约翰向马里波恩市政厅提交了增建卫生间的申请，市议会派了一名工作人员来调查情况。"他做了深入的调查，问询了几名员工。走进办公室后，他对我们说不能增建卫生间，而且他看到员工们都很开心，还毫不犹豫地责备我们提交了申请。最后，他说他从来没有听说过企鹅图书，从来没有就这份申请做过调查，也从来没有和我们说过话，不过他真的很高兴马上就能离开这里了。"

*

莱恩兄弟决定在伦敦城外专门建一座新房子。理查德驾驶着他们的莫里斯汽车，开了几千英里，寻找适合建造新办公室和仓库的地方。最后，他找到了距伦敦大约 15 英里的哈默兹沃斯，"以 2000 英镑多一点儿的价格买下了一块 3 英亩多的土地。那时，地里还种着圆白菜，于是我们又按估价额外付了 200 英镑，赔偿作物的损失。这可真让我头疼：这些圆白菜不仅卖不掉，连送人也送不出去！"塞缪尔·威廉斯-莱恩在 1937 年他生日的当天，为新房奠了基。

与此同时,理查德和约翰养成了新的作息:在地下室干一个通宵,早晨 6 点出去吃早餐,回公寓洗漱后,去摄政公园湖上划半个小时船,呼吸新鲜空气,最后又回到一堆棺材和企鹅图书中间。然而,艾伦并不遵守这套作息,也不到地下室去。理查德这样解释哥哥的缺席:"艾伦没有参加我们的活动,他跑到钱普尼斯去住了三个星期,节食减肥。头一天,他吃了两份沙拉;第二天,一盘水果;接下来的十七天,颗粒未进;第二十天,一盘水果;第二十一天,两份沙拉。结果,他减掉了超过 21 磅,不过等他回来工作时,却跟不上我和约翰的节奏了。"

三兄弟在新公司里经营企鹅,会计指出了被忽略的一点:公司的启动费用按说是 100 英镑,但是他们从来没有支付过这笔钱。一天,小偷翻过山墙潜入法尔菲尔德,理查德被盗的物品价值恰好是 100 英镑多一点儿;他用自己的钱,就是保险公司赔付的支票支付了新公司的启动资金。"所以,确实可以说企鹅图书的经济建基于一次入室盗窃的赔付款之上。"他写道。

保险公司的赔偿支付得正当时。新公司的运营和新办公地的建造都需要资金,三兄弟因此手头紧巴巴的。后来,经济状况愈发紧张,理查德便经常去找尚克兰先生,公司在马丁斯银行的分行经理集资。尚克兰与另一位经理共用一间办公室;"他们处理完早晨的信件后,会浏览《泰晤士报》上的纵横字谜游戏,所以在去银行会面的日子,我会花尽量多的时间做字谜游戏。"理查德的开场白通常是:"你们玩字谜游戏了吗?"他希望以此为接下来的尴尬谈话,营造一个"友好的氛围"。

理查德与马丁斯银行关系良好,这可多亏了他在澳大利亚开客车的那段日子。另外,他随和的乐天脾性在与尚克兰先生的会面中也派上了用场,这些会面得益于他最早在阿德莱德闲暇时练就的一手猜字谜本领。那时,理查德写信回家说:"我还得找出'一只金鹰'(a golden eagle),四个字母,中间是'YL'或者'LY'。[字谜]现在特别流行,每个人都在'猜字谜'。这种游戏当然对增长知识很有帮助,它能让人注意到一些新词或不常用的词。"

为了让人们注意到更多新词,三兄弟创办了一个新系列"企鹅特版",品评希特勒主义、共产主义等时兴事物。"企鹅特版"比起典型的图书,更像是新闻报道,印制出版节奏比常规的"企鹅"和"鹈鹕"系列更快,它对地下室里的团队提出了更高的要求。1938年2月,三兄弟委托一位法国记者,热纳维耶芙·塔布伊撰写一册名为《敲诈还是战争》(*Blackmail or War*)的"特版"。她到伦敦讨论书稿的最终几点,艾伦不在,由理查德接待她。那时,理查德已经想好了一个招待一位见多识广的法国女作家的完美公款午餐计划。地点:海德公园饭店。饮料:"不喝干马提尼,我们要来点真正的好酒,比如我最喜欢的干雪莉缇欧佩佩。"正餐:牡蛎和烟熏三文鱼,"也许还是等看了菜单再定吧"。咖啡时间:"我会喝一杯莳萝利口酒或者白兰地兑修士酒,当然要抽一根雪茄,我会给她一根土耳其烟或者埃及烟,不过也许记者女士会喜欢蓝盒高卢烟。"然而,这个计划却没能付诸实施,因为到头来才搞清楚,塔布伊夫人是一位不抽烟不喝酒的素食者。吃完午餐,《敲诈还是战争》的终稿就敲定了,这部书从打草稿到出定稿,速度前所未有。理查德派了一位生产人员到巴斯附近的印刷厂审阅刚印好的毛条校样和单页校样。到了月底,这本书就在各书店上架了。它卖了25万册,成为企鹅第一本真正的超级畅销书。

没过多久,按照"企鹅特版"模式出版的姐妹系列"鹈鹕特版"就面世了,这两个系列不断创造印量纪录。三兄弟在塔尔博特广场办了一场餐会,来启动企鹅公司一系列的圣诞活动。所有菜品都由理查德烹制:火鸡、火腿、烤土豆、甘蓝、圣诞布丁、肉馅饼。之后,他们又到埃奇韦尔路去。在大都会的杂耍表演中，每位演员出场时都会提到企鹅公司或者它的员工。每当这时，"大厅里就响起雷鸣般的欢呼，大家全都很开心"。

企鹅公司第一次到巴黎旅行时，大家都沸腾了，情绪前所未有地高昂。

> 我们经纽黑文，路过迪耶普。公司为大家购买了车票、渡轮卧铺票、一晚巴黎的酒店住宿，还有一顿正式晚宴……我们的一位印刷商，我想是杰克森，印了海报贴在车厢窗子上——"企鹅出版社专车"，并且给了每位员工一枚硬币大小的纸板别章，别在上衣的翻领上。徽章上画着一只企鹅，但没写什么文字。一天晚上，一位企鹅员工决定去一个说出来不好听的地方，姑娘们站成一排供他挑选，其中一个姑娘穿着高跟鞋，脖子上竟挂着一枚巨大的企鹅奖章。

企鹅早期的送货车。

第十三章

水道与翠鸟

　　1937年，威廉斯-莱恩一家又搬家了，这次搬到了一座更小、更安静的宅子"兔子窝"（与威瑟斯家在伦马克的农场同名），邻近牛津郡伊普斯顿村。威廉斯-莱恩家虽然不是"军人家庭"，却知道他们可能很快就要服兵役了。在需要之时，他们会毫不犹豫地挺身而出。塞缪尔参加过布尔战争，也参加过第一次世界大战，那时他虽然已经五十多岁，仍加入了特警团和当地志愿队，以此身份保卫菲尔顿飞机厂、登记抵达布里斯托尔的船员。莱恩家两个较大的男孩参加了童子军，他们的任务是在夜里空袭来临时，爬上路灯杆关掉煤气，不过他们只在训练中这么做过：实际上，他们一场空袭都没遇到。两次世界大战之间，艾伦参加了萨里和萨塞克斯志愿骑兵队，后来又到埃塞克斯炮兵队服役。在白金汉宫举行的入伍仪式上，他站在队列中，接受英王的接见。轮到艾伦时，他的马刺卡住了——这也许是因为他的脚一贯不太灵活，他向前滑了好几步，才停住向英王致敬。

　　1938年初夏，第二次世界大战即将爆发。理查德当时三十三岁，在军中谋得了一个合适的职位。海军是显而易见的选择：他喜欢船，他的先辈曾经做过船员，他的中间名"格伦维尔"取自理查德·格伦维尔爵士，德文郡有名的私掠船船长和航海探险家，也是在西班牙无敌舰队来袭时保卫了德文郡和康沃尔郡的沃尔特·罗利爵士和弗朗西斯·德雷克爵士的表兄弟。理查德明白，战争爆发时，皇家海军志愿候补预备队会从正规的志愿预备队接受任务。他向海军提交申请后，接到通知去皇家海军舰艇"总统号"上接受面试。他一上船就发觉自己对海军军衔"极为无知"。"我高高兴兴地管一位佩戴着几条绶带的下士叫'长官'，而轻视一位没有佩戴绶带的少校。"面试有三位军官参加，由其中一位富有怀疑精神的严肃长官主持。

　　首先，他们问我为什么要参加皇家海军志愿候补预备队，我如实回答说，我认为战争很快就要爆发，我想穿上蓝色的制服，而不是卡其色的……长官认为我的话很幽默，还把这个想法告诉了我。我的申请表就摆在他面前，他拿起来浏览，注意到我写了自己曾经驾驶过游艇。

"这艘你不时开一开的游艇［"企鹅号"］是你自己的吗？"长官问。
"不完全是，它属于我和我哥哥、弟弟三个人。"

　　"它有多大？"
　　"是一艘吨级小艇，登记的排水量是 4.41 吨。"
　　"你们三人一同出海时，怎么分配工作？"
　　"我哥哥艾伦管船帆、缆绳这些东西。我弟弟约翰是导航、看海图、操作引擎的行家。我就做饭、钓鱼，我最喜欢钓鱼。"
　　"如果你弟弟不在，谁来导航？"
　　"哦，如果他不在，艾伦会导航的。"
　　"你从来没导航过吗？"
　　"没有，我完全干不了导航，我还是喜欢钓鱼。"

144 　　　　　"你会定方位吗?"

"会,我定过方位。"

"你是怎么定方位的?"

"嗯,拿一个经纬仪一样的东西,没错,我想是经纬仪,你从它一边的小洞里看向一座灯塔或教堂或其他什么建筑,记住经纬仪此时的读数——然后在海图上找到那座灯塔或其他什么建筑的位置,在海图上画一条线,标上经纬仪刚才的读数,之后,你再找到一座灯塔什么的,重复一遍以上的步骤,两条线交叉的地方,就是你的方位。"

"你好像没有搞清楚。如果你一座灯塔什么的都看不见,如果你的兄弟一个也不在,怎么办?"

"这我还真不知道,因为我总是与他们之中至少一位一起出海。不过,我想如果船开得足够远,你会遇到海图上标明的陆标什么的。"

"你了解浮标吗?"

"我想我不了解,至少了解不多吧。"

"你一般把游艇停在哪里?"

"我们一般泊在巴克勒海滩。"

"也很好。你知道尼德尔斯吗?"

"知道。"

"很好。如果你正从尼德尔斯返回巴克勒海滩,看到一个黑色锥形浮标,那是什么意思?"

"我想是什么航道或水道吧?"

"见到它,你会怎么做?"

"我想,一般来说,我会告诉我兄弟。"

"莱恩,哎,你真的不太能帮上忙。如果你的兄弟一位都不在,你会怎么做?"

　　"我想我会看海图,上面很可能标出了浮标的信息。"

　　"如果你没有灯,看不了海图,该怎么办?"

　　"那样的话,我想很可能也看不见浮标,肯定看不出它是什么颜色的。"

"很有道理。"长官说道。他同意录取理查德,因为理查德的回答富有怀疑精神(理查德很满意自己用了"水道"这个词),不过,他建议理查德向哥哥或弟弟学习航海和导航知识。

　　1938 年夏天的大部分周末,约翰和艾伦都会驾着"企鹅号"出海。约翰开船也像他打网球一样——在理查德看来太猛了:"游艇倾斜得越厉害,他越高兴,总是直到最后一刻,他才绕开礁石。"《慕尼黑协定》签署后,艾伦对理查德说:"我跟你保证,再过十二个月,我们就会和德国打起来。"艾伦尽管能够容忍约翰急剧激烈的开船风格,却没有弟弟们那样的精力和毅力。现在,战争在即,他还面临着在一家忙碌的新公司中发挥一线作用的压力,艾伦的本能反应是逃跑。他竟然一连六个月把出版完全置之脑后。公司的业务由理查德和约翰负责,他们所做的可不仅仅是维持公司正常运营。艾伦将要带着诺拉这个不错的旅伴,开启一段东方之旅,也许他会写一本游记(他确实动笔了,但没有写完),去一些不久后就不能再游览的国家。

　　与他亲近的人对他的这些计划都表示怀疑,但艾伦是认真的。他的一位女友的父亲认识亚丁的总督,这位总督又认识印度的"行政长官、土邦主、大土邦主"。1938 年 12 月下旬,艾伦和诺拉登上一艘铁行轮船,去往亚丁。他们在那里参加了英国王室直辖殖民地的百年庆典,之后乘船去孟买,再从那里游览印度次大陆。德里、拉合尔、白沙瓦、开伯尔、大吉岭、柯钦、科伦坡。他们在印度时有一段时间住在一座宫殿里，前门有哨兵把守，"这个哨兵是守卫，每次他们出门或归来时，他都举枪致敬"。艾伦觉得这次旅行不仅是一个让他脱离出版事务和战争威胁的假期，也使他避开了英国和"三剑客"。

十年以来，塔尔博特广场一直是一个"莱恩圣地"。然而到了1939年，三兄弟的租期马上要结束了，再加上在伦敦和哈默兹沃斯之间往返是一件折磨人的事，理查德和约翰便想在企鹅的新总部附近找一处住所。他们在距离办公地两英里的斯坦韦尔摩尔，找到并买下了"银溪"，一座过时的乔治亚风格大宅子。这座宅院一共有七间卧室（艾伦的那间非常大）、两间浴室（莱恩兄弟理所当然又建了一间）、一间起居室、一间餐厅、一间书房兼台球室、一间地下室（他们安装了中央暖气）、九英亩田地与花园、一个景观池塘、一间鸟舍、一间巨大的温室（以燃煤锅炉供暖）、一座菌菇培养棚、几株大核桃树、一间车库、一间工作室、一座盆栽棚、一只听话的翠鸟，以及科恩河边将近半英里长的空地。

买下新房子，两兄弟兴奋极了，他们刨擦、抛光了地板，设计翻修了厨房，装上了有四个烤箱的雅家炉和新的热水系统。他们写信给艾伦和诺拉，托他们买几块印度地毯。理查德和约翰在一个周末搬进了新房，第二天办了一场宴会，"就是想表示房子里能办宴会了"。搬到"银溪"后头几个星期，兄弟俩经常不在家，原来他们是去修理液压油缸了——这是一台给景观池塘注水的神奇的加压泵。为了让油缸正常工作，"需要尽量抬高河水水位。我们通过转动一个大轮子控制水闸来完成这个过程。不过，我们遇上了问题，那就是如果在水量丰沛时关上水闸，水就会漫上对面河堤的人行道，给行人，尤其是那些抄近道去博伊尔车站的人，带来不小的麻烦"。"博伊尔"是斯坦韦尔摩尔车站的名字，"对一个小车站来说，是个大气的名字"。

146

　　虽然企鹅图书卖出了天文数字，但公司的现金状况依然十分紧张，因为战争临近，企鹅把不少钱都借出去了。艾伦常常发来的电报——"我们玩得很愉快，请寄来 500 英镑，印度银行，拉瓦尔品第"——可帮不上什么忙。

　　直到 1939 年，理查德和约翰都精力充沛地经营着企鹅。"我们有数不清的有趣事要做，比如见作者、文学经纪人、印刷商、书商和出口商。"他们保持着高水平的图书质量和出版速度，保持着莱恩兄弟的魅力和充实的社交时间安排。企鹅的引擎像理查德那辆经久耐用的道格拉斯汽车一样强劲。新的选题和书系比"银溪"鸟舍里的虎皮鹦鹉诞生得还快。没有艾伦的过多控制和影响，员工们能更好地估量弟弟们的风格和能力，更清楚两兄弟各自的职责范围及它们之间的界限。因此，虽然面临战争的威胁，但在艾伦不在的那段时间，弟弟们和企鹅都生机勃勃。春天的时候，理查德和约翰在"银溪"招待朋友们和作家们："这里离办公地只有两英里，带朋友们回来吃饭比带他们去最近的高档酒馆'伯克利纹章'要方便得多。"

147

　　艾伦离开之前，三兄弟商定要出版一个装帧精美、附有彩色插图的非虚构系列，它不是以信天翁出版社的"大陆文库"，而是以另一套"大陆"书系，就是岛屿出版社的小开本精装专著系列为模本。企鹅团队的很多人都不相信那种书适合莱恩兄弟们设计出来的规模生产、规模配货的模式。这套以艺术爱好者和藏书家为主要读者的书，真能卖到 2 万册吗？面对质疑，艾伦宣称——令人遗憾的是，其实并没有什么依据——这个系列肯定能成功。之后，他就离开了，留下理查德、约翰、员工和印刷商们处理"一堆大大小小的、有待解决的技术难题"。1937 年，尤妮斯·弗罗斯特申请到维克多·戈兰茨的左派图书俱乐部做行政工作，遭拒后，她来到企鹅，成为前后来到的许许多多秘书中的一位。她患有结核病、暴躁易怒、说话含含糊糊，别人私底下都管她叫"弗罗斯蒂"①,不过她很快就表现出了很多才华,虽然名义上还是一位秘书,但她已经肩负起编辑和印制方面的高层职责。艾伦不在的时候,理查德·莱恩与弗罗斯特、约翰·莱恩、比尔·威廉斯、老伊丽莎白(一位从大英博物馆来企鹅工作的前途无量的年轻编辑)组成了联盟,防止新诞生的"王企鹅"系列死在摇篮之中。

联盟选择了两部广受好评的 19 世纪作品来为书系打头阵:皮埃尔-约瑟夫·勒杜泰的《玫瑰》和约翰·古尔德的《英国鸟类》(*Birds of Britain*),他们对后者进行节选、改写,并给它起了个新书名《湖、河、溪之上的英国鸟类》(*British Birds on Lake, River and Stream*)。虽然大家不得不就书的开本和印制做出一些妥协,但这两本书仍然非常成功,为企鹅最受喜爱、生命力最持久的书系打下了基础。这个系列的头几部作品在美国卖得实在太好了,以至于企鹅在那里的经理伊恩·巴兰坦不得不对纽约市限量供货。然而,"王企鹅"系列的团队在第二次世界大战初期遭遇了意想不到的悲剧:老伊丽莎白在一次空袭中遇难了。

*

148 1939 年 5 月下旬,艾伦和诺拉从亚洲回国,他们运回了 40 件包裹和行李、几十块地毯和檀木象雕,还有满满一箱子茶叶。等艾伦再一次想起出版的时候,他马上想到了美国。两年前,理查德在纽约建起了第一间企鹅办事处,它可不是在地下室里,而是在一座摩天大楼里——第五大道 245 号——并且还采取一些小举措,探索出了向美国零售商销售企鹅图书的持久方法。(艾伦传记的作者杰克·莫珀戈称,理查德去纽约是因为艾伦不太懂美国的销售技术。)为了保护

———————

① Frosty,意为"严寒的,冷漠的"。

当地的产业，美国行会规定同一作品的进口数量不能超过 1500 册，这个限额对于企鹅来说太低了，让它无法创造任何奇迹。对在英国印制的企鹅图书来说，版权是又一项障碍。理查德开始摸索如何绕开或者越过这些障碍。其中一个办法当然是在美国境内印书——但这样做成本相当高，并且会面临美国的版权问题，还有品位这个问题。在向书商推销时，理查德发现美国人当时还不像英国人一样对这些"鸟儿"①的平易装帧风格着迷。当时企鹅在美国走到了一个交叉路口，通向两个截然不同的未来。走其中一条路，企鹅将维持小公司的状态，也许它会成为合作或特许合约中的一个小角色。而走另一条路，企鹅必须壮大，拥有自己的员工、投资人和销售网络。理查德期望美国企鹅成长为大公司，他把握住了美国图书业的劳动力、资金和销售脉搏，掌握了资本主义总部里交易和商业的复杂规则。

　　这都是 1937 年的事；到了 1939 年，美国的情况变化很快，对企鹅来说"不一定是向着好的方向发展"。罗伯特·德格拉夫的口袋书出版社以可爱的袋鼠标识和鲜艳的全彩封面为特色，该社创建于理查德首次抵美之时，如今正高速发展，紧随其后的竞争者还有埃文和德尔这两个做平装书的品牌。莱恩兄弟判定，他们应该重返美国，去推动和具体实现理查德开创的事业，为美国企鹅打下坚实的基础。三兄弟一致认为应该让约翰去，因为他擅长国际联络，特别是，他在公司做出口工作后，这项本领更强了。

　　诺拉·莱恩满心想着的是一种全然不同的鸟儿。弗兰克·伯德②是军火制造商阿姆斯特朗·惠特沃思公司的职员，他在诺拉去中东和印度的日子里饱受相思之苦。诺拉一回国，他就向诺拉求婚。诺拉接受了。这对哥哥们来说，可是一件大事。它不仅意味着诺拉

①　这里指企鹅和鹈鹕。
②　伯德英文为"Bird"，有"鸟儿"之意。

以后不能帮忙照料小企鹅了，还意味着莱恩家孩子们的时光结束了。从在布里斯托尔共度童年开始，四兄妹就组成一个紧密的小团体。他们一起工作，一起八卦，一有机会就一同快乐。在许多人看来，莱恩家的四兄妹永远也拆不散、分不开。现在，诺拉因为订婚，多多少少是离开了小团体，同时又给它带进了一位外姓人。后来好些年，弗兰克·伯德，这个破坏、闯入布鲁姆庄园四人组的家伙，被大家（尤其是艾伦和约翰）共同视为强盗，受到近乎敌意的冷遇。

约翰对妹妹订婚的最初具体反应是邀请诺拉和他一起去美国。诺拉同意了，所以在欧洲宣战之时，他俩身在美国。"雅典人号"客轮起航后没几天，就悲剧地沉没了，弗兰克·伯德很担心，希望诺拉回国。他们每天以互相矛盾的电报往来交流。**"坐头一班船回来。""安排好工作再回来。""马上回去。"**回国的船票很难搞到，所以直到 11 月初，约翰和诺拉才回到假战争①时期实行灯火管制的英国。弗兰克对莱恩兄弟们的印象同伦敦的夜晚一样晦暗：艾伦抢走诺拉长达六个月，约翰先是让诺拉滞留在美国，后来又让她置身于一条危险的战时航道上。终于团聚后，他赶忙与诺拉结了婚，随后匆匆将诺拉送到了泰恩河畔的纽卡斯尔。1941 年，两人幸福地迎接了他们的第一个孩子。

艾伦和理查德料想战时汽油配额会很紧张，于是买了自行车，方便往返"银溪"与哈默兹沃斯之间。政府的一个部门曾来问他们，一旦开战，他们是否愿意将新厂借政府一用。"我们问，有什么选项吗？得到的答案是：如果我们愿意，那政府征用之前会尽可能通知我们；如果不愿意，那政府就直接征用。所以，我们当然表示愿意。"1939年的圣诞节"非常愉快地"过去了——欧洲基本上仍处在假战争时

---

① 1939 年 9 月至 1940 年 5 月间，德法两军各守防线，按兵不动，这种形势被称为假战争。

期。艾伦和约翰早早出发，去法国和瑞士滑雪度假。他们通过在政府的朋友，获准参观法国的两道战线：马其诺防线和在阿拉斯的盟军总部。

哥哥、弟弟走后，理查德谈成了一笔了不起的大单子。他成功地卖给一位石油大亨5万册戴维·洛的漫画书《凡尔赛以来的欧洲》（*Europe Since Versailles*）——供这位大亨赠送"友人"——出版社称赞这笔交易是企鹅创建以来最大的零售单，很可能也是"图书业有史以来最大的零售单"。回到伦敦后，艾伦悄悄告诉理查德，纽约的事情约翰没有搞定，这次得理查德去搞定了。理查德询问了皇家海军志愿候补预备队，什么时候可能会召自己入伍；海军部表示在三四个月之后，于是他便申请并获准去美国了。

理查德乘坐"雅典人号"的姊妹船"雅典号"出发，他要去美国待两个月，完成一些力所能及的工作。约翰已经依照美国法律建立了一家分社，企鹅（美国）有限公司。理查德来到后，每天早起晚睡，明确了公司的管理策略，建立了规范管理的体系，以此完善、推进约翰创建的公司，从而增进英国总社的利益。理查德·莱恩喜爱美国，美国也喜爱理查德·莱恩。到了晚上，他会参加纽约的交际活动，他曾在午夜和一位女继承人打过网球。有一次，他透露了自己懂得枪械火药的知识——用道格·盖尔家门口的有轨电车练会的本领——之后，他被法院请去提供弹道方面的专业证据。辛苦了一整天，晚上回到酒店，理查德收到了一份电报，请他方便的时候尽快联系"洛西恩"。他以为这个"洛西恩"是企鹅在澳大利亚的经销商，洛西恩出版社，便把电报放在一边。第二天早晨，他才意识到电报发自洛西恩勋爵，英国驻美国大使。理查德于是打电话给大使馆，约定第二天去华盛顿拜见洛西恩勋爵。

1940年，理查德作为一位成功的出版人获得了人们的认可，他接触的人涉及英国社会的各个层次（比如，他与军事情报机构建立了个人关系），以及美国社会的一个层次。企鹅出了名，理查德做成的戴维·洛漫画书的大订单被纽约的《太阳报》《纽约时报》《国际先驱论坛报》广为报道，文章写得非常夸张。在欧洲，假战争结束了，法国沦陷，"情况糟糕透了"。洛西恩勋爵问理查德，他怎么看英国的形势，普通人怎么看这场战争，他是否认为美国会参与战争、站在英国这边……这一大堆问题也暴露了大使本人的想法和担忧。理查德的回答坦诚而乐观，洛西恩勋爵很感谢他。

理查德在怡人的花园中散步，偶然听见一位使馆人员对另一位说："形势很严峻……看来我们输定了。"理查德尽量不听——他"可不想偷听国家机密"——但是这段令人不安的对话却往他耳朵里钻。几分钟后，刚才那位使馆人员回来了，带来的消息似乎更加可怕。理查德显然被吸引住了，直到那人说出："我们的话没什么可保密的，我们只是在组织一场下周末的板球赛。"

6月底，理查德回到伦敦。在此前的大撤退中，鲍勃·梅纳德和艾伦曾有一时考虑过驾驶三兄弟的游艇"企鹅号"，加入由大大小小各种船组成的船队，去法国海岸敦刻尔克救助千千万万士兵。后来，理查德和约翰收到了入伍通知。先是约翰，然后是理查德，到停靠在萨塞克斯郡霍夫镇的皇家海军舰艇"阿尔弗雷德国王号"接受了四个星期训练。两兄弟都住在设于舰艇附近一个小旅馆里的军队临时宿舍，就是在那里，他们头一回听到这场战争中炮弹的爆炸声。受训后，约翰到皇家海军舰艇"软体动物号"上做领航员，而理查德则被派到皇家海军舰艇"卓越号"，去执行听起来兆头不详的"军事任务"。

第十四章

企鹅出海

原来,理查德被派到了一个保卫朴茨茅斯海岸的装备简陋的反
侵略连队,去那里指挥一个排。他到西北堡垒报到,在那里,指挥官
的房间就是他的办公室,也是军官们的浴室。"走在房间里可要小
心,因为指挥官不久前寻到了一条小蜥蜴,他很喜欢这蜥蜴,随它在
房间里到处跑。"皇家海军舰艇"软体动物号"——一艘改造自游艇
的护航舰——当时也停在朴茨茅斯,于是理查德和约翰便经常见面。
理查德给约翰在堡垒搭了一张床,留他住宿。一天晚上,他们刚上床
要睡觉,一名军官慌慌张张地跑进来,说:"伙计们,教堂敲钟了。"这
是敌军入侵的信号。兄弟俩早已准备好迎击纳粹的任何进攻,这时
赶紧穿上衣服。理查德给配枪上了膛,又递给约翰一把装好子弹的
备用自动手枪。有那么几分钟,气氛相当紧张,指挥官和他的蜥蜴打
电话要搞清楚发生了什么事,不过他们一无所获。"最后才知道搞错
了,那是教堂的报时钟,不是警报钟,于是大家又上床睡觉。刚才的
半小时真是激动人心啊。"不久之后,"软体动物号"驶往东海岸,理查
德便与约翰分别了。

1941年3月,理查德在执行一项出海任务之前获得了一段假期。
约翰也回到家里,他说是在休几天季节假。"实际上不是这么回事,

153 他在家期间,英国广播公司播出了'软体动物号'沉没的消息。母亲望着约翰说:'多幸运啊,你是在家休假,而不是在那艘船上。'约翰回答说:'是啊,我真是幸运啊。'其实,舰艇沉没时,他是在上面的。"当时,舰艇没能躲过一架俯冲轰炸机,被炸得粉碎,不到几分钟就沉没了。约翰是船上最后一个逃生的人,他在冰冷的大西洋北海中挣扎漂游,后来被一艘加拿大轻型巡洋舰救起。那些加拿大人给约翰倒了一杯朗姆酒,可后来安全抵岸后,他仍酒不离口,在去泰恩河畔的纽卡斯尔与诺拉和弗兰克小住的那段时间,他继续饮酒作乐。等约翰回到他家"兔子窝"接着休幸存者假期时,弗兰克大大地松了一口气。

休假期间,理查德接到了海军部的电报,命他向海军空军处报告"皇家海军开始任何有组织的战机领航"。

> 我们获知,海军部因己方的几艘护航舰被敌军从空中击沉而苦恼。我们具体的敌人是福克-伍尔夫秃鹰侦察机,它的主要任务是尾随我军护航舰,并向潜艇报告这些护航舰的动向,不过它也常常袭击远离海岸的掉队舰艇,这些舰艇本该处于我军战机保护之下,而受到袭击时却离最近的海岸千里之遥。当时,海军部正对五艘商船进行改造,其中一艘改成后备运输船,即"帝国勇气号"……另外四艘改成弩炮船,即"阿里瓜尼号""佩蒂亚号""梅普林号"和"斯普林班克号"。

理查德和战友们跟随教官学习无线电话、无线电报和雷达等技术。随后,他被派到"国王后备防空弩炮船'斯普林班克号'"上做战机领航员,任务是向位于巴斯附近鲁德洛庄园的皇家空军指挥部报告。他在那里又接受了一个星期培训:"从早晨8点开始,直到半夜,在休息时间，会有迷人的皇家空军女子服务队员来为我们表演，她们那更为迷人的长腿在一幅巨大的区域图上交错移动。"指挥部还举办讲座、做示范，教授如何"过滤"和估算飞机速度；在休息时间，那些迷人的皇家空军女子服务队员常常被更为迷人的队员替换。培训的日子就这样悄悄过去了。理查德在给约翰的信中，评价相当不错，所以约翰便向海军部申请，也调到"斯普林班克号"上。海军部同意了，也许他们考虑到理查德在第一次海军面试中的表现，认为让两兄弟一起执行任务是明智的。

　　兄弟俩在伦敦相见，得知"斯普林班克号"停靠在奥克尼群岛的斯卡帕湾。这引得他们去一家叫"骆驼牛奶"的鸡尾酒吧与伊娃·诺顿贝尔特疯玩了一场，为免受宿醉之苦，他们喝的是兑了奶的威士忌，结果却一点儿效果没有。聚会之后，他们乘夜车赶往位于苏格兰北部海岸的瑟索，再转乘早班渡轮去斯卡帕湾。在那里，一艘漂网渔船带他们赶上了"斯普林班克号"。"我们靠近这艘船时，见她漆成灰色，看起来相当坚固。船上竖立着四座双联装四英寸炮塔和两门多管高射机关炮，给人一种安全感。"一条绳梯从船侧放下来，兄弟俩爬上去，他们的行李则被拉到船上。理查德已经从约翰那儿学习了海军的军阶和礼仪，他看出来"斯普林班克号"是一艘"正规的"国王舰艇，而不是一艘装备了弩炮的商船，因此两兄弟应当一登上甲板就行礼致敬。他们被带到长官室见"塔比"·马丁，这位快活的指挥官有七支登喜路直纹烟斗，一周七天每天换着抽。"你们是来加入我们的吗？"他问。"莱恩兄弟前来报到，长官。"两兄弟回答。指挥官听完这番不同寻常的自我介绍，朗声大笑。随后，理查德和约翰——自此以后在船上得了各自的诨名"迪克老兄"和"约翰老弟"——便与新朋友一起用餐，这份早餐是以浓稠的布朗沙司调味的腰子切块。（约翰比一般的海兵岁数大些，毛发浓重些，所以在船上还得了一个绰号："浓

154

毛哈里"。)"塔比"给两兄弟一天的时间来架设吊床、熟悉环境。

国王后备防空弩炮船"斯普林班克号",一艘经过改装的 Bank Line 船①。加装的装甲钢板(以保护轮机舱);四座炮塔,每座都是双联装四英寸、由指挥仪操控(如果四座炮塔对准了同一个目标,八管炮筒便可以同时发射);两门四管高射机关炮;潜艇探索器;雷达;深水炸弹;最重要的是,船上烟囱后面的起飞弹射器上,横停着一架两座的海燕式战斗轰炸机。这个起飞弹射系统看起来就像一张麦卡诺②巨弩——如同理查德和休伯特即兴鼓捣出来的煎饼机一样异想天开。飞机安置在一辆沿轨道滑动的车上;飞机起飞时,车被爆发装置猛然一推,迅速加速至飞行速度。一位值班飞行员全天候在驾驶舱中待命,随时准备起飞。一旦起飞,飞行员就没有什么选择了。如果离陆地不太远,着陆条件不太恶劣的话,他可以试着返回停机场。他也可以弃机跳伞,或者试着降落在海面上,在飞机沉没之前爬出驾驶舱,不过在波涛汹涌的大海上,这样做相当危险。飞机作为一道脆弱、独特的防线,是非常宝贵的,因此只在情况确实危急时才会动用。

"迪克老兄"是战机领航员,"约翰老弟"是"增派值班员",莱恩兄弟二人密切合作。此外,约翰还是"司鸽官","职责是捕捉、检查所有凑巧来船上歇脚的鸟,不过还从没有一只鸟曾光顾这艘船,所以这份活计并不难做"。理查德和约翰将设在"斯普林班克号"主甲板上的战机领航室装备起来了。他们的布置重点是:一张空白海图,用以记录海燕式战机起飞后的轨迹,以及附近任何不明飞机。在一张旧海图背面,他们用装着铅笔芯的两脚规画出圆圈,再用钢笔小心翼翼地描好。他们用纸板剪出圆片,涂上颜色:红色代表敌机或不明飞机,

---

① The Bank Line,是一家大型海运公司,由安德鲁·韦尔(Andrew Weir)创办于1885年,航线遍布世界。

② 麦卡诺,商标名,主要产品是用"麦卡诺钢件"组装的玩具模型。

蓝色则代表友机。理查德还竖起了像玩具兵一样的小箭，给它们粘上银纸做的旗子，用来指示平面图上的飞行方向。经过几次试验后，理查德和约翰动用了两架真机，一架扮演敌机，一架扮演友机，进行首次拦截演习。而这次，他们正好赶上"斯普林班克号"首次使用全口径炮弹射击。在演习最激烈的时候，按照理查德的说法，"雷达平稳、清晰地传输来两架飞机的轨迹图数据，负责平面图的士兵移动海图上的彩色圆片——这很像是玩挑小圆片的游戏①——我则移动银色的旗子，不时告知'我方'飞机变换路线和速度"。本来一切进展顺利，可突然间，"斯普林班克号"舷炮齐射。爆炸引起的强大气流冲开了领航室的门，从此理查德"再也没有见过哪怕一个圆片或者一支可爱的银箭"。

*

"斯普林班克号"作为"西部海区护航舰组织"②的一员，驶入北大西洋。它速度很慢——通常只有 7 海里——这意味着它只能被编为低速护航舰。许多行动是在北极极昼期间进行的；这需要夜以继日地使用战机领航图，三名海燕式战机飞行员也轮流 24 小时值班。护航队驶近冰岛时，舰队中的"阿里瓜尼号"受到炮弹攻击，它首先向雷克雅未克派出海燕式战机；"这支护航队执行的是出航任务，因此返航时，舰队又回来搭载上这架飞机。"还要过些时候，"斯普林班克号"才怒而派出自己的海燕式战机，不过那之前它已经有过令人激动振奋的体验了。

有一次，"斯普林班克号"随一支护航队前往位于加拿大的护航舰集结地，之后，它将此前由加拿大舰带出的护航队再带回英国。在

156

---

① "Tiddly Winks"，一种室内游戏，参加者用大圆片按压，使桌上的小圆片弹起，落入杯中。

② 西部海区（The Western Approaches），紧邻不列颠群岛西部的一片长方形大西洋海域，位置极其关键。在第二次世界大战中，纳粹试图以潜艇控制西部海区，切断英国和美国的联系。

返航途中,雷达突然发现了不明物体。大家立即行动:海燕式战机飞行员发动引擎;弩炮工兵投入发射前的例行准备;指挥官到达弩炮发射战位,准备随时摇旗,发出发射信号;而在战机领航室,莱恩上尉正在计算不明物体的轨迹和速度。"不一会儿,雷达兵和我的团队便意识到这个物体是静止的,最后,我们辨认出它是拉斯海角,然而此时一些专用安全销已经拉下,不能复位了。"弩炮车上,海燕式战机、飞行员,还有炮手随着"斯普林班克号"的行进缓缓地前摇后晃。"船身的任何大起伏都会使飞机猛地向一侧滑去。"最终,指挥官掌控住了这次行动;"那天发生的唯一悲剧是,指挥官唯一的金边军帽掉下了船舷。"

"斯普林班克号"是一支超级慢速护航队里的老护航舰。这天,它突然接到一条重大消息:纳粹德国海军顶级配置的超级战舰正在巡航。最新的消息是,"俾斯麦号"正通过丹麦海峡向南行进。据估计,次日一早,她离护航队就将只有不到四个小时的航程。这支平均速度仅为每小时 4.5 海里("俾斯麦号"为 30 海里)、只装备着四英寸火炮("俾斯麦号"配备的是十五英寸巨炮)的护航队只能坐以待毙。"当晚,我们祈祷能起一场雾,或者'本国舰队'①能前来救援。"第二天拂晓,没有起雾,不过我们看见东面出现了一幅壮观的景象:皇家海军舰艇"胡德号"正全速驶入怒涛,率领着"本国舰队"追击"俾斯麦号"。"斯普林班克号"的危险解除了,向贝尔法斯特返回。然而,很快传来令人惊骇的消息:英国舰队的骄傲"胡德号"被击毁了。随后传来更加令人难以置信的消息:永不沉没的"俾斯麦号"竟然沉没了。"斯普林班克号"的船长参加了在长官室举办的一场欢庆宴会,宴会上他频频邀杯。约翰也举杯庆祝:"敬给'俾斯麦号'和那艘军舰上的

---

① "本国舰队"(Home Fleet)属于皇家海军,1902 年到 1967 年在英国海域巡行。第二次世界大战期间,该舰队是皇家海军在欧洲海域的作战主力。

官兵，他们英勇地战斗到最后一刻。"听了这番话，大家默默喝干了杯中的酒。

理查德和约翰与"塔比"的友谊更深厚了。在北爱尔兰的时候，"塔比"和他妻子佩吉经常与"迪克老兄"、"约翰老弟"聚餐。四位好友住在班格尔的一家酒店，他们最喜欢的餐厅在克劳福兹本。一天下午，他们来到餐厅，却发现这里一片乱糟糟。原来，当天这里有两场婚宴，"招待了150来位宾客"；一些晚来的客人仍在宴饮，服务员还没有收拾清洗餐具，餐厅马上又要迎来晚餐高峰。见到这番景象，理查德、约翰、"塔比"和佩吉脱下外套，卷起袖管，马上动手清洗几百只碗碟和酒杯。从此以后，莱恩兄弟和马丁夫妇便成了这家餐厅的贵宾，还参加了他们"好几场欢乐的聚会"。在那个配给定量的时期，即兴举办的丰盛宴会真令人开心；"我们轮流带来一些特色菜"：指挥官打到的鹬；从贝尔法斯特买来的小龙虾；不知怎么得来的一篮桃子。在这些狂欢之夜，"如果我们想正式申请再喝一杯酒的话，就管指挥官叫'指挥官先生'"，其他时候则叫他"塔比"。佩吉紧盯着丈夫，不让他多喝，"也不让莱恩兄弟带坏了他"。在城里时，指挥官想给妻子买一份礼物，"不过他说要是真的买了，妻子会认为这是一份谢罪礼，肯定是因为他在打什么鬼主意"。

在贝尔法斯特期间，"斯普林班克号"上开了一间酒吧，还在长官室养了一只狗；船员们给它起名叫"杜松子酒"，当作船上的吉祥物。后来，"斯普林班克号"靠岸修整，理查德和约翰因此在北爱尔兰休假一周。蒂龙郡①的纽敦斯图尔特附近有一个神奇的地方叫"岩石区"，兄弟俩曾在那里钓了一个周末的鱼。这一次，他们租了一幢木屋，邀请来诺拉，还安排了一个叫弗兰西斯的男子与他妻子来照顾这

① 爱尔兰西部的旧郡，1973年为几个新行政区取代。

群度假者。大家筹备了很久,商量出"用什么样的鱼蝇、旋转式鱼饵、鱼线最好",然后请约翰去采购,那个时候酒是很难搞到的。一到木屋,诺拉就给迷住了。"清澈的水,环抱木屋的绿树,还有不到一百英尺远的铁路线。"理查德和约翰给她讲了指挥官的儿子彼得的趣事:这孩子总朝火车司机挥手;"要是司机不搭理他,他就一番吵闹,要是司机也冲他挥挥手,他就乖乖的。"又一列火车经过,莱恩兄妹使劲地挥手,司机也朝他们挥挥手。"诺拉是个乖孩子,"诺拉说,"我觉得应该奖励她一杯。"约翰搞到了杜松子酒、威士忌、白兰地、朗姆酒和四瓶飘仙一号。"我们一致决定喝飘仙一号。我们站在屋门口,望着铁路线,喝着酒,度过了愉快的一周。"约翰也请弗兰西斯畅饮了啤酒、黑啤和姜汁汽水。

　　诺拉作为威廉斯-莱恩家地地道道的一员,被这里的卫生设计迷住了。"一条细流穿屋而过,导流到一台显然是抽水马桶的设备下面。当然,这设备会时不时发出抽水的声音,但也能听到悦耳的水流声。诺拉觉得水里或许有鱼,所以如厕时总是带着鱼叉。"河边的林荫小路旁长着野樱桃,威廉斯-莱恩兄妹们因此又施展出一项本事。这些野樱桃"不太好采……不过我们找到几个小孩,花上几块巧克力,就能让他们乐颠颠帮我们采下来。"巧克力那时候是严格定量供应的,可在船上却可以整盒整盒地随便取。这种物物交易对换取长在铁路沿线的野生树莓同样管用。于是,每天早餐,莱恩兄妹都能享用野樱桃或者野树莓,还有从"非常不正规的"渠道搞到、用一品托容量的瓶子偷偷送来的奶油。兄弟俩度过这段田园时光之后,真是硬着头皮才告别诺拉,回到了军队。

理查德·莱恩身着海军制服,1941年。

理查德·莱恩与战友在国王后备防空弩炮船"斯普林班克号"上,1941年。

第十五章

时机问题

159　　在理查德和约翰所在的弩炮船队,"梅普林号"率先击落了敌机。澳大利亚人、全国越野障碍赛马 1929 年的冠军 R.W.H. 埃弗里特驾驶"梅普林号"上的飓风战机,击落了一架福克-伍尔夫秃鹰侦察机。由于离陆地太远,埃弗里特只好跳伞,幸好他被救起来了。过了不久,"佩蒂亚号"与一架护航战机回到斯卡帕湾试航。傍晚时分,战机飞行员发来告别信息:"我要走了。祝好运。""佩蒂亚号"回复:"谢谢。晚安。"大约两分钟后,飞机又返回了,"至少所有人都是这么认为的"。结果,这是一架敌机,它炸沉了"佩蒂亚号"。很快,"斯普林班克号"也要见识真正的战斗了。

　　在一个阴沉、寒冷、微风阵阵的拂晓,皇家空军海岸司令部的一架"哈德逊"友机以正确方式接近护航队,绕护航队飞行。突然,雷达探测到右舷又有一架飞机在云中时隐时现;"斯普林班克号"的监测者判断这也是一架友机,然而一艘驱逐舰却识别出它是秃鹰侦察机。战机领航小组以轻便信号灯向"哈德逊"轰炸机发出了错乱的信息,指示它向错误的方向搜寻敌机。护航队中的警戒驱逐舰开火了,激动人心的时刻终于来到了:船长下达命令,"斯普林班克号"弹射出了海燕式战机。"伴随着引擎的呼啸和弹射的巨响,她起飞了。"不幸的是,飞行员将耳机安错了插孔,给在战机领航室的理查德造成了混乱。

> 我冲着我的话筒大喊,而飞行员不停地绕行,也冲着他的话筒大喊,不过我们当然听不到彼此的声音。飞行员看不到敌机,船长却看得到,他还看得到我,而我本应该为飞机领航。事实上,领航是我上船的唯一目的,而对于这一目的,我此时束手无措。这些话,船长都对我说了,他还说了很多很多。

后来,飞行员找到了正确的插孔,无线电通话马上变得响亮而清晰了。

"它现在在哪儿?"飞行员寻找侦察机。

"另一边。"理查德回答。

"什么位置的另一边?"飞行员问。

"你的。"

"你是说护航队的?"

大错酿成:在无线电中提"护航队"是一个低级错误,是明令禁止的。混乱持续着。敌机、"哈德逊",还有我们自己的战机四处绕飞,却显然都看不到彼此,船长简直气得跳脚。

海燕式战机最终发现了侦察机,这时德军飞行员立即投下几枚炸弹,冲入了云霄。"我军飞行员向他射击,可惜射程太远了。"

> 之后怎么办呢?是请我军战机护航,以防敌机再次袭击,直到汽油耗尽,再让飞行员跳伞,还是让他回爱尔兰去……最后,我们决定采取第二种方案,并告知他飞行路线,请他离开了。由于舰队距最近的陆地超过200英里,所以我熬了五六个小时,等

待飞行员安全着陆,并将这个消息发送给我们。我是否考虑了
磁偏角,或者应该排除磁偏角?我是否考虑或者排除了风,风的
计算是否准确?

为了消除这些疑虑,理查德到绘图室,一遍又一遍地核算他给飞行员
的飞行路线。约翰和领航员让理查德放心,他计算得没错。结果真
的没错。飞行员在跑道上着陆了,虽然并不是理查德指示的那一条。
那时,飞行员还不敢相信自己着陆了,"直到他看见了飞机场!"飞机
所剩的汽油只够再飞行十分钟。当他向爱尔兰的飞行控制室报告,
说明自己是从一艘弩炮船上起飞时,控制人员都不相信他是从大西
洋上一路飞来的。

"斯普林班克号"收到一条来自皇家海军的消息:该船回到贝尔
法斯特后,将接受军事法庭就船上飞机调度情况进行的调查。按惯
例,莱恩上尉应当佩剑出席;但是因为理查德没有佩剑,出席条件就
做了修改。理查德和约翰在船上添置了关键设备:一支巨大的黄色
箭头,安装在战机领航室顶部。一旦无线电失灵,箭头会指示出敌机
的方位。结果,军事法庭的调查非常"枯燥无趣",没有人获得表彰或
者得到一瓶"美酒"作为奖励。理查德和约翰回到"斯普林班克号"
上,发现皇家海军女子服务队员们来了,聚会热闹非常。"兄弟俩见
到了两位最漂亮的队员,但是护花使者们却很不走运,姑娘们是坐在
固定沙发椅上的……就是说[她们]两人紧挨着坐,护花使者们分坐
在她们两旁。约翰毫不犹豫。他没有像绅士一样轻柔地挤坐到她们
中间,而是一屁股坐到了她们身上,逼她们挪出地方来……真是一场
盛会。"

皇家海军派"斯普林班克号"同护航队去地中海。理查德和约翰
通常都是一起上岸,但在直布罗陀,船长不许他们在工作时间这样

161

做。还有一条定规,任何人上岸前,都要把钥匙留给卫兵。"斯普林班克号"从直布罗陀海峡出发前,当地海军上将(北大西洋司令部海军中将)计划上船视察。理查德和约翰违反了两重规定:早餐后,两人带着钥匙(和船医)一起上岸,去收集畅销商品目录,买几箱雪莉酒以及其他不容易搞到的奢侈品,比如香水和丝袜。雪莉酒 2.6 英镑一瓶,兄弟俩和船医打算回船上卖每杯 3 便士,来给"长官室酒委会"赚钱。他们品尝了好多种雪莉酒后,做出决定,"我们觉得来一大瓶约翰·柯林斯是个好主意,那天天气暖和,就像鸟儿不能靠一只翅膀飞翔一样,我们就拿了两瓶,既然我们有三个人,那就再来一瓶路上喝吧。"理查德和约翰口袋里塞满了丝袜和香奈儿五号香水,又给搬运工的手推车上载满了雪莉酒,然后领着搬运工来到他们原以为船会停靠的地方,结果却发现船已经离开了。这时候大概是上午 11 点钟,按照计划,上将一个小时后就要登上"斯普林班克号"。莱恩兄弟找到值班军官,说明了他俩遇到的麻烦,问有没有办法送他俩回船。正在踌躇间,他们看见了上将的备用小船,便请求借用小船。军官不仅同意了,还派给他们一名船员。

　　小船驶近"斯普林班克号",兄弟俩仗着缇欧佩佩和约翰·柯林斯的酒劲,竟胆大起来:"我们藏在船舱里别出来,船长会以为是真的上将提前到了。那得多有意思啊。"于是,理查德和约翰一直藏在船舱里,等小船靠上"斯普林班克号"的舷梯才露面。兄弟俩听到水手长吹响响亮的号角,迎候小船时,突然从藏身之处一跃而出:"只见船长在众人的簇拥下,站在舷梯上恭候我们。指挥官甚至比船长更愤怒,因为除了要强敲掉战机领航室的门锁,好让上将视察领航室的运作之外,他还一得知上将的小船驶来,就去过了指挥室。"不过塔比还没来得及好好教训两兄弟,上将就真的来了。"视察很顺利,上将非常满意,他发表了一通鼓舞士气的讲话。但是直到人走船静,约翰

162

和我都没在长官室露面。"塔比和船长一度考虑对莱恩兄弟进行军事审判,然而,令人措手不及的事情发生了。

驶出直布罗陀海峡后的一天,正午刚过,瞭望员发现了一架秃鹰侦察机。那时"斯普林班克号"已没有飞机护航,所以海燕式战机立即起飞,它由海军上士肖驾驶、海军飞行员下士蒂利观察。天空晴朗,战机进入射程,击中了福克-伍尔夫秃鹰侦察机。侦察机投下几枚炸弹撤走了。肖和蒂利安全地返回了直布罗陀海峡,"斯普林班克号"继续航行,依然没有空中防护,"我们希望不要再遇上敌机,但我们也知道德军已经得到了目击报告,我们不太可能安宁了"。第二天一早,又一架秃鹰侦察机出现了,在稍微超过我们火炮射程的距离绕护航队盘旋,后来另一架侦察机来接替它,一直纠缠到天黑。"偶尔,在有云的时候,侦察机会试着以云为掩护,进入我们的火炮射程,不过几次下来,它们都没有成功。但它们的主要任务不是这个,而是尾随我们,上报我们的位置、航线和速度。这些信息当然都传给了所有碰巧经过我们附近的潜艇。"

很快,皇家海军通知我们,几艘德国 U 型潜艇靠近了护航队。"我们速度很慢,不足以脱身,而不论我们怎样变换航线,都甩不掉尾随的飞机。这样的处境十分恼人,我们知道自己迟早要被袭击了。"我们时刻警惕,因为射击秃鹰侦察机的时机不时地出现,火炮手们便天天开炮,"可结果总是差那么一点点";原来,靠在爱尔兰和别处安插的间谍提供的情报,德国人对我们这艘船的火力"了如指掌",明白保持什么样的距离是安全的。每天傍晚,侦察机离去后,"斯普林班克号"就大幅调转航向。在没有月亮的漆黑夜晚,船员们期望这些之字形转向能甩掉虎视眈眈的 U 型潜艇;"但这办法没有奏效。现在估计有六艘潜艇跟着我们。"第一艘被击沉的是准将的船,它载着护士和皇家海军女子服务队员,当时离"斯普林班克号"的右舷大约 200

码。理查德和约翰曾拿着高倍双筒望远镜,眺望欣赏这些护士和队员:"穿着短裙在甲板上走来走去,一群非常迷人的女人。"女人们被从水中救起,但是随后发生了可怕的悲剧:"第二天夜里,救起她们的船被击沉了,准将获救了,但是没有一个[女人]获救。"

U型潜艇趁夜色出击。有一夜,它们击沉了一艘船,第二夜又击沉了一艘,接下来的一夜击沉了四艘。没过几天,护航队就损失了十二艘船,而且天气转坏了;狂风卷起四十英尺高的巨浪。一连几晚,约翰值夜班。他一动不动地坐着,衣服被大浪拍湿,浑身冰冷。理查德一夜几次带着水果、巧克力来陪他。兄弟俩打算好了,一旦这艘船被击中,他们要找到彼此,牢牢抓住彼此。

"斯普林班克号"的毁灭来得很突然。午夜过后大约一小时,一枚鱼雷击中了船尾,另一枚击中了轮机舱正前部,在船舱上炸出一个洞,满满一船舱四十加仑的枪炮管全冲进大海,在黑暗中发出可怕的巨响。理查德和约翰在舰桥上会合,只见"能倒下的东西都已经倒下"。"斯普林班克号"向港口倾斜,情况十分危急,船长发出了弃船命令。不过,这项命令可不好执行。这艘船配备了两艘救生艇,每艘可以载十二人;四只需要人推下水的卡利救生筏,又装下了三十人;还有一只一只绑在一起的丹顿救生圈,也扔下了海。不巧的是,枪炮管从船舱冲进大海,把这些救生圈都给撞废了。"船上还有大概两百人,跳海可不是什么舒服的事,而且几乎不可能获救,所以我们只好干等着。"

莱恩两兄弟当时穿着工作装。约翰经历过"软体动物号"的沉没,他说海军的一条规定曾引发了一段离奇的小插曲:"我们就全部财产提出索赔后,海军会默认我们失去了最贵重的物品……所以在爆炸的间歇,我们回到房间,借助火把的亮光,换上各自最好的制服。全套行头包括套装、衬衫、领带、皮鞋和袜子。"如此一来,他们穿着最

164

好（最贵）的衣服逃生，还可以获得最高额的赔偿。后来，艾伦骄傲地将这件事作为莱恩兄弟们富于开创性的一个实例，讲给所有愿意听的人。

在"斯普林班克号"等待救援期间，船员们眼见了一宗奇怪的反转。理查德和约翰想到，船上的酒铺被破门而入了；船上几乎每人都抢到了至少一瓶酒。"约翰和我明白这会造成多严重的后果。海兵们已习惯每天只能喝少量朗姆酒，如果他们饱饮了威士忌和杜松子酒，就很可能晕头转向，倒在最近的房间大睡，他们会因此送命的。"船头继续下沉，酒铺入口给海水封住了。理查德和约翰两人本是船员们眼中的好同伴、好酒量，他们此时在甲板上巡行，逢人就讨酒喝；"我们一拿到酒瓶，立马抛下船去。大伙当然不高兴了，但我们做了自认为正确的事。"

汹涌的海面上很快漂满了四十加仑的枪炮管和被抛下船的酒瓶。这时，一艘轻型巡洋舰向他们驶来，船员们开始从"斯普林班克号"倾斜的甲板往巡洋舰上跳。巡洋舰比"斯普林班克号"小，水位也低一些，因此两船的甲板相距很高。结果，那些跳船的人都"摔断了一两条腿"。船在海浪中颠簸摇晃，巡洋舰猛地撞上"斯普林班克号"，小船的船长赶紧命令小船开离。一名跳船的海兵没能赶上小船，掉进了两船之间的海里。"两船撞在一起时，绑在我们船上的一只涂有绿色荧光带的救生圈被拉脱了，跟着那名海兵掉进水里。船渐渐分开后，我们朝船下探望，原以为会看见他撞毁挤坏的尸体，不料他却攀着涂有绿色荧光带的救生圈，浮在海面上。这个景象每个人都久久不能忘记。"巡洋舰上的水手探身下去，将他安全地拉上船。

此时距"斯普林班克号"被鱼雷击中，已经过去两个小时了。船上剩下的人一直等到黎明，终于在附近看见了英国皇家海军舰艇，单桅帆船"福伊号"。"它没有驶近我们，而是停在一缆绳之外……的下

游,等着我们漂过去。”“福伊号”比巡洋舰大很多,它的甲板并不比
“斯普林班克号”的低太多。莱恩兄弟用帆布和麻绳为长官室的狗
“杜松子酒”做了一条悬带。“杜松子酒”被轻柔地顺下船去,“大家高
兴地看着”它加入了获救者的队伍。“斯普林班克号”上剩下的人被
告知得跳到对面船上去。“这完全是一个时机问题,我们要等到单桅
帆船升至最高,两船甲板间的距离最小。”船上会计带着一千多英镑
纸币跳了过去,其他海员也带着他们最贵重的财物跳了船。“一名海
兵带上了给儿子做的一身海员制服,还有一名海兵带上了用鞋带给
女友编的手袋。”塔比抢救的则是他心爱的七支登喜路烟斗。

约翰顺利跳过去了,理查德却着地不稳,摔断了一只脚的跟骨。
他随后得到一份伤兵证,上面写明他在受伤时仍保持清醒。“福伊
号”的修船工给他做了一根拐杖。单桅帆船上铺位非常有限。长官
室拥挤不堪,就像约翰要去环游世界的前一夜,开送别聚会的塔尔博
特广场公寓。受伤的理查德占了沙发,两个人躺在桌子上,还有十七
个人睡在椅子上和地板上。长官室位于“福伊号”上炮台的正下方,
因此每次开炮,长官室都地动山摇。虽然有拐杖,理查德还是很难行
走,甚至站立,不过幸好有“超级贴心的”约翰打理哥哥的一切需要。
“斯普林班克号”的沉没不仅让“迪克老兄”和“约翰老弟”关系更亲
密,还有另一项效果:他们在直布罗陀海峡的上将备用小船上犯下的
“严重错误”被一笔勾销,所以理查德不无讽刺地说:“莱恩兄弟一切
都好。”

经过一趟艰难的航行,船在利物浦停靠。一辆救护车将理查德
送到了一家没有书籍的医院。

　　除了身上的一套衣服,我一无所有。我就这样被晾在那里
有两三个小时,没有吃的、喝的,也没有书读。我和约翰分开了,

166

心里很难过。就在这时，门开了，是约翰来了。他打听到他们要给我拍 X 光片，不过只能在第二天一早拍。这就是说，我还得在那儿等二十多个小时。幸好，约翰找到了一位相识的医生，经过一番争取，我立马接受了检查。结果正如所料，我的脚骨折了。做完包扎，他们就放我出了院。约翰和我立即跑去阿德尔菲的酒吧，这下我感觉好多了。一切约翰都安排好了，他搞到了去伦敦的夜车免票乘车证，甚至还在头等卧铺车厢近旁呢。

第十六章
权力等级

企鹅成立后的最初十年，有六年处在战争时期。这场战争从很多方面考验了这家年轻的出版社。像大多数英国公司一样，企鹅有大批人员走进了战争机器。在开战的头一年，两名企鹅人在法国阵亡。到了1943年，战前在企鹅工作的雇员和管理层大部分都服过兵役了。鲍勃·梅纳德也同理查德和约翰一样，加入了皇家海军志愿预备队。另有五位企鹅人在海军服役，七位在驻外陆军服役，七位在本土部队服役，一位参加了辅助本土防卫部队，一位参加了空军女子辅助部队。战争挑战、改变了企鹅的理念和运营模式，甚至奇妙地促进了这个还未站稳脚跟的企业发展：陆、海、空士兵对袖珍平装书的需求非常高。虽然战争让理查德和约翰关系空前亲密，它却使艾伦与弟弟们疏远了。

要明白战争给莱恩兄弟和企鹅造成了怎样的影响，还要从几年前讲起。战争打响前，三兄弟在职业生涯中首次一起工作。在博德利·黑德，后来又在企鹅，典型的家庭纽带渐渐发展成职业合作关系。理查德对澳大利亚记忆犹新——都是一些关于隔绝、孤独和贫穷的记忆。那些时光与现在这段商业合作新时期对比鲜明。直到战争打响前，威廉斯-莱恩兄弟们都享受着成功，称心如意，理查德感觉与哥哥、弟弟在伦敦工作，与图书打交道，真是幸福极了。他以为艾伦和约翰的感受也与自己差不多，他们的友谊会顺利地与日俱增。

三兄弟各有所长。合力工作意味着，他们走的并不是一条通往成功的羊肠小道①，而是一条宽阔的大路，甚至可以说是一条高速路。不过，大路上的每一条车道都有各自的限速，通往的目的地也各不相同。艾伦特别急切地想按自己的方式行事。从他的行动和当时的记录文件，我们大概可以拼凑出他那段时间的大体想法。理查德错误地对兄弟相亲相爱寄予了乐观的期待。艾伦的想法与弟弟们的打算不在一个车道上。他在1930年代请占星师给出的报告很有意思，为考察企鹅和莱恩兄弟提供了一个出奇有用的信息源。像常规分析师的建议一样，这些报告也是基于谈话给出的：占星师们考察了谈话对象的思想、感受和处事优先顺序；用上了自我、力比多、本能等心理学词汇；还从个人生活和职业生涯两方面为艾伦提供建议。艾伦研读过这些报告，无疑非常当真。他就研读报告后想到的问题请教占星师和通灵者，他不断寻求建议，他请来英国和美国的"顶尖"术士，他还把这行的工具带到大波特兰街、随后带到哈默兹沃斯和"银溪"的办公室。跟艾伦打交道、做生意的人全都被拉去由一位笔相学家分析了笔迹，没有一人幸免，艾伦甚至用一张完整的星象图来筛选总经理候选人。

迪科伊大街给出的一份报告提醒艾伦，他可能会与"一位兄弟或男性亲属"闹翻，甚至绝交。这是一个不祥的预告。"如果我是你的话，会小心谨慎，不先挑事，"凯特·穆雷写道，"不要找茬争吵，否则你会后悔的。"穆雷的建议明智而及时。后来，确实有几件事动摇了兄弟们之间的伙伴关系，接连几次的小震动预示着，随后几年莱恩兄

---

① 此处为隐喻。莱恩一姓英文为"Lane"，有小道之意。

弟们会经历大地震。

*

虽然并非有意制造纷争，但安妮·莱恩的遗嘱却挑起了艾伦和弟弟们之间的不和。哥哥好胜心强，他是出了名地要在每笔交易中都占便宜，还总是提防别人怠慢他或者对他不公。尽管兄弟们在企鹅的薪水差异很快便逆转了原先的所有财富差距，但舅妈的遗产成了艾伦心中的痛。繁忙的工作也带给他压力。艾伦已经习惯了自己的方式和节奏，而理查德和约翰却常常觉得它们不够规律、不够可靠；艾伦还会陷入出奇的沉思，至少办事拖拖拉拉。在弟弟们加入博德利·黑德之前，艾伦已经在那里工作了十多年，怎么分配时间多少由他自己说了算。大部分时间，他的远房舅舅只是一位宽容的导师，艾伦可以随心所欲地安排自己的交游、工作。约翰舅舅去世后，艾伦自然更自由了，比如自由地闯祸，出版了《回音廊》。可现在，他必须与人分享。

在企鹅，三兄弟以建设性的反驳来进行互动：一人提出观点，由其他两人考验、挑战，从而改进、强化这个观点。艾伦对这种做法既爱又恨。他明白它很有效果，但又厌烦审查过程，觉得委员会的严格决策束缚了他的手脚。在博德利·黑德，艾伦有赞助人、导师、经理、员工，有谄媚者、批评者、敌人，但真正与他平起平坐的只有两个弟弟，他们加入时，博德利·黑德正垂死挣扎。在企鹅，艾伦要与人合作，却不习惯也不适合扮演一个合作伙伴。他继续我行我素。他常常离开伦敦，与朋友们或女友们去乡间或者欧洲大陆，几乎把工作抛在脑后。对艾伦来说，与埃塞尔·曼宁还有她那些玩世不恭的好友们参加在泰晤士河谷举办的放荡不羁的杜松子酒会是诱人的，享乐主义者的"邪恶聚会"也是诱人的。

就算在伦敦，艾伦也没有规律的办公时间，不记工作日记。他工作风格不寻常规,很少在办公室露面,更常去的地方是酒店和鸡尾酒会。想见艾伦的人总要等他。他是否会出席会议常常是一件碰运气的事,因此总引得人们猜测。艾伦养成了一些老总不该有的习气。优柔寡断。信口胡诌。反复无常。厌恶业务流程和常规的公司管理工作。结果,艾伦先天的交际不适(他承认自己"不愿让别人走得太亲近")不幸又加上了这些后天养成的特质。他为了分散工作的注意力或者拖延决策,便介入别人的工作,毫无益处地插手别人负责的具体事情。艾伦在三兄弟中最缺乏智慧、最任性无常、最不可信赖;他与弟弟们的差距尤其表现在他的管理失策上。理查德不止一次嘲笑艾伦"逃避问题"、方法一团糟、处事优先顺序不合理。

尽管艾伦品性能力如此不足,他却非常想成为老总,发自肺腑地想成为老总。他骨子里认为自己会成为领导,所以当占星师对他的领导能力不置可否时,他感到震惊。他是博德利·黑德著名的指定继承人,又是长兄,所以他认为明摆着应该由自己执掌企鹅。实际上,这太明显了,用不着考虑其他人选。报刊将艾伦吹捧成"伦敦最年轻的出版人"和年薪一万英镑的出版天才。他决心要名副其实。他并没有老总的总体气质,却戴着一副老总的面具,而人们也将对约翰舅舅的继承人的期望投射在面具上,再用传奇和故事、不实印象和八卦填补现实与期望之间的沟壑。

企鹅的老总内心充满矛盾。他既乐于出风头,又不愿意费心与太多人打交道、处理太多激动人心的事、承担太重的责任。在公开谈到或写到企鹅时,他一般会引用别人,比如比尔斯、弗罗斯特或威廉斯的话。他所有的即席评论都经过反复演练。他并不是一位创新者或创意丰富的人,经常从容自在地把别人的想法拿为己用。他渴求变化和新奇——那些涉及紧急电报、旅行和许多错综复杂的情节的项目往往引起他强烈的兴趣。他每天纠结,既想立即逃避,又想掌控做主；在逃走的冲动和领导他人的需求之间犹豫不决。他对员工、对图书项目、对企业管理，也对女人既想表示坚定的"肯定"，又想表示明确的"拒绝"——艾伦身上充满了太多的矛盾。

虽然艾伦在农场上做过的事不过度假而已，他却将自己看作一个德文郡农夫，不知怎的过上了一位出色的出版人的生活。他表面和蔼，却又能瞬时变得冷酷凶恶。出版人罗伯特·勒斯蒂准确地描绘了他朋友的这种矛盾性格："别人与他谈天谈地，他正听得起劲。突然间，一个什么词、名字或者事情触动了他，他顿时兴致全消。一层淡淡的冷酷蒙上了他的眼睛，熄灭了其中的光彩"；"他心里打起小算盘，[这意味着]某地的某人某事要遭殃了。"勒斯蒂晓得艾伦喜欢戴面具的一个理由。像勒斯蒂一样，艾伦入行时并没有什么资质。他一生只通过了两场考试，一是文理学校的入学考试，一是驾照考试。"没有中学文凭，也没有文学学位，如今一位公民进入社会打拼必需的那些教育背景，他统统没有。"勒斯蒂写道，"艾伦·莱恩和我发现，这种匮乏让我们内心惴惴，还要竭力掩饰。"

在战前几年，对于"伦敦最年轻的出版人"这一美誉，小约翰·莱恩并没有年轻的出版人自己看得那么重。约翰在魅力、领导气质、吃苦耐劳和判断精准方面已与艾伦不相上下，他还在行业的中上层建立起自己的关系网。莱恩兄弟中最年轻的一位与哥哥一样有进取心，并且学业更优秀（他业余学习拉丁文，还计划去牛津进修）、精力更充沛、更有男子气概。他也豪饮狂欢，不过他能更好地平衡工作与娱乐，不像艾伦那样遇到困难就动不动玩消失。长兄和小弟弟之前的矛盾难以避免。年龄差距大、共同经历少使他俩彼此隔膜，难以亲近。多年以来，艾伦的粉丝俱乐部由理查德打理，约翰拒绝加入。艾伦以"王企鹅"自居，约翰想要约束他，坚持认为，如果艾伦居首位，那也只是"同侪之首"。约翰只愿意承认，艾伦作为企鹅与外界自然的

172   联系点——考虑到他在出版业的经验和人脉，和主要发言人——考
虑到他的公众形象，这两项地位。因此，从 1937 年左右开始，艾伦的
名字放在括号里标在图书前勒口下部："企鹅出版社（艾伦·莱恩）"。
（最早的企鹅图书封套上写的是"博德利·黑德，约翰·莱恩"。）但是
小约翰坚持认为，三位企鹅董事之间的实际关系是平等的，决策过程
是通过辩论得出一致意见。

    1935 年到 1940 年是企鹅的创业时期：在这段"不奋斗就倒闭"的
时期，大家奋力拼搏使公司立足下来。虽然图书销量非常高，但低定
价意味着高销量不等于高收益；有些书的盈利销量高达 2 万册，就是
说即使销量不错，也有可能亏损。因为收益非常不稳定，时而暴增，
时而极低，所以公司的利润极其微薄。而艾伦"从未做到精准预算，
从来不懂现金流涨落的规律"，他帮不上什么忙。一方面，企鹅的收
益反复大起大落，另一方面，哈默兹沃斯和"银溪"开销巨大，并且还
要支付艾伦的减肥度假和不定期度假的花费。因此，企鹅面临着巨
大的经营风险。

    理查德喜欢和他常常开朗快活、精力充沛、灵感丰富的哥哥一起
做有趣的事；从三兄弟在布里斯托尔开菜园时起，他就欣赏哥哥的这
些品质。可现在，企鹅正处在巩固经营的关键时期，艾伦却不与大家
一同奋斗。那些为实现创业冒险、取得成功必须做的紧张而劳累的
工作，艾伦从来不做，他继续过着放纵的社交生活，一旦腰围和生活
压力超出负荷，他就去度假疗养。（艾伦最喜欢的书是 F.A.霍尼布鲁
克 1924 年写的健康手册《腹部保健：肥胖、便秘等疾病的治疗》。）渐
渐地，他从经常开小差不去办公室，发展成中等时长的度假和减肥度
假，然后又发展成长期躲在中东和印度不露面——这是他逃避行为
的极端例子，相当于尝试完全脱离英国和出版界。杰克·莫珀戈称
这种度假为精神失常发作。它确实是艾伦在战争期间和之后精神崩

溃的前兆之一。

艾伦甩手不干了，是理查德和约翰挑起担子，撑过了新公司的创始时期。小企鹅希望渺茫地扑腾着跳下水之后，是两位弟弟夜以继日地工作才能交付订单，完成让企鹅浮在水面上所需要做的一切事情。理查德在和约翰忙着拯救企鹅之时，也注意到艾伦置身事外，他担心艾伦的心理状况。

离开企鹅和"三剑客"六个月之后，艾伦决定回来。他如此决定是出于私心，在亚洲度假期间，他有了更多的担忧理由。也许艾伦曾暗自希望在自己离开的这段时间，弟弟们的日子会很艰难，但情况却相反。理查德和约翰将企鹅管理得井井有条，新公司在他们的领导下繁荣发展。"企鹅特版"系列单本平均销量达到 20 万册，"普通版"单本也达到 4 万册。理查德发起了"比克街鹈鹕会议"，后来证明这些会议对编辑工作非常重要、非常有帮助；约翰发挥他的物流特长，改善了企鹅的图书发行；兄弟俩从许多方面提高了公司的运营效率，使其走向成熟。也许，他们做得太好了一些。弟弟们比艾伦更冷静、更有头脑，他们凭见识、判断力和更稳定的管理风格赢得了员工和同行的尊重。公司内外都传说艾伦比表面上更加依赖两位弟弟——甚至传说理查德和约翰才是企鹅的灵魂人物。

约翰似乎在老总的位子上坐得特别舒服。让艾伦察觉到竞争绝不是什么好主意，但长兄和小弟弟之间确实起了竞争。艾伦回到伦敦后，头一件事就是把约翰赶下了老总的位子，有一段时间，甚至完全赶出了英国。1939 年，约翰去了美国，理由是以他的海外经验开拓美国分社——但送走他还有一个隐秘的动机。在艾伦看来，约翰在伦敦比在美国对企鹅影响更大。

虽然表面看来，理查德·莱恩对艾伦危险小一点儿，但他依然表现出许多老总的典型品质：精通当代商业管理；专业地掌管出版业务

173

174

和企鹅财务;颇具计划和领导能力。理查德赢得了员工、作者和同行们的尊重,甚至爱戴。他有无尽的韧性和责任心。他全心希望继承巩固他与兄弟们开创的事业。艾伦·莱恩是一个对文学并不怎么感兴趣的文学出版人,而理查德却是为文学和文学文化而活,在三兄弟中,他最能欣赏"图书之美"。还有一点不同,理查德不像艾伦一样反感伙伴关系。老二乐于参与那些旨在使彼此都获利的双边业务安排。同事和竞争对手都觉得他直率、坦诚、随和、谦虚、可爱、友善又理智;是"一位脸膛红润的同胞","他与艾伦相似,但更大气、不那么反复无常"。理查德以平静、友好、平等的作风领导企鹅;企鹅早年许多最成功的项目是在他的带领下完成的,比如:"王企鹅"(最成功的新系列之一)、《凡尔赛以来的欧洲》(最大的零售单)、《敲诈还是战争》("企鹅特版"系列中,也是所有企鹅图书中最成功的一本)。

然而,理查德缺乏常规老总应该具有的一些品质。虽然他可以富有说服力,甚至富有启发性地思考、谈论出版和企鹅,但大多数时候他不愿意在公开场合这么做。他天生腼腆、不爱出风头。他拒绝把自己置于哥哥、弟弟之上。理查德不具备成为一个精力充沛的独立企鹅老总的胆魄和冷酷品格。他曾试图挽救"疯子"伯恩和汤姆·纳恩,他救活了"斯普林班克号"长官室的狗,他给古默拉查附近的小女孩送去野花和葡萄,他还在大热天为博德利·黑德员工买冰激凌。说这位小伙子太善良,所以做不了领导,是过于简单化了。不过这种说法确实不无道理。

然而,艾伦看不到这一事实,他戴着有色眼镜,只把理查德看作竞争对手和威胁。他下定决心,无论如何要结束阿多斯、波尔多斯和阿拉密斯的"三剑客"组合。如果真的成为"同侪之首",他也要提高首要地位,削弱同侪关系。理查德是高效老总二人组合的另一半;在戴维·洛的漫画书取得里程碑式的销量后,艾伦已经看到了媒体大规模的正面报道,这令他不安;所以现在,他要像对约翰一样,把理查德也赶下常务董事之位。约翰1939年从美国回来后,艾伦说服理查德接替弟弟去纽约,这又是一场意在伦敦,而不是美国的旅行。(艾伦后来又故技重演,用澳大利亚耽延、流放他的两位竞争对手,好让自己眼不见心不烦。)

艾伦脑子里还曾浮现过重塑这份伙伴关系的其他念头。三兄弟曾在索斯维克街和塔尔博特广场合住一套公寓,现在则同住在"银溪"。艾伦又一次想搬出来自己住,但也又一次犹豫不决。虽然他觉得两个弟弟是竞争对手,厌倦了他们,但他看重理查德和约翰能承担的工作(他很高兴,弟弟们的薪水低于市场水平)。他享受在业余时间讨论业务的便利,对于一位厌恶文书工作、逃避写下自己真实想法、不能忍受办公室日常工作和规律的办公时间的老总来说,这项便利尤其重要,因此,他还没有准备好切断家人、"三剑客"这些联系。艾伦始终拿不定主意,后来,理查德和约翰收到了征兵令,这可算结束了艾伦的内心斗争。从很多方面来说,战争暂时挽救了"三剑客"的关系。不过,在战争的头几年,他们的伙伴关系又遇到了别的困难。

*

艾伦是个处处留情的人,他复杂的情感生活必须小心经营。占星师不断劝他注意与女人和弟弟们的关系。他听取了占星师对结婚吉时的建议,也采取了诺拉的做法:将一位外姓人带进了莱恩圈子。十多年来,他一直向理查德(尤其)和约翰咨询感情问题;他甚至让弟弟们帮他收拾过几个烂摊子,比如在塔尔博特广场时,理查德曾经照看一位女士的丈夫长达八小时,怕他出于报复砸烂公寓。可是这一次,艾伦决定不征求弟弟们的意见,让订婚成为既成事实。

艾伦、莱蒂丝与他们的婚礼仪仗队，1941 年 6 月 26 日。

对艾伦来说,官方的外交和殖民官员圈子给了他接触年轻美貌姑娘的机会。他与前驻上海总领事西德尼·巴顿爵士的女儿约会过,而巴顿爵士与亚丁总督相识;如今,艾伦要娶的是巴哈马总督的女儿。莱蒂丝·奥尔漂亮、聪慧、端庄、出身良好、持恰当的左派政见;作为一名精神病学社会工作者,她将带给艾伦意想不到的好处。他俩相识于 H.L. 比尔斯办的一场聚会上——莱蒂丝认识一些艾伦在伦敦经济学院和剑桥的朋友——从第一次聊天起,莱蒂丝似乎就把艾伦当成了一个令人困惑的心理学案例。艾伦非同寻常的个性使莱蒂丝着迷,这是她觉得这位衣着过时、"外表强有力的矮个男子"富有魅力的一个关键原因。对于艾伦来说,表现出魅力是毫不费力的事。一直以来,他和女人交谈都比和男人自在;现在,他面对的这位姑娘年轻漂亮、教养良好而懂得聆听。在兰斯·比尔斯家的客厅,借着杜松子酒和雪莉酒的劲头,艾伦吐露了自己的忧伤、恐惧,以及那些偏执的念头。随后,他们约会了五个月,期间艾伦煲了许多长达两小时的电话粥。1941 年 6 月,他和莱蒂丝在哈默兹沃斯结了婚。在一张著名的照片上,这对新婚夫妇穿过由纸板企鹅组成的仪仗队,离开教堂。

理查德和约翰回家度上岸假期,他们第一次见到嫂子。按杰克·莫珀戈的说法,约翰以言行明确地表示,他将莱蒂丝看作"微不足道的闯入者,凭诡计得到了莱恩这一姓氏"。这段婚姻催化了"银溪"的剧烈冲突。约翰显然从不相信关于艾伦·莱恩的传奇故事,他发泄了自己的不满,对兄长提出了一堆指责和控告。他声称,艾伦利用弟弟们不在的这段时间,"无可争辩地控制了"公司。在理查德和约翰在皇家海军志愿预备队服役期间,艾伦单方面对公司管理做了调整,甚至都不假装要取得弟弟们的赞同,就启动了新选题和系列,最令人气愤的是,艾伦再次将他的名字印在了新出的企鹅图书上。

这一次,他的名字没有放进括号、躲藏在护封勒口上,而是印在扉页正下方:

艾伦·莱恩
企鹅图书有限公司

那时候,在图书界,人们认为护封是临时性的,但扉页是图书不可分割的一部分。艾伦这一做法的意义显而易见:他挖空心思要成为企鹅的同义词;在企鹅取得至高的地位,就像约翰舅舅在博德利·黑德一样。对小约翰来说,这个改变就是背叛,是更严重的篡权企图的冰山一角;艾伦政变;"企鹅湾事件";"长喙之夜"。[①] 随后,约翰对艾伦提出了激烈的控告:在他看来,艾伦与莱蒂丝结婚证明了离开两位弟弟,他就没有能力管理企鹅。

艾伦虽然被约翰的指责大大激怒,却听从了占星师的建议,没有对小弟弟明确发起的挑战做出反击。艾伦心里很矛盾:他知道将自己推为企鹅的化身,脸皮相当厚;他对自己的婚姻感受可谓五味杂陈;他明白,他结婚的方式打破了莱恩兄弟间的一些戒律;他不愿意与任何一位弟弟起冲突,因为他俩很快又要回到真正的战场上,与法西斯作战,那里更加危险。另外,避免正面交锋和公开冲突是艾伦性格中一个根深蒂固的特点;他内心的想法只有自己和占星师知道,他宁愿在冷静下来时慢慢行动,而不是趁头脑发热一时冲动。(奇怪的是,艾伦后来推说自己结婚是因为理查德和约翰去海军服役了:"如果我们三人待在一起,"他在给尤妮斯·弗罗斯特的信中说,"我真怀疑我可能根本不会结婚。")

---

① 此处为戏仿"猪湾事件"和"长剑之夜",两者都是著名的政变。

所以，"银溪"之战不过是一场单方面的小冲突，算不上大战。理查德心里也很矛盾，不过这种矛盾与艾伦的不同。艾伦·莱恩在家中异常自我；约翰·莱恩也拥有健全的自我；但是一旦涉及兄弟们，理查德便几乎没有什么自我了。艾伦始终被理查德奉为冠军和偶像，但是战争将理查德和约翰异常紧密地联系起来。像父母离婚的孩子一样，理查德因双方关系紧张而忧虑，出于本能想要调和劝解他们。他认为，三兄弟可以成为竞争对手这种想法是荒唐可笑的。哥哥和弟弟他都爱，都同情理解；在企鹅早年取得成功的光辉岁月中，在战争的黑暗日子里，他都希望兄弟们和睦相处。

在一生之中，理查德·莱恩有机会自由选择职业。十几岁、二十几岁、三十几岁时，他为了寻找最适合自己的一条路而尝试过几条不同道路，钻进了许多充满未知的"兔子洞"（还有一个很大的袋熊树洞）。相反，艾伦被直接从学校拉出来，一头扎进出版圈，走上为他设定的道路。理查德比世界上任何人都了解自己的哥哥；他看得出艾伦内心困惑，希望自己符合别人为他塑造的形象。但是理查德这份真挚的同情，以及他为和解所做的努力，对艾伦却不起作用。相反，理查德和约翰之间新的亲密关系让艾伦更没有安全感了。他禁不住怀疑，两位弟弟如此亲密"不仅是排斥他，还是在某种意义针对他，威胁到他的利益"。理查德和约翰归队了，身后的"银溪"笼罩上一层晦暗之色。

艾伦的婚姻一开始就不愉快，房事问题更是火上浇油。莱蒂丝精力充沛、乐于亲热，但她丈夫，照他自己的话说，却是"一个十分内敛而冷漠的人，虽然起初莱蒂丝和我多少温存过，却从未达到我现在才明白在幸福婚姻中应有的热烈程度"。于是，艾伦策划了一场短期逃亡，躲避伦敦和"银溪""幽闭恐怖的气氛"。1941年，他乘船到美国。在那里，他任命信天翁前经理库尔特·恩诺赫为企鹅（美国）有

178

限公司的副总，由此他将证明人生真是一个大轮[①]。

　　这次出航期间，艾伦与英国皇家空军的军官们，还有一位匈牙利雕刻家同船。他写信告诉诺拉，他已请公司律师委任诺拉为企鹅英国总部的一位董事。他请诺拉不要将这项委任告诉父母、理查德和约翰，尤其不要告诉莱蒂丝，因为"没有必要告诉她"。后来有人说，这次美国之行中，艾伦在认真考虑更长久地迁到纽约去。不管这种说法是否正确，日本偷袭珍珠港之前不久，理查德回到了伦敦。战争转而对同盟国有利，新形势以一片光明的前景印证了理查德对洛西恩大使表达的乐观想法。

---

① 大轮（great wheel）出自叶芝作品《幻景》（*A Vision*），"大轮"理论认为人类历史往复循环，有规可循。

第十七章

披上盔甲

1941 年 9 月"斯普林班克号"沉没后,理查德和约翰到"银溪"匆 179
匆洗个了澡,而后去"兔子窝"与父母团聚,共度了两周。虽然已经入
秋,树木却仍未落叶。理查德与约翰在栗树下支开帆布躺椅,他们一
边喝着塞缪尔自酿的酒,一边恹恹欲睡地数算恩典。约翰遭遇了两
次沉船,理查德一次,期间,他们只受了一点儿小伤。在"兔子窝"的
第一周,兄弟俩延续了"软体动物号"沉没时的做法,没有告诉父母
"斯普林班克号"已经沉没;他们想以温和的方式讲出这件事,好好享
受这段平静的假期。但没过多久,约翰告诉塞缪尔,理查德告诉卡米
拉,假期很快就要结束了。

约翰去了位于萨默塞特郡约维尔顿的皇家海军航空站参加战机
领航培训。培训结束后,他晋升为海军少校,被派到皇家空军位于利
物浦市斯皮克堂的驻地,并且负责海军的人事管理,给配有喷火式战
斗机且带有弹射器装置的商船配置人员。理查德在位于查塔姆的皇
家海军医院通过体检后,也被送到约维尔顿接受培训。随后,他被海
军部任命为 H 舰队①的战机领航员,将再次回到直布罗陀海峡。

---

① H 舰队:第二次世界大战期间的英国舰队,成立于 1940 年。

在几个月间，"皇家方舟号"已被击沉，H舰队现在由旗舰皇家海军舰艇"马来亚号"、两艘航空母舰（"鹰号"和"百眼巨人号"）、一艘巡洋舰（"赫耳弥俄涅号"）和几艘驱逐舰组成。"百眼巨人号""几乎是一件古董"，而"马来亚号"也好不到哪里去；船身重达4万多吨，配备八门十五英寸火炮，副炮系统用的是不适合现代战争的六英寸低角炮。在第一次世界大战的日德兰战役中，这艘船遭受了惨重的人员损失。理查德现在住的房间，紧挨着记录阵亡将士名字的船上礼拜堂。

H舰队护送一支由十一艘船组成的护航队（其中有七艘油轮），从直布罗陀去往马耳他。护航队受到袭击，顿时成了一片可怕的燃烧的废墟；"油轮失火真是一幅恐怖的景象，我们知道船上的人几乎死定了。"最后，七艘油轮中只有两艘抵达了港口。后来，H舰队进行了重组，在取得胜利的马达加斯加两栖战中，它将盟军的战斗舰队护送至开普敦。1942年9月，理查德回到直布罗陀，收到了艾伦发来的电报："约翰在休假——去海因兹海德吃午餐——去雷丁参加农场拍卖——约翰半睡不醒地点头——买下农场——明天告诉银行经理。"海因兹海德酒店位于布雷，三兄弟曾在那里享用过"一顿含饮料的大餐"，之后在拍卖会上冒险举牌。（如今，这家酒店为赫斯顿·布卢门撒尔所有，是一家米其林星级餐厅，菜品包括蜗牛肉末和鹅肝布丁。1947年，菲利普·蒙巴顿在这里举办了著名的婚前单身派对。）

有意思的是，打理农场成了艾伦在1940年代的又一个逃避手段，成了他自我形象中越来越重要的一部分。他与约翰一起，要寻找一座三兄弟可以买下并作为共同资产经营的农场。就这样，他们买下了离"银溪"路程不到一小时的"修道院"农场。随后，企鹅出版社改写了企业章程，明确规定农场业务属于公司许可的经营范围。在朗·阿什顿、穆鲁可、伦马克和库纳巴拉布兰，理查德已经受够了农活儿——他依然"对书远比对羊"或者任何其他牲畜"感兴趣"——他一点儿不想逃离企鹅、伦敦和出版界。虽然理查德这么想,他还是支持购买农场。他喜欢兄弟合力这个主意,喜欢任何可以改善三兄弟关系的事情。

尽管身在军队,但整个第二次世界大战期间,理查德和约翰都没有落下公司的事务,他们利用休假和停战期为企鹅的项目工作。从港口到"软体动物号"、"斯普林班克号"、"马来亚号",还有后来的"复仇者号"上,兄弟俩一直帮着经营企鹅。他们审读手稿,写了许多处理版权、纸张、印制、发行、折扣、新选题、新系列和纽约办事处等事务的信件。有一次,"斯普林班克号"停靠在梅西尔港,两兄弟拜访了约翰·孟席斯公司的弗雷泽先生——这是一家爱丁堡的批发商,拥有苏格兰火车站的大部分书店——以推进企鹅图书在苏格兰火车站的销售。像艾伦一样,两位弟弟也随时留意发掘新作家和新选题,即使在海军服役,他们仍保持着这种敏锐嗅觉。在直布罗陀,他们与一位热忱的牧师吃饭,这位牧师写了一本热忱的书,想要讨论一下怎样出版。许多时候,他们听取、细察关于企鹅图书新选题的想法。"斯普林班克号"沉没时被毁的资料,不仅仅是海军方面的,还有文学手稿、出版申请和企鹅出版社的信件。沉船发生后,尤妮斯·弗罗斯特写信给 C.S. 肯特道歉,说莱恩少校"特别有兴趣出一本您的选集《〈泰晤士报〉:第四代领导》("*The Times*": *Fourth Leaders*)①",她写道,"他随身带着材料以便工作。不幸的是,这些材料随船沉没了。"艾伦补充说:"我很高兴可以告诉您,我的两个弟弟都从皇家海军舰艇'斯普林班克号'逃生了,虽然有一个在逃生时摔断了腿。他们真觉得,失去了您的剪报材料比失去了任何财物都令人伤心。"

181

---

① 1945 年,本书在"王企鹅"系列中出版。原文为 *Times Fourth Leaders*,经查资料,原书名应为"*The Times*": *Fourth Leaders*。

出乎意料的是,莱恩兄弟的平装书事业在战争期间竟焕发了新的生机。企鹅的标准化和经济化图书样式正适合军队后勤和战时的艰苦条件。达·芬奇设计的版面尺寸经过汉斯·马德斯泰格尔的恰当简化,特别适合士兵的口袋或背袋。因此,大量的企鹅图书被带去前线。在后方,人们对阅读这种理想的战时娱乐活动的渴求增强了,所有出版人都发现图书一上架就被读者买光了。

1940 年,英国的商业出版社开始执行严格的战时纸张定量供应规定。当局按照每家出版社战前一年的用纸需求,强行制定以吨为单位的纸张配额。对于企鹅来说,1938 到 1939 年度,"企鹅特版"的生产创下了纪录,所以莱恩兄弟们分到的配额"非常充足,是那些眼红的竞争者想都不敢想的"。

虽然分到了充足的配额,但莫珀戈和刘易斯都曾提到,艾伦仍想绕开定量供应规定,其中一个举动是他安排见了一位黑市商人(刘易斯叫他"纸张骗子")。鲍勃·梅纳德和斯坦·奥尔尼发觉了艾伦的计划,极力反对。对此,艾伦"甩手去休假,把摊子留给奥尔尼和梅纳德——他们两人阻止了企鹅"实施一项可能会破坏它和军事当局良好关系的不必要的冒险计划。

在一桩更靠谱的交易中,理查德与加拿大政府协商,以企鹅图书交换加拿大纸张。这桩交易附带了一个意外的好处:"谈妥的计量单位是北美吨,但企鹅提交、获批的货单上用的是英帝国吨。于是,企鹅'不劳而获地'得到了额外 10% 的纸张。"公司将其用纸配额利用到了极致,比如使用更薄的纸张、缩小行距和页边距、抛弃临时性的护封。

企鹅还与当局合作出版爱国题材图书和军事用途图书,以此提高其纸张配额。在鹈鹕委员会会议上,比尔·威廉斯、理查德和艾伦想出一个扩大高品质平装书发行的办法。企鹅代表团(比尔和艾伦)

当着摩根准将、杰克逊上校和陆军部其他官员的面，竭力建议、推进、促成专为军人成立一家图书俱乐部；实际上，这就是一个军队版的首版书俱乐部。当"军人图书俱乐部"最终成立时（其第一本书于1942年10月推出），威廉斯和艾伦用尽各种明争暗斗的手段，奋力最后一搏挤走了基尔德出版社——一个由沃尔特·哈拉普和出版商协会赞助的六便士平装书竞争者。

军人图书俱乐部挑选了一批企鹅、鹈鹕和特版系列的图书，这些书印着企鹅的标识，以每周十种这一备受欢迎的速度大量推出——每种印量高达7.5万册。为了保证企鹅能向俱乐部足量供应图书，纸张监管部门慷慨地提高了公司的用纸配额。一旦哪位企鹅作家的作品入选俱乐部，他就会额外得到一笔版税，并感到由衷的自豪。这个享受资助的项目真是一条营销妙策，它不仅在关键时刻海量地提高了企鹅图书的销量，也将公众资金引流进企鹅的钱袋，使公司得以降低那些未入选俱乐部的品种的生产成本：公司"可以靠享受资助的版本付掉全部印制费的大头，从而以较低的成本经营公开市场上的品种"——这实际上是政府提供的另一项资助。

理查德的大印量加低成本算法在战争期间取得了极大成功，乐观的企鹅收获了无数热爱它的读者。莱恩家两兄弟在军中服役，这使得企鹅更得政府青睐，也为它获得俱乐部这类项目铺平了道路，莫珀戈称此"无疑是本世纪最成功的公关活动；它使整整一代人对企鹅怀有感激之情，并感同身受地认同企鹅的成就"。艾伦也与军方维持着关系。他虽然获准免服兵役，但仍仪式性地在地方自卫队领着上尉军衔，并到地方志愿军做过几天下士。

企鹅从军人图书俱乐部项目得到的最大益处，也许是加深了公司和政府的联系。理查德、约翰和艾伦（当他清楚地认识到战时条件艰苦、需要服从命令时）看到了将企鹅带进战时官场可以获得怎样的

183

好处。他们广泛笼络已有的和潜在的左派、右派、中间派，充分利用他们与军方和政府的关系。除了在企鹅任职，比尔·威廉斯同时还是公共文化与教育委员会的成员，并在战时担任英军时事局局长。莱恩兄弟通过威廉斯搭上了时事局等政府部门，并把一些能增进公司与政府良好关系的人引进了企鹅圈子。这一策略十分成功。莱恩兄弟与企鹅融入了战争经济。在极不稳定的国际背景下，企鹅在战争中的努力为自身取得了局部保障和高收益。企鹅所出的图书本本大卖，到战争结束时，它在英国平装书市场上已经一家独大。说这场战争成就了企鹅，并非言过其词。而说战争结束时，企鹅将稳登国家机构之位，则毫不夸张。

*

企鹅在战争年代非常多产：1939 年到 1945 年间，公司出版了600 多种新书和再版书，推出了 19 个新系列，包括取得一时成功的文学杂志《企鹅新写作》(Penguin New Writing)，以及取得持久成功的童书品牌"海雀"。美国加入战争后，企鹅又及时出版了关于现代画家的月刊《大洋彼岸》(Transatlantic)。法国和埃及版企鹅图书意味着这只南极鸟在北半球开辟了新疆土。

正当艾伦分享企鹅在商业前线取得的成功时，家里却出了状况。莱蒂丝·莱恩终于发觉，丈夫并非超人，"银溪"比《星球日报》更像一座孤独城堡。艾伦不让妻子进入企鹅人的圈子，也不与她分享自己沉浸在其中的业务与生活密不可分的状态。莱蒂丝还觉得，自己被艾伦的两位弟弟冷落，又在卧室中被艾伦本人排斥。这种感觉理由相当充分。莱蒂丝既然对婚姻生活可谓三重失望，便与一位剑桥学者旧情复燃。艾伦察觉了妻子的私情，以前总是他出轨劈腿，如今却被别人戴了绿帽子，他心里恼火，只有来一条惊人的消息，他才能宽心。这条消息就是，莱蒂丝怀孕了。克莱尔·莱恩生于 1942 年 4

月，从此艾伦全身心扮演起新角色，一个自豪的、宠爱女儿的爸爸。

1942 年 10 月，理查德随船返回英国，再次去约维尔顿接受培训。当时约翰正在护航航空母舰"复仇者号"上。船停靠格里诺克时，两兄弟在格拉斯哥的中央酒店见面，度过了难忘的一晚。之后，约翰和"复仇者号"接到任务去支援一项关键行动，这项行动后来成了战争的转折点："火炬行动"，盟军在法属北非登陆。

理查德继续度假。在一个村口，他听到钟声敲响，几年以来第一次，这钟声不是预告德军入侵，而是宣告盟军成功登陆了，这次胜利有助于将轴心国军队逐出沙漠。理查德在"银溪"住了几天。一天下午，他接到一封电报："海军部很遗憾通知您，约翰少校失踪，可能遇难。"艾伦了也接到了同样的电报，当时他与比尔·拉普利外出了。

抱着约翰可能还活着的一线希望——就像在"软体动物号"和"斯普林班克号"沉没时一样——理查德动用他在海军的关系网寻找弟弟。第二天，他又去了白厅，才知道"可能"的意思是"确定"。1942年 11 月 15 日上午，"复仇者号"沉没，船上 800 人遇难。约翰不在四名幸存者之列。

约翰遇难对威廉斯-莱恩一家，特别是两位哥哥，打击沉重。1908 年，理查德和艾伦第一次见到约翰——他俩错把小弟弟当成了一只蛋挞——从那时起，三人就成了亲密的兄弟。如今，朋友们注意到艾伦和理查德身上新近笼罩上了肃穆的气氛，像是披上了一层盔甲，他们明显不再快乐了。

多年来，理查德和约翰住在同一个家里、交往同一群朋友、吃同一桌饭菜、泡同一缸洗澡水，然而还是战争让他俩前所未有地亲近。在海军服役期间，大部分时间里，他们都一起行动，很少抛下对方独自上岸。现在，理查德凄凄惨惨地写到了"以后的孤独日子"：

185

我觉得[约翰的]死对我比对其他所有人影响都大……这么
想也许很自私。爸爸妈妈要照料整家人,我想,日常的添置和修
修补补总的来说能帮助他们保持年轻的心态,保持对生活的兴
趣。艾伦和诺拉已经结婚了,有各自的悲欢,而且他们能看着自
己的孩子长大。可怜的约翰没有机会经历这些了,我想他本来
会成为一个有趣的好爸爸。而我,什么盼头也没有了。

在悲痛中,理查德想起了许多往事:小时候两人在科腾谷和库姆比峡
谷冒险;约翰在环球旅行时发来珍贵的信件,里面描写了他的"女眷"
和大象,还有从墨尔本到佩斯的漫长汽车之旅;在朴茨茅斯附近的西
北堡垒,一名军官错把教堂钟声当成入侵警报,引得大家慌乱;约翰
和理查德登上"斯普林班克号"的时刻("莱恩兄弟前来报道"),还有
船上其他难忘的时光,比如在长官室的沙发椅上,约翰挤坐到两名皇
家海军女子服务队员中间。理查德还想起了兄弟俩在斯卡帕湾和柯
克沃尔度过的时光;想起了埃维湾,他们一起钓鱼,约翰第一次钓到
了鳟鱼;想起了与诺拉在"岩石区"共度的田园时光;想起了逃离沉没
的"斯普林班克号",船上的吉祥物完全无恙,一身最好的衣服完好无
损;想起了他们随"福伊号"返航,后来理查德回英国养伤,约翰悉心
照料哥哥。

理查德受伤后,"约翰老弟"和"迪克老兄"分开了;从那之后,理
查德很少再见到约翰。在"斯普林班克号"上,他们互相扶持,还挽救
了同船的人,当时莱恩兄弟发现酒铺被破门而入,立即采取非常措
施,阻止了悲剧发生。现在,理查德满心后悔,他当时没有在"复仇者
号"上扶持、保护弟弟,与弟弟共患难。

艾伦也为失去弟弟心痛非常,不过他的情绪很不稳定,这是他的
特点。在伤心时,他忽而静静地待着不见人,整个人像瘫掉了一样,

忽而失声痛哭,发狂似的释放感情。一位在场者讲述了当时的情景,艾伦正与一位同事谈话,这时有人送上那份带来悲伤消息的电报:"莱恩拿到电报,读了,合起来,然后放进上衣口袋,一句话没说,继续和伦敦代表比尔·拉普利讨论邦珀斯书店的订单。"后来,在一个比较放松的场合,艾伦很快忘记了在"银溪"时激化的竞争关系,认定在两个弟弟中约翰最好、与他最亲,他怀着怨念说了一句非常伤人的话:在海军的对敌作战中,不该死的弟弟死了。

第十八章

权力与荣耀

　　向威廉斯-莱恩家发出约翰遇难通知之后几天，海军部任命理查德上尉为战舰皇家海军舰艇"约克公爵号"上的战机领航员，请他几小时后前去报到。理查德没有赴命，而是请求留在岸上，以便处理好弟弟的私事。海军部同意了，让他继续休假，等候下一次任务。理查德怀着严肃庄重的心情，执行弟弟的遗嘱，处理他留下的遗产，还有他为在纽约成立企鹅（美国）有限公司而签署的合约。

　　约翰遇难后好几周、好几个月，艾伦都彻底陷入精神崩溃中。他不见朋友和同事，不吃饭，还躲着女儿克莱尔，因为她令艾伦想起婴儿时的约翰。到了晚上，艾伦悲泣着入睡。阿加莎·克里斯蒂说，她的老朋友伤心欲绝，整个人都变了。尤妮斯·弗罗斯特从未见过艾伦这样崩溃；她说："我知道艾伦不镇静、不自信的情况只有这么一次。"没过多久，占星师的建议不能再满足艾伦了，他去看了正规的精神科医生。

　　理查德的新海军任命下达了，他被派到位于奥克尼群岛上哈特斯顿的皇家海军航空站，去监督修建归航指向标，并监督在赫斯塔湾建立战机领航学校。这项派遣来得正是时候，成了医治理查德的一剂良药；驻地在梅恩兰岛崎岖海岸上一处偏远、人迹罕至的地方；"大海离房子不过几英尺,从西面看,最近的陆地远在三千英里之外。"在人生中最艰难的日子,奥克尼清新的野外和奥克尼人的热情友善给了他无尽的帮助。他渐渐爱上了这个地方和这些人。在斯卡拉布雷史前村落中、在斯坦尼斯立石前、在梅肖弁古墓旁,理查德独自思念弟弟,哀叹他的离世。他与自己的思绪和远古的亡灵为伴,为自己的企鹅弟弟感到自豪——他是"司鸽官",是候鸟,他因举杯致敬沉没的"俾斯麦号"而引人瞩目,他在海军中表现突出,他为正义的事业献身。余生的每一年,在约翰离世那天前后,理查德都会静静地陷入回忆和怀念。

理查德的战时军旅生涯从战机领航室开始,也在那里终结。战争结束时,他将一样东西留在了奥克尼:战机领航学校的无线电呼号,"企鹅"。一旦复员,他立即回到办公室,那时它基本上仍被英国航空部的人员占用着。最终,航空部离开了哈默兹沃斯,留下一些战时增建的房屋:一间秘书室,后来成了企鹅的会计室;一座机库,用来存放企鹅的 800 多万册库存;一间餐厅,阴冷而难以改建,其中剩余的食物全送去"修道院"农场喂了猪。

战后的英国明显不同于与战前,企鹅也是如此:理查德 1945 年所回归的企鹅与 1939 年时截然不同。军人图书俱乐部等战时项目让公司变成了一间国家机构;它的产品成为公众事业的一部分。一段时间之后,新的工作常规才确立起来;1945 年到 1946 年间,公司的员工和管理层流动很大,有些复员的企鹅人回来了,也有一些人,比如爱德华·扬,明确表示要去别处工作。

虽然人员变动很大,但理查德仍能轻松转变,全时间地投入企鹅的业务。在"斯普林班克号"、在赫斯塔湾,他一直在处理公司的事务,现在他再一次扎进自己热爱的工作中。他以充沛的精力和创意,审查公司的出版计划和超负荷的项目清单。他分析预付款、合同、生产成本和分类账的状况。《爱丽丝梦游仙境》的作者已去世多年,但理查德从版税账目中发现,企鹅竟一直向他支付高于市价的版税。其他问题同样突出。平装书出版人理查德在内心永远是一位藏书家,他给企鹅带来了对优秀设计的关注、对编书的热情。如今,他发现生产部门充斥着一股马虎、随意的风气,这让他想起了约翰舅舅去世后的博德利·黑德。

编辑标准下降了。读者们承认,战时的俭省措施使得纸张更薄更暗、挤压了版面、缩小了行距和页边距,但是事实查证、稿件编辑和校样审读的品质也给牺牲掉了。如今,顽固难去的疏忽作风和低下的协调能力在许多方面表现出来,比如,排版错误、低级失误和封面文案马虎。战时的紧急状况再也不能作为忽视这些问题的理由了。理查德计划开展一项行动,恢复、提高企鹅的标准,为公司的业务打下坚实基础。图书会以更好的方式呈现,读者会得到更多的尊重,企鹅会以更专业、更有效的方式开展业务,从而获得更高的利润。

除了筹划一场战略行动,以追求更好的品质和更高的销量,理查德还以修订之名纠正隐藏更深、不易发现的小错误。"海雀"系列要新出一本图画书,菲莉丝·莱德曼的《汽车的构造》(*Abouta Motor Car*),然而校样上满是连伦马克的唐·芒特也看得出来的错误。理查德·莱恩,曾经的客车司机和业余技工,在仔细审查了插图草稿后,"详细指出钠阀、活塞销和气缸盖哪里画错了"。经过修改后,这本书卖得很好,还被翻译成二十多种语言。理查德引导内心的新手,对另一本"海雀"《在农场上》(*On the Farm*)提出了类似的修改意见,这本书插图中的犁"没有扳动装置"——比他在贝克迪夫用的犁还落后。

在 1920 年代,约翰舅舅拒绝过一位名叫格雷厄姆·格林的年轻作家的投稿。现在，在 1940 年代，格林成了时代公认的最优秀小说家，但他与莱恩家的关系仍时好时坏。1945 年，他抱怨说企鹅版《偷天换柱》（*England Made Me*）里的作家简介"太随意、太个人了，照片太过时了"。企鹅希望做得更好，就出了新版的《布赖顿硬糖》（1938年首版），并请格林同意再版《权力与荣耀》（1940）和《恐怖部》（1943）。格林拒绝了，说如果《权力与荣耀》用企鹅的封面，"会损害五先令版本的销售"，不过他同意让企鹅出版《不法之路》，《权利与荣耀》就是基于这部游记写的。1946 年初，艾伦给格林寄去两册企鹅——《偷天换柱》和《布莱顿硬糖》——请作者签名后寄回，然后收入企鹅日益壮大的作家签名本书库。格林立即回复说："在此退还两本书，《偷天换柱》封底的宣传语很糟糕，其中评语十分无礼！"不久之后，格林的代理人戴维·海厄姆写信给理查德·莱恩，说作家现在更失望了："贵社版《不法之路》书脊上作家的名字拼错了。我能跟他说点儿什么吗？"

不止格林的作家简介出过问题。在弗吉尼亚·伍尔夫的《普通读者》的一个版本中，作家简介称《奥兰多》是"意识流"手法的典范。伦纳德·伍尔夫在回信中附上了修改后的版本，他说之前的介绍"错得离谱，因为在我妻子的作品中，《奥兰多》以丝毫未使用'意识流手法'而著名！"薇塔·萨克维尔-韦斯特强烈反对《耗尽的激情》（*All Passion Spent*）在作家简介中称她为"外交官的妻子"，她说这种说法"令我想起一类可怕的人，我实在太熟悉了：爱交际，玩桥牌，业余写点儿东西，巧妙地利用自己的外交经验来获取众人的关注和零用钱！"

并非只有格林作品书脊上的错误逃过了企鹅审读员的眼睛。W.E.D. 艾伦上尉从贝鲁特给尤妮斯·弗罗斯特写信，谈到《阿比西尼亚游击战》（*Guerrilla War in Abyssinia*）："里面有一些错误，最严

190

重的一个说温盖特上校戴着'乱糟糟、湿淋淋的假发',而不是'软木帽'①！……补充一下：我们此刻正在经历一场政变。"这里挑选出1940年代及之后企鹅图书中出现的一些其他错误，以说明出版人会不时遇到的陷阱："pit-bottom"拼成"bit-bottom"；②"GwynJones"拼成"GlynJones"；③在《亨利六世（上）》中，"prostrate"拼作"prostate"，因此成了"Meantime, look gracious on thy prostate thrall"；④在"企鹅特版"的《住宅》（*Housing*）一书中，"pretty standardized blocks of flats"写成了"good-looking standardized blocks of flats"；⑤1.5万册的《流放与国王》（*Exile and the Kingdom*）扉页上作者的名字印成了"Albert Acmus"。⑥企鹅烹饪书中危险的错误令一些业余厨师和他们的家人、客人食用了过量的肉豆蔻和大麻。

　　虽然书上出现了这些失误，但弗吉尼亚·伍尔夫和格雷厄姆·格林仍将成为企鹅橙色系列中闪耀的明星，公司将把他们的作品送至千百万读者手中。萧伯纳是名单上又一位广受欢迎的重量级人物。艾伦和理查德都极为敬重他，都收到过许多他寄来的明信片（萧伯纳喜欢这种联系方式），上面满是恶作剧和神来之笔。比如，理查德常年与萧伯纳保持着幽默的书信往来，讨论《愉快及不愉快的戏剧》（*Plays Pleasant and Unpleasant*）以及其他几部作品。1944年，艾伦想教克莱尔开始收集作家签名，他给萧伯纳写了一封逗趣的信，而萧伯纳的回复同样有趣。"我觉得让一个天真的孩子开始无用的

---

① "假发"英文为"toupee"，"软木帽"英文为"topee"。

② "pit-bottom"意为"井底"。

③ "Gwyn Jones"，人名，格温·琼斯；"Glyn Jones"，人名，格林·琼斯。

④ "prostrate"意为"拜倒，匍匐"；"prostate"意为"前列腺"。第二幕第一场中查理的话原是"Meantime, look gracious on thy prostrate thrall"，意为"在此之前请对匍匐在你面前的仆人加以青睐"（索天章译文）。

⑤ "pretty"有多重意义，其中之一与"good-looking"相同，意为"漂亮的"。然而在《住宅》中取"相当"之义，作者要表达的是"相当标准化的公寓楼"，而非"漂亮的标准化公寓楼"。

⑥ 阿贝尔·加缪姓名的正确拼法为"Albert Camus"。

签名收集(除非签在支票上),而因此浪费时间、打扰周围人,是非常缺德的。为什么不给她买一只泰迪熊呢?"不过,萧伯纳同意寄去他的签名,条件是"这道德责任"由艾伦承担。

理查德查看合同档案时发现,企鹅对萧伯纳作品的平价普及版享有优先出版权。这一发现使理查德想到一个好主意,后来它成了企鹅最成功的主意之一:十卷本萧伯纳戏剧集,每卷印量 10 万册,每册定价一先令。理查德对《知识女性指南》早年取得的惊人成功记忆犹新。1946 年 8 月,他写信给艾伦,提出要利用这一优先出版权,他说明了去阿约特圣劳伦斯或者白厅庭院拜访"老人家",征求他同意出版这个版本的头等重要性。为说服艾伦,理查德奉承了哥哥一番。"萧伯纳对你有很深很深的个人感情。"他写道。结果,艾伦同意去拜访萧伯纳——对于莱恩氏的再版事业,这位作家始终乐意立即给予赞同和支持。

以庆祝萧伯纳九十岁大寿(他生于 1856 年 7 月)为契机,企鹅推出了"萧伯纳百万册"。这套书点燃了全英国读者的热情,人们在书店和报亭外排起长队争相购买。这一版本切实地证明,企鹅有志实现高品质图书的量产。史蒂夫·黑尔称它为"了不起的出版成就"。随后,"银溪"举办了欢庆活动,来客们享用了理查德亲自采摘和腌渍的覆盆子。斯坦利·莫里森称赞这场庆祝会是"我们时代出版界最大的盛事"。萧伯纳系列帮助企鹅到达了又一座里程碑:百种百万图书。后来,他们又陆续推出了一些"百万册"系列,比如纪念 H.G. 威尔斯诞辰八十周年的"威尔斯百万册",十余年后推出的产生了深远影响的"劳伦斯百万册"。

192

*

企鹅创立之初由莱恩三兄弟共同管理,他们的股份完全相同:总共三份,每人一份。约翰去世后,艾伦想设法获取公司的绝对多数股权。在律师和顾问的帮助下，他搞出了几万支新股份，制定了新的股权结构。在新的分配方式中，在世的两兄弟不再享有同样的份额：艾伦持有 75％企鹅产权，理查德持有 25％。

按这一新的股权结构，艾伦不仅将取得约翰的所有份额，还将获得理查德份额的四分之一。为了让理查德接受，艾伦给了一个甜头来诱惑他。他提议列理查德为其人寿保险的受益人，理论上，他去世后理查德将得到一笔赔偿金，足以购买哥哥的那部分股权。这种安排正式将理查德确立为艾伦的继位人、企鹅未来唯一的所有人——不过前提是他活得比哥哥久。而理查德对这个甜头并不怎么感冒，他更希望与艾伦达成正式的共识：哥哥得到行使权力的足够空间，同时自己能扮演一个重要但不具威胁性的角色。理查德希望这能够熄灭从战前到战时艾伦心中燃烧着的不安。他怕不然的话，自己会成艾伦在公司调整计策的明显靶子。他还有其他一些考虑。他希望使企鹅安定下来，保护莱恩兄弟们发挥各自特长、充分利用彼此的互补性而创造出来的东西。他希望保持企鹅的乐观精神，并为艾伦经营、管理和生活的方式带来一些善意和智慧。尽管艾伦日益自大，但理查德仍希望自己敬重的哥哥得到最好的发展。因此，他同意艾伦的提议，并开始为艾伦的人寿保险支付一半保费。就这样，理查德成了企鹅的普通股东，以及企鹅帝王的王子。

战争期间，艾伦独掌企鹅并非完全合理。现在，由于理查德做出退让，接受了 75/25 的股权分配协议，艾伦不再是企鹅事实上，而是法律上的负责人了。理查德的地位已经降低，约翰这位常常质疑他的精明制衡者也不在了，艾伦变得更加独断专权，成了他始终自认为的永远正确的领袖。在贝鲁特可能发生政变，但在企鹅，独裁者权力稳固。企鹅在 1945 年的庆祝新闻稿中——不是庆祝战争结束，而是庆祝企鹅成立十周年——以夸张的语言宣示了艾伦至高无上的地位,这些话倘若约翰在世,他是不敢说的:"艾伦·莱恩正是企鹅图书有限公司的头脑。他是企鹅灵感与创新的主要源泉,是其天才领导。他对企鹅的前景有着清晰的规划,这规划需要一整套'企鹅特版'来具体实现。"

这些规划非常重视发展和多样化。整个 1940 年代,艾伦以收集作家签名、古董和香艳逸事的那股劲头,开发新的图书系列。不过,尽管公司取得了发展,他却保留着混乱的工作方式:他还是随身携带纸条,上面潦草地记满笔记和想法;他还是"喜欢不说一声就突然消失";他还是讨厌开会——如果它们能够移到酒馆(佩吉·贝德福德)去开,或者更好的是,到"银溪"的划艇上去开,"再愉快地喝上几大口酒"的话,就没有那么煎熬了。

理查德着手劝告哥哥怎样经营日益壮大的企鹅。1945 年 11 月,他提交了自己拟定的纲领,加上了温和的糖衣:"我认为未来几年我们应该实行的政策"。他建议结束"不加约束、没有规划的计划",加强公司的国际关系网,肃清编辑和高层管理中的"草率作风"。

> 以大版图项目为例。你写了几封信,见了一些有趣的人,离开了六个月。弗罗斯蒂也写了几封信,其中一封现在作为合同存档了,它实际上只规定我们需要付款,却没有提收款者需要做什么,之后,她也离开了。也许有人会说,蛋糕已经半熟、事情已经办了一半。可这半熟的意思是,厨子还没有定下用什么原料或者还没有搅拌原料,还不知道这面团是该送进烤炉还是继续发酵。

理查德敦促哥哥尽早确定公司的所有高管之位,并削减冻结在长期投入中的资金以减轻负担,这些长期投入包括比如开展了一半的新

194

项目，以及高额预付金——公司已经为尚未完成的作品支付了数万英镑的预付金，这些钱不能参与流转。公司管理层应该与合作出版人建立起友好关系，并保证每天都有一位高管值班。艾伦本人要更规律地上班，还要写工作日记，"记下一天中见了谁，讨论了什么"。他应该聘请一位私人秘书，像正常的老总那样做事，比如礼待员工，带部门负责人和他们的爱人出去吃饭。"任何政策和合同都必须经过讨论，这样即使我俩哪一位不在，也不会发生不必要的耽延。"理查德说他不喜欢人自称指导者，但"既然我们的工作如此，就要努力这样做"。

理查德提议中最重要的改变涉及两位所有人董事自身。艾伦必须摆脱繁重的琐事。"请好好想一想，你要继续和烦难的人与事纠缠多久呢？没有人比你更爱清闲，但除非定下明确办法，否则恐怕你很难在不牺牲整个公司的效率的情况下，享受更多的清闲时光。"理查德在纲领中给出的"明确办法"是："王子"担任临时首席运营官或者代理老总，由他打理业务，处理琐事，确保整个公司有条不紊。在这种辅佐下，"国王"可以成为一位"仁慈的执政官"，制定最关键的战略决策，有更多闲暇待在"修道院"农场或者去度假，最终基本上摆脱日常琐事。

195　　　　没有什么烦难的人与事迫切需要你来处理。我认为，它们全都是受你诱导造成的。也许你不知道自己的热情有多强的感染力，不了解你的人很容易把你的话当真。

艾伦，按理查德的话说，"常常在没有必要的人与想法上浪费时间"。

处在你的位置，你应该把它们推给别人。它们不仅浪费时间，也浪费精力。在园中漫步、沉思比费力和无聊的傻瓜讲话对你更有益。

艾伦赞成理查德的看法——他对鲁贝格·明尼说，哪件事要是有理查德在操心，"我就不用操心了"——他同意弟弟对公司内草率、拖延风气的评价，承认"我们在生产方面显然并非一流"，因此必须对编辑工作"多加注意"。"现在，许多事情掉链子仅仅是因为没有人关心、熟悉它们。"大家需要做得更好："付印的图书应该尽可能完善，带给人这样一种感觉：它不是一本普通的平装书，我们为它花费了很多心思。我们有足够的底气能毫不吹嘘地说，我们可以给人们留下这样的印象：在我们这里出书确是一座里程碑。"

艾伦同意新聘雇员"应该经过我们两人审查"，他也积极回应了理查德要打造新管理结构的提议。"我觉得'仁慈的执政官'这个讲法很有道理，我在想，如果我不插手办公室的事，其他人是不是就能发挥出最大的潜力。"比尔·威廉斯赞同理查德，也认为艾伦应该放手，他用一个军队类比来夸赞艾伦：

> 企鹅能够发展到如此大规模，有一个原因便是您习惯将权力下放。您知道，我不喜欢蒙哥马利元帅，但我敢肯定，他能够指挥千军万马是因为他没有陷入日常琐事，他的心力都用于思考宏大之事。他挑选出一小群人，重视他们的意见，一旦这个小战争会议商定了什么行动，他就顺其自然。我想这是现在已经用烂的"领导"一词的唯一本义。

196

威廉斯提议成立一个"五人组"来领导企鹅。艾伦写信给理查德，说他很乐意，"实际上感到很解脱"，将行政控制权分给大家：请威廉斯做"总编",哈里·帕罗伊辛做"所谓总经理",自己和理查德轮流做老总,再请一个人管生产。这样一安排,艾伦写道,"我们自己就能够抽出更多时间打理农场、从事别的活动"。他说他希望把自己一半的时间花在农场上。他没有采取威廉斯的提议,而是给出了自己的方案:一个包括尤妮斯·弗罗斯特的"六人委员会"。

一位新员工,塔季扬娜·肯特,将到委员会做总助理。于是,六人委员会只差一位合适的生产经理就完整了。在随后发生的一系列永久性改良了20世纪图书设计的事件中,公司找到了这个人。

第十九章
纳尔逊的风范

用理查德的话来说，莱恩兄弟对企鹅出版社的规划，其核心在于"告诉读者廉价版图书也能拥有高雅的品位"。要实现这些规划，就需要一位领头人——拥有新的理念，能将企鹅图书的设计风格统一起来。与书商奥利弗·西蒙共进午餐时，艾伦谈到了这些愿景，西蒙自"首版书俱乐部"起就跟艾伦是老相识了，约翰·霍尔罗伊德-里斯在信天翁出版社的时候也跟他很熟，他在柯温出版社的作品广受好评。（西蒙的妻子露丝跟艾伦有一些共同的伪科学爱好，并领他进入了笔相学的领域。）西蒙告诉艾伦，要完成这项工作，瑞士的字体设计专家扬·奇肖尔德是最佳人选，"绝对没错"。

虽然企鹅出版社的发展一直得益于才华横溢的员工队伍，它的管理者也与英国最好的封面设计师和字体设计师有过一定的合作，艾伦和理查德却从未想过聘一位专家级别的字体设计师，并给他自由发挥的权利。理查德后来写道："一旦准备专心解决问题，艾伦从来不浪费时间，所以他给奇肖尔德打过电话之后，就包了一架飞机，跟西蒙一起飞到了瑞士。"艾伦和奇肖尔德谈好了条件，将这位字体设计大师诱骗到英国为企鹅工作。他们谈定了工资，但还有两个条件待解决：第一，艾伦还要跟理查德商量一下；第二，他们需要从英格兰银行的外汇管理部门申请许可，使奇肖尔德能将钱汇到瑞士。

在字体设计和做书方面，理查德相信奥利弗·西蒙的判断。但是，当他看到他哥哥开出的工资之后，还是大吃一惊。后来他写道："我不反对聘请一位知名的字体设计师，但是我觉得艾伦开出的工资的确是超出了我们的承受能力，比艾伦和我的工资加起来还高。我们吵了很久，但最后艾伦还是得逞了。"

奇肖尔德到哈默兹沃斯的时候，艾伦正在度假，理查德向管理层介绍了这位字体设计大师，大家很快开始用"蒂西"这个昵称来称呼他。几天之后，公司组织了员工的年度旅游活动。比起之前的巴黎之行，这趟去布莱顿的旅程显得"非常无聊"：简单的午餐之后，大家就去海边玩各种沙滩游戏了。理查德开车把蒂西和弗罗斯蒂带到了集合点，然后返程的时候绕了一大圈，让蒂西可以看看风景如画的英式乡村。他们路过一个村子时，看到草地上正在举行板球比赛，于是停车看了一会儿。奇肖尔德从前从没观看过板球比赛，"所以我们得一项项地给他讲解"。

"两支队伍各有多少队员？"他在后座问道。

"十一个。"理查德答道。

一阵短暂的沉默。"我怎么只看到十五个人在场上。"奇肖尔德说。

"那是因为虽然投球一方队伍全员在场上，另一方此时只有两名队员在场上。他们是击球手。"

"怎么看出来谁是击球手？"

"第一，他们手里拿着击球板；第二，他们身上穿着护膝保护腿。"

"那个人穿着护膝，但是手里没有击球板，他是干什么的？"

"他是三柱门的防守员。"

"他属于哪一方？"

"跟其他投球员一队。"

"穿白色外衣的队员是做什么的?"

"他们是裁判。"

"两位裁判,我猜两队各有一位,是吧。"

对话这么来来去去,直到他们沉默良久,字体设计师终于睡着了。理查德和弗罗斯蒂都以怀疑的目光瞥了一眼这位新来的明星雇员。

当蒂西在哈默兹沃斯安定下来开始工作的时候,眼前的情况让他高兴不起来。企鹅和鹈鹕的标准封面抄袭的是信天翁和戈兰茨的无衬线风格,而且在设计上根本没有任何区分度和统一感。内文排版也非常糟糕:字间距和字体的选择都很随意,既不便于阅读,也毫无美感。那他怎么看待企鹅的社标呢?"丑陋不堪",而且"全是错误"。理查德跟新员工分享了他的计划,争取以低成本做出高品位的图书,两个人花了很多时间一起制订"比现有机制更有利于图书生产的计划"。理查德越来越信任这位字体设计师,他在信中向艾伦提议:"我觉得他不应该仅仅是我们的字体专家,也应该主管我们的生产部门。"如果奇肖尔德在企鹅仅仅是个管字体设计的人,那就浪费了他的潜力,跟他的工资也并不匹配;但如果他能总管生产部门,理查德就会比较赞同这个安排。艾伦同意了,"企鹅帮"终于找到了第六名成员。

扬·奇肖尔德既有创新精神,也是完美主义者,在他的职业生涯里,天马行空的创意与严守规则的一致性并存,组成了一种独特而奇异的风格。他逃脱了纳粹的迫害,在瑞士定居,在古典和现代字体设计两个领域里都提出了开创性的理念。他跟艾伦一样热衷于笔相学,他们对室内设计的品位也很一致:蒂西在瑞士的公寓"除了地板使用锃亮的黑色,其他全部使用白色"。艾伦劝诱他,理查德也仔细

199

评估了他的能力，之后他将在企鹅工作两年半，细致监管每本书、每个书系的印制，建立了一套严格的质量管理体系，不仅企鹅的承印厂在遵守，他们的竞争对手也采用了这套体系。他令企鹅和鹈鹕出版的图书具有了标志性封面，并赋予了它们印刷层面的美感。至于那个体态丑陋的企鹅社标，他经过多次尝试，给它拔毛、收腹、吸脂，终于创造出了一只更灵动更优雅的企鹅，它成了全球设计史上的偶像，并且将成为这家出版机构未来几十年的标志。

当时的英国出版业中，普遍存在的现象包括印刷厂印得太慢，纸张颜色太灰，排版太烂，设计师太懒，奇肖尔德以个人之力对此宣战。他确立了企鹅出版社的排版准则，对文字排版、大写字母、段落缩进、拼写、标点符号、页码、脚注和图表都给出了需要严格遵守的指示。"在使用下圆点的名字和姓名缩写中，例如名字 G.B.肖，以及所有使用下圆点的缩略语之后，下圆点后面的空距应比字行里正常单词之间的空距要短（长度固定）。""在大写单词和小号大写单词的字行里，词与词之间的空距不应超过一个半身空铅。"其他的出版商也采用了蒂西的企鹅排版准则。他坚持应该给印刷厂明确的指示，告诉他们他希望每本书能印成什么样子，这也成了行业惯例。（如果有印厂敢不听他的指挥，蒂西就会气得大喊："他们不知道我是谁吗？我可不是他们能糊弄的人，我是扬·奇肖尔德！"）1949 年，英镑贬值，他回到了瑞士，设计"镇静剂和其他药物的传单"，企鹅出版社的一段辉煌时光随之落幕。但是，蒂西留下的设计遗产得到了保护和发扬，他的继承者是跟他一样严格的汉斯·施莫勒，他离开了奥利弗·西蒙在柯温出版社的团队，加入了企鹅。

＊

奇肖尔德实现了理查德的目标，让大规模印刷的图书拥有了西蒙所说的"从前只有精装书才能在印刷过程中享有的良好待遇"。在哈默兹沃斯,理查德继续就如何提升公司业务并规避风险给他哥哥建议。其中一个很大的风险来自企鹅过度扩张的海外机构和分支网络。1944年艾伦去了一趟南美洲,遇到了年轻的乌拉圭人塔季扬娜·肯特。他将塔季扬娜招入麾下,让她负责企鹅在巴西和阿根廷的业务扩展。理查德对此表示怀疑:虽然艾伦希望只要有了塔季扬娜在工资表上,南美的业务基本可以"自行运转",但是理查德认为"事情可不会那么简单",特别是考虑到国外的纽约分支和旧帝国版图内的公司这类令人头疼的问题。"要在埃及成事,必须进行有力的监督。印度……只要能够再给些时间和精力,一定也能再次做成大事。澳大利亚、新西兰、南美和加拿大都需要多加留意。"在可见的未来,谨慎和巩固仍然主导着企鹅帝国。"对于大部分分支机构……从今以后主流的趋势应该是缓步前行。"

澳大利亚传来的消息说——"企鹅的书很少而且都过时了",特别令人沮丧。鲍勃·梅纳德1946年从海军复员,立刻踏上了去澳大利亚的旅程,肩负重任,力图评估并推进企鹅在当地的业务。梅纳德觉得这里有很多好机会有待把握,他告诉艾伦说他愿意留下来,开一家分公司。虽然艾伦同意了,但是也认可理查德的看法,企鹅整体上确实有点扩张过度,他在1947年写道:"虽然不愿意这么说,但确实没什么动力伸展翅膀了,我也赞同应该保持现状,做有把握的事情,不要再为美国、加拿大、澳大利亚、阿根廷和巴西的分公司操心了。你大可以说'我早料到是这样',确实有理由这么讲,但是说真的,这么多家分公司的业务相继出现问题,的确让我也开始担心了。"

企鹅英国总部与美国分支本来就存在天然的矛盾。美国的市场更大,而且已经形成了自己的文学品位和身份。纽约的管理者自然想出版他们自己的图书——美国的图书、面向美国读者,但是艾伦不断施压,要在那里卖更多英国的图书;要么是在英国立项并编辑,更

201

有甚者,要么完全由英国制作,然后出口到美国。艾伦理所当然地把美国视为企鹅的殖民地,但是美国人骨子里就对殖民统治存在反抗意识。美国的卖书模式也一直让人恼火。企鹅(美国)股份有限公司通过"大约十万个杂志经销商"卖书,而不是"通过专业书商的订单"。艾伦一直谴责美国实行的基于退货制的零售方式,因为经常书都是卖得少,退货多。艾伦和理查德两人都对美国分公司怀有深深的忧虑。为了总部的利益,在不触犯美国贸易法规的情况下,它能在这里独立运营并且盈利吗?兄弟两人能确定拥有这家分公司的控制权吗?更重要的是,他们能控制企鹅品牌在美国的发展吗?

面对这样一个难以探索的迷宫,莱恩兄弟在美国的第一个管理人伊恩·巴兰坦举双手投降,1945 年带着纽约公司的大部分员工离职,建立了他自己的出版社,也就是矮脚鸡出版社。为了重建公司,艾伦求助于库尔特·恩诺赫和尤妮斯·弗罗斯特,莱恩兄弟两人也亲力亲为。战时,艾伦跟一位在美国大使馆工作的小伙子交上了朋友。维克托·韦布赖特精力充沛,能跟得上艾伦在战时喝酒、参加派对的节奏。虽然他缺少出版业从业经验,但是他曾做过文学杂志方面的工作,而且聊起文学和文化的话题,能说得很有见地。战争结束后,韦布赖特在伦敦的工作结束了,艾伦含糊地提议让他去纽约跟恩诺赫搭档工作。

这份工作的岗位描述同样很含糊,韦布赖特就这么到了企鹅在美国的办事处。艾伦似乎在玩间谍对间谍或猜豆子赌博的把戏,他偷偷跟韦布赖特说他在美国就是自己的代理人,有什么事私下汇报,把他当自己的心腹;但他对恩诺赫也说了同样的话。在这种进行间谍和阴谋活动的氛围里,韦布赖特的外交职业训练给了他很大优势。他觉得恩诺赫这个人缺乏幽默感,又独断专行,但是很敬佩这位德国人在图书生产和发行方面的经验,决心让他成为自己的人马,即便艾伦曾经明确说过别这么做。恩诺赫方面则早就开始对"艾伦的可靠度和可信度"持怀疑态度了。

　　收服了恩诺赫之后，韦布赖特开始施展拳脚，但他的所作所为开始让艾伦怀疑自己的特使是不是能力有问题，或者更糟，这个人是否忠诚。比如，当韦布赖特主张出版厄斯金·考德威尔的书的时候，艾伦就很尖刻地说要出他的书，得另开一家色情出版社才行。艾伦担心在美国大行其道的图画封面会让企鹅堕落，成为一家不堪的公司，理查德·霍加特曾绘声绘色地描述过那种封面——浑身充满"情色诱惑"的"失足"女性，"她们的上衣永远往下耷拉着，像刚击退强奸犯"。

　　在 1945 年末到 1946 年初的冬季，矛盾出现了一个爆发点。艾伦在给韦布赖特的信中暗地里下了最后通牒：除非韦布赖特能"说服迪克这家公司未来能按照企鹅出版社的纲领发展"，否则理查德将亲自到纽约对企鹅（美国）股份有限公司进行清算。然而理查德还肩负另外的使命：弄清这家公司的股权状况。艾伦许诺给韦布赖特 40％的股份，恩诺赫 10％的股份，尤妮斯·弗罗斯特 10％的股份，居然同时规定企鹅（英国）有限公司能拥有主要控制权！

　　韦布赖特将艾伦的最后通牒告知给恩诺赫，同时理查德启程前往美国。他们在纽约哈里森小村周边散步长谈。理查德还被邀请到位于马里兰州的哈罗洛克农场，在这里，早年在澳大利亚农场打工的那个小伙子又冒了出来。韦布赖特写道："他到处跟工人说话，跟农夫聊天，像个没长胡子的托尔斯泰，靴子上全是泥巴，袖子撸到了手肘，开心得不得了，好像全身的肌肉都准备好了，要完成某项前所未有的大工程。"（理查德一直是那么平易近人，而艾伦则从来不会这样。有一次艾伦向他的园丁借了一顶小圆帽，因为他要参加传统犹太人的婚礼，他让"在企鹅出版社食堂工作的女士用蒸汽把帽子清洁

203

干净",这样他才好戴。)

韦布赖特描绘了企鹅在美国的大好前景,也指出了当前惨淡的财政情况。公司已经赢得了读者、书商、评论家和学者的尊敬。美国的人口正在暴增,大学生也越来越多,像企鹅这样优秀的出版商无疑将从这两项增长中受益。虽然企鹅(美国)有限公司目前缺少资金,而且"几乎难以偿清债务",但已经签约让福西特公司负责图书发行,芝加哥的 W.F.霍尔印刷厂同意赊账印书。理查德听了韦布赖特鼓吹的利好条件,也研究了市场前景——数据主要来自韦布赖特找来的大学入学情况和战后的人口统计,他也同意未来会不错,同时对当前美国分公司不妙的现状表示了同情。理查德给艾伦交了一份报告,说了些好话,艾伦则在给韦布赖特的信中感谢他招待理查德,并且对"通过迪克转达给他的"、韦布赖特提出的"作战理论"表达了认可。

事实上,艾伦对韦布赖特出版和推广图书的方式有所保留。韦布赖特似乎渴望称王,比起当艾伦的臣子,他更希望在美国建立自己的王国。他当然不愿意当艾伦的"傀儡",但也察觉到了国王的不悦,后来他写道:"(理查德走后)艾伦·莱恩很快就来信了,写了很多批评意见……艾伦的有些说法确实很有帮助,但是有的指责就很牵强,还有些完全是在打算对所有细节进行监控。"

接着,危机就来了。"1946 年,美国的平装书市场普遍供过于求,"恩诺赫写道,"而我们又在印刷厂赊账,原本的计划是慢慢积累利润,这时艾伦·莱恩不能或是不愿意给财政支援,不准备帮我们渡过难关,所以我们遭受的压力尤其沉重。"根据韦布赖特的记述,企鹅(美国)有限公司不能按时给 W.F.霍尔印刷公司付账,"除非印厂能再放宽还款期限,因为我们签订的印刷合约已经到期了"。

204

　　我们成功地拖住了霍尔公司，跟他们说 1947 年初艾伦·莱恩会亲自来一趟，到时一切问题都会得到解决。霍尔公司的人本来并没那么安心，但是他们负责销售的副总裁卡尔·布劳恩是个有想象力的家伙，我们说服了他，让他相信以后我们会是一家大公司，到时候有大量的书要印刷，因此我们继续经营对霍尔公司也是有利的。

为了给艾伦的美国之行做好积极铺垫，韦布赖特先去了伦敦见他。在约翰·莱恩的环游世界书信集中，提到过哈得孙河谷盛开的美丽山茱萸，于是艾伦让韦布赖特带一株山茱萸的幼苗过来，好种在"修道院"农场，纪念约翰。结果，韦布赖特自己出资，带来了"一簇高达15 英尺的树丛，粗麻布袋包着树根的冻土重达 60 磅"，它们被放在飞机的货舱里运了过来。他拽着树从都柏林机场下飞机，在邓莱里-霍利黑德的码头上了船，然后乘坐火车将它们运到了伦敦的多尔切斯特宾馆。之后得知"修道院"农场的土还冻着，种不了树，韦布赖特只好把它们送去了"银溪"。

　　韦布赖特的这次来访，令他成了莱蒂丝和艾伦刚出生的女儿安娜的教父，这让他觉得修复了与艾伦的关系，他们又跟战争期间一样亲密了。但是，艾伦去了纽约之后，他们之间可就不是亲密，而是战争了。艾伦本来跟韦布赖特和恩诺赫说好了，愿意前往芝加哥，告诉霍尔公司企鹅出版集团可以为企鹅（美国）有限公司的债务负责，但是在飞机上他改变了主意，一见面就扔下了炸弹——艾伦说，"企鹅（英国）公司不应介入纽约分公司的债务问题"。

　　这可断了企鹅（美国）有限公司的退路。根据恩诺赫的描述，之后艾伦和韦布赖特在爱丽舍酒店见面喝了鸡尾酒，这地方在某些圈子有"泡妞圣地"的名声。他们吵了起来，韦布赖特"针对艾伦说了一句很伤人的话,艾伦表现得很生气"。于是,美国人暗地里跟他们的律师商量,考虑"跟企鹅出版社和平分手,并且收购他们在美国的全部资产"。10月,韦布赖特和恩诺赫带着律师一起飞去了伦敦,又在一家酒店的套房里再次跟艾伦决一胜负。一个星期前,艾伦撞伤了一只眼睛。这次会面时,他戴了一个眼罩,韦布赖特俏皮地嘲弄他说这真是有纳尔逊的风范,但是艾伦并不觉得好玩。两人之间曾经的友情,如今在艾伦心里只剩下了冰冷的蔑视。

谈判进行得很艰辛,持续了一个星期,威廉斯、弗罗斯特和理查德·莱恩都参与了进来,理查德仍然对韦布赖特表现出了尊重,他的态度也得到了回报。这位美国人说理查德"是一位惹人喜欢的绅士,艾伦·莱恩是个乐观开朗、精力充沛的人,而理查德常常是他的反面,被视作一个神秘的生意伙伴,智慧深不可测"。理查德敦促他哥哥态度柔和一点,谈判的每一步都要谨慎,这让艾伦压力很大,而且理查德自己的血压也"达到了历史新高,超过了220"。

那周快结束的时候,韦布赖特跟朋友去科芬园听了音乐会。结束之后,从音乐厅走向车子的途中被抢了,韦布赖特还挨了打。"第二天,"韦布赖特写道,"我顶着一只乌青的眼睛出现在了谈判现场,看起来像是很残忍很恶毒地在嘲笑艾伦的眼罩。"即使经历了这一连串戏剧性事件,他们还是达成了协议准备彻底分家。韦布赖特和恩诺赫将以一个全新的品牌开始在纽约的业务,而莱恩兄弟在美国的事业又将从零开始。企鹅的前任雇员们坚持新出版社的名字用"印章",表示"该印章是品质的可靠保证",但是也有人听说过备选的另一个名字,类似"小天鹅"之类的另一种水鸟,但是韦布赖特和恩诺赫可能以为是一种很丑的小鸟。

艾伦和理查德对这个结果感到满意,觉得拯救了企鹅在美国的品牌形象,而且跟以前的同事分家的时候也没有很不愉快。1949

年，莱恩兄弟将委派哈里·帕罗伊辛去美国让企鹅"重新出发"。（那一出双方眼睛乌青、拔枪相见的闹剧，居然还有一篇有趣的终章：企鹅要开始出西部小说了。）

英国和美国在出版方面的症结之一就是图画封面。恩诺赫这么描写艾伦："他没有充分认识到美国市场的特性和美国读者的偏好，或者是他不愿意妥协。他不喜欢的那种图画封面其实正是推销书籍的重要工具，只要在杂志销售渠道一摆就有效果。"早在鹈鹕书系的第一次编辑会议上，理查德·莱恩就针对图画封面提出了看法，1946年的纽约之行中，他更是注意到了口袋书出版社、德尔出版社和埃文出版社这几家出版社是怎么包装展示他们的图书的，并且表示由衷地钦佩。如今，以袋鼠为标识的口袋书出版社在全球各地跟企鹅竞争，甚至侵蚀了他们在英国本地的市场份额。读者的品位在变化，镀膜、四色印刷、色彩亮丽的平装书迎合了战后读者的口味，在新世界和旧世界都很受欢迎。潘恩出版社的平装书率先在英国全面地迎合了这种新潮流。对企鹅来说，全彩印刷也在某个层面上更契合理查德·莱恩随和乐观的处世风格。1947年，在企鹅元老中，他是第一个乐意认真对待图画封面的人。为了给自己的改革宣言和蒂西的设计方案增加支持，他寻求了艾伦的祝福，先选出一些书来做成绘画版封面。"虽然我知道这将增加成本，"理查德写道，"但我认为我们应该尝试这种做书的风格。"

究竟是用图画还是用设计字体做封面，围绕这个议题争论的双方从前各有胜负，未来也是如此，归根结底，这是因为这两种方式都各有长短，很难说哪个更好。不同的流行风潮和读者的偏好决定了在特定时间段哪种风格能占据主导地位，而这两个因素变化起来反复无常，不同时代、不同细分市场和地域都会有不同的影响。对于图画封面和字体封面来说，只能达成一种波动的平衡。但是两者间的

206

竞争对于图书行业来说却产生了极好的效应:激发了艺术家的创作灵感,比如詹姆斯·阿瓦蒂、罗伯特·乔纳斯和罗伯特·麦金尼斯设计的图画封面,以及扬·奇肖尔德和汉斯·施莫勒设计的经典字体式封面。图画封面也将成为企鹅出版社的标准配置,对于"企鹅经典"和"现代经典"这样的重点书系来说将变得不可或缺。五十年之后,出于怀旧和盈利考虑,企鹅再版了一套重要的书系,用的还是最初那种字体和条纹设计的封面。(企鹅首次尝试绘图封面也遭遇过挫折。在 1960 年代,格雷厄姆·格林就强烈抗议了艾伦·奥尔德里奇设计的迷幻波普风格的封面,他说这种封面"差得让人难以接受",还威胁要把书的版权从企鹅收回。)

*

战争结束之后,理查德搬回了"银溪",这是他从前的家,但现在是跟艾伦·莱恩夫妇合住了。塔季扬娜·肯特也搬进了这个家(每个人都强调她是因莱蒂丝邀请才去的)。于是这座房子里重新有了一种家庭氛围,虽然气氛有点怪异。理查德从园子里采摘新鲜的食物,榨番茄汁、腌制辣根。他有时候还亲手做晚饭,至少烹饪过一回獾肉,艾伦则忙着在屋里做各种杂活儿。塔季扬娜给她乌拉圭的母亲写信说,艾伦"多半时间都在擦洗食品柜或是清理工具柜子"。1946 年,艾伦四十四岁了,在"银溪"办了一次宴会庆祝生日。来宾们倒不是吃的獾肉,而是鱼子酱和烧鹅。理查德邀请了一位女友;塔季扬娜也在,还有尤妮斯·福斯特、艾弗·埃文斯(他是伦敦大学学院的院长)、奥利弗·西蒙和他的妻子露丝,以及比尔·威廉斯和他年轻的情妇埃斯特里德·班尼斯特。

但这种和谐的生活无法长久。对艾伦来说,1947 年是多灾多难的一年,但大部分灾祸跟事业无关。"修道院"农场的鸡病了,牛得了性病,因此"王企鹅"务农的热情也淡了下来。同时,他也不再那么喜欢参加派对了,酗酒也给他带来了痛苦,他的身体已经无法承受自青年时代就保持着的酒精摄入量。企鹅的作者、艺术史专家尼古拉斯·佩夫斯纳写道,艾伦"根本喝不了多少,稍微喝一点酒就烂醉如泥"。艾伦对理查德说,兄弟俩应该"远离烈酒",转而"储备一些葡萄酒,这样我们午间以及在回家的路上可以喝。[在法国的时候]我每天中午喝一瓶,晚上再喝一瓶"。英国即将进入数十年来最冷的冬季,印刷商缺少煤炭燃料,因此很多家印厂都倒闭了,图书市场也进入了寒冬,艾伦十分抑郁。"我觉得,"他在给理查德的信中写道,"恐怕我再也不像战前的我那么有干劲儿了。"

孩子的出生通常能让绝望至极的艾伦振作起来。1944 年,他第二个女儿克里斯蒂娜就让他从约翰死亡的阴影中走了出来。克里斯蒂娜的教母就是阿加莎·克里斯蒂。但是 1947 年,莱蒂丝生了第三个女儿之后,"银溪"的氛围持续恶化了。安娜·莱恩有一点轻微的唐氏综合征。莱蒂丝孕期曾被出租车撞到了,当时并不太严重。安娜出生之后,艾伦大发雷霆,指责莱蒂丝造成了女儿的残疾,批判他的妻子品行不端,"不负责任",甚至暗示安娜不是他的孩子。约翰过世的时候,艾伦对理查德说过一些不可原谅的话。安娜出生之后,他又对莱蒂丝说了不可原谅的话。

第二十章

最佳伴郎

209 　　艾伦 1942 年遭遇第一次精神崩溃，在此之后，他需要为企鹅的业务和战争局势操心，一个弟弟能从战场生还，这也让他感到满足。但是自从约翰过世之后，艾伦明白他和理查德之间产生了芥蒂。他们在和平时期重聚，有时也装作他们之间的关系仍然如初，如同在布鲁姆庄园和塔尔博特广场共度的日子。他们就股份分配方式达成了协议；在哈默兹沃斯办公室的合作卓有成效，员工称呼他们为"理查德先生"、"艾伦先生"，或者就简单地喊他们名字的缩写"RL"、"AL"，像书立的两端，是一对可靠的组合。然而，即使他们处在同一条战线，兄弟俩也清醒地认识到他们之间的关系再也不复从前了。

　　艾伦最大的痛苦来自弟弟约翰的早逝，而理查德的存在时刻让他想起这一痛苦往事。悲痛加剧了艾伦性格中的复杂和冲突。他的第二位传记作家杰里米·刘易斯写道，艾伦"在 1940 年代后期……失去了从前的活力，在大后方焦躁不安，犹如一个爱耍诡计、忧心忡忡的暴君。在玩恶作剧和搞破坏方面他倒是没有变，越来越热衷于操控他的同僚和下属，而且把时间都放在了跟外界打交道上面，越来越少关注公司的日常事务"。艾伦的秘书玛格丽特·克拉克观察到他"工作的时候冲动不安，总是来回踱步，眼睛总往窗外看，还咬指甲

236

（这是他性格反复无常的唯一外在表现，经常伤害到别人，也同样让自己受苦）"。她的老板"似乎渴望得到温情和关注"。从艾伦的眼神可以看出他的情绪，当在口述指令的时候，他的一双眼睛"一眨不眨，冷若冰霜"。在玛格丽特之前担任艾伦秘书的女子曾经被他的残酷深深伤害，甚至向她父亲告了状，这位父亲"怒气冲冲地闯进办公室，手持马鞭扬言一定要为女儿出气"。但这时艾伦并不在办公室——他总是能在恰当的时间消失，因此逃脱了惩罚。

到 1940 年代晚期，企鹅一共有 200 名员工。公司的收入是莱恩兄弟竞争对手梦寐以求的目标。随着公司的不断发展，它开始演变成更为传统的公司实体，因此公司文化的存在也变得更有意义。在出版业——众所周知是一个"以人为尺度"的行业，文化就显得尤为重要。企鹅核心人员的品格，他们交流日常业务的方式，决定了他们出版物的格调和他们的工作效率。即将进入 1950 年代之际，企鹅公司内部价值观和它外在美好的公众形象之间，却产生了裂痕。

艾伦无视他弟弟的建议，并没有明确资深员工的职权，而是按照自己的喜好沿袭松散的组织架构，在职场也奉行物竞天择的哲学，因此各种项目和任务都是随机进行分配。互相竞争、重复劳动成了他手下资深员工开展工作的准则，于是没有哪个经理是不可或缺的，也不会威胁到公司的运行：总是有多余的人为错误埋单。在博德利·黑德出版社行将破产之时，艾伦领导的团队完全无法进行良好的合作。现在他毫无争议地成了企鹅的领导人，于是将公司的高层文化塑造成了符合他自己行事风格和品位的类型，充满了宫廷政治、政坛诡计、流言蜚语、奸诈狡猾的氛围。企鹅文化的中心轴就只有华而不实的表面工作、曲意逢迎、阴险使诈和制造恐惧。

根据比尔·威廉斯的说法，在艾伦·莱恩掌控的企鹅公司，"就算你今天在斗狗大赛得了冠军，明天也可能被打进狗笼子里"。员工经常就消失、被打发走了，要么是让艾伦的"冷脸"拉了下来，要么是他觉得这个人"不再适合待在公司"，要么就是些完全不着边际的原因。"时不时就有一些倒霉的员工被解雇"，而解职的过程通常都有一套固定的模式。用查托与温达斯出版社的出版人彼得·卡沃科雷西的话来说，艾伦·莱恩"不擅长拿起斧头砍掉员工，就把斧头交到了别人手里"。比尔·威廉斯对艾伦这一点尤为愤恨，因为艾伦总是让理查德、帕罗伊辛或者威廉斯来做老板应该自己做的脏活儿。被委托的亲信会邀请即将倒霉的员工去伯克利纹章酒馆共进午餐，艾伦这时候就无影无踪了："在关键时刻，莱恩从后门溜了出去，玛格丽特·克拉克能瞥到他穿着整齐灰色西装的宽阔背影，冲过树篱的一道缝，走向停车的地方。"艾伦解雇了忠诚的斯坦·奥尔尼，"他可是为企鹅奉献终生的老员工"，据说"他从此没从这个打击中恢复"。（据说，比尔·拉普利"由于艾伦没参加他的六十五岁生日宴会而深受打击，不久之后就过世了"。）

除了理查德之外，艾伦另外两个最得力的副将是尤妮斯·弗罗斯特和比尔·威廉斯。弗罗斯特一厢情愿地把他们三人的组合称为"三位一体"，即便他们是这样的关系，其中也没有什么神圣的成分。在统一战线的后方，弗罗斯蒂和威廉斯两人经常内斗，抓住一切隐藏的机会打倒对方。

弗罗斯蒂写信给艾伦说威廉斯在企鹅"就是一种很坏的影响"，而威廉斯则在给艾伦的信中说弗罗斯蒂在办公室简直烦得让人受不了，而且一旦老板在旁边就"很神经质、歇斯底里"。出于这样那样的原因，威廉斯觉得应该将弗罗斯蒂从决策委员会除名。

艾伦偷偷地参与了两方的行动，无情地玩弄两个弄臣，让他们彼此相争。他给弗罗斯蒂写信说威廉斯是个相当特殊的问题人物；而又对威廉斯说，他也同意弗罗斯蒂容易紧张、焦躁、情绪敏感，这样会

"吓到属下"。他也私底下跟理查德说过这战斗的双方。他说,威廉斯"很软弱",而且"没有会议的时候就找不到事情做,只在我的办公室里瞎晃荡"。艾伦的批判揭示了他明显缺乏自知之明。他指责弗罗斯蒂疑心病太重,威廉斯喜怒无常——经常只依靠直觉就做了决定。理查德很担心他们之间互相写坏话的信件无法完全保密,害怕情况暴露之后会对企鹅带来可怕的影响。多年之后的一个晚上,艾伦跟资深编辑托尼·戈德温喝了一晚上的酒之后,放下了戒备,谈了谈他对直接下属的看法。艾伦对他最亲密的同事们"极为鄙视",对他们进行了"残忍诽谤",这一点让戈德温无比震惊。

*

玩弄比利和弗罗斯蒂成了艾伦的娱乐活动,但是这两个理事会委员都威胁不了他新掌握的权威。但是理查德·莱恩的情况就完全不一样了。艾伦的领导风格类似中世纪的城主,要是城堡里没有人能发起反抗,他倒是很自在。理查德兼有创始人、老板和主管人员的身份,是唯一能挑战艾伦至高权威的人,有资格获得他的权力,然而,从战争期间开始,艾伦就已经把王冠戴到自己头上,并且希望能一直享有这样的地位。对艾伦来说,理查德留在哈默兹沃斯,还有另一个令他感到不安的因素,他的弟弟跟年轻的员工更亲近,他们会向理查德抱怨工资太低,办公环境冷得不像话,还会向他谈到公司文化里管理层和员工之间的对立,以及得宠的人和失宠的人之间的差别。更重要的原因还有一点,理查德太了解艾伦的过去,这与艾伦努力建立的德文郡快活大亨的形象有巨大的冲突。理查德是一位老练而能干的联合创始人,他的存在动摇着艾伦·莱恩的神话——出版界的天才、独立创业的奇才,这个形象其实站不住脚。

理查德虽然比他哥哥小三岁,但是他的职业视野更广阔,阅历也更丰富。除了在图书行业的经验,他还近距离地接触了许多其他行业,就像塞缪尔·威廉斯-莱恩拥有无数爱好一样。理查德曾在四大洲游历,资本、合同和现金流的问题曾让他吃过苦头。他想跟艾伦和企鹅分享他的经验,帮助保护他们的小鸟儿不被捕猎者伤害。但是艾伦只想按照自己独断的方式管理企业,无论别人如何礼貌地提出意见,也无论别人是否出于好意,而且跟事件直接相关,他都非常不乐意听取。由于理查德常常说"不能这样做",艾伦就像是一个经常受挫、总是被大人斥责的小孩,心中充满了怨气。

理查德·莱恩看过幕布背后藏着的东西,也知道艾伦·莱恩神话的背后有多少是事实,有多少是编造的故事。他很清楚在创造企鹅出版社的这项事业中,到底有多少功劳真正属于艾伦。他读过艾伦在博德利·黑德出版社写的审读报告,很了解他在文学鉴赏和编辑工作方面的局限,毕竟他拒绝了《幸运的吉姆》,也不看好《麦田里的守望者》。他知道艾伦的计算能力存在很大的缺陷,毕竟这个男人把他们母亲的生日年份弄错了二十年。他知道艾伦分不清阿勒颇和阿洛索,分不清法语里的"奶酪"(fromage)和"龙虾"(homard),还曾给凯瑟琳·曼斯菲尔德寄过去一本书求索签名,而当时这位作家已经过世数十年了。他知道艾伦对韦布赖特、对恩诺赫,以及其他同事和对手说过的谎话。他知道在"回音廊"事件发生之后,艾伦是多么窘迫和迷惘。总之,他知道得太多太多了。

这位年长一些的企鹅人采用了能够完全掌控公司的策略,就像是一台坏掉的下棋电脑只会一种开局模式,就跟他在博德利·黑德出版社的行事风格一模一样:掌控绝对的多数股权,成为无可争辩的首席长官,把公司的律师和投资人掌握在手里,发动长期的消耗战赶走不服从他的主管和其他潜在的竞争对手,清除所有过去不在他权利掌控下的老员工。

成为领导让艾伦表现出了最坏的一面,他生性多疑、醉心于迷信、性情抑郁,根本容不下任何温情。他与理查德共度的田园牧歌式的童年,威廉斯-莱恩家族紧密的纽带,在塔尔博特广场的平静时光,以及理查德在企鹅建立早期的重要影响——所有这些因素原本都应该让他们兄弟二人更亲密,但艾伦却毫无珍视之情。1950 年代,艾伦的笔相学家留下了这样一段生动的记录,这位男士"形成了一种生硬、充满竞争意识并且非常好斗的价值观,不可避免地让他随时都处于战斗的前线……他人生的全部意义在于狩猎,即便他是一个出色的猎人,但是他却永不满足——说实在的,他根本无法被满足"。理查德同意自己拿 25% 的股份,剩下 75% 归艾伦,希望借此避免成为艾伦的猎物,但是这个计划并没有成功。艾伦解散了六人委员会,开始恶意攻击自己的弟弟。

当杰克·莫珀戈加入企鹅团队帮助处理公众关系时,艾伦告诉他说"别去管那个笨蛋迪克……他什么都不懂"。艾伦在初级编辑戴维·赫伯特面前,这么评价他的弟弟:"他当农民可能发展得更好。要是他留在澳大利亚,应该比现在强。"艾伦对尤妮斯·弗罗斯特说,理查德"把事情弄得一团糟"。类似这样的对话和评价还有一百多条,艾伦一点一点地败坏了他弟弟的名声。但是艾伦无法让大家讨厌理查德,只好让人们忽视他的存在。他"到处放风,说迪克之所以能成为管理人员,完全是因为他是莱恩家族的人,而且不过是家族里一个无足轻重的人,即便艾伦出国在外,员工也不必去咨询迪克的意见,再说他的看法根本毫无价值"。艾伦甚至在克莱尔和克里斯蒂面前贬低他的弟弟,他经常说一些"非常难听的话,有时干脆是在诽谤"。理查德·莱恩的命运跟温莎城堡里的冤魂一样,膝盖以下被砍掉了。艾伦·莱恩最大的谎言,就是把理查德塑造成了一个笨拙、迟钝而无能的人。

在之前的十年里,艾伦经常想着如何摆脱两个弟弟独立生活,后

214

来就只需要考虑怎么摆脱理查德一个人了。如今,情况很明确了:作为业界大佬,怎么能跟人合住呢。理查德得去别的地方,最好离"银溪"和哈默兹沃斯越远越好。于是,理查德·莱恩复员三年之后,再次启程去了澳大利亚。虽然艾伦没有明说,但在他的计划里,理查德去那里是为了评估一下情况,然后,不管早晚吧,也许能跟澳大利亚分社的经理鲍勃·梅纳德达成某种协议,这样他们两人都能在企鹅澳大利亚分社有一份不错的工作。艾伦想,万一这事儿不能成功,那就可以打发掉他们俩中的一个人,或者干脆把他们都打发了。然而,命运之神插手了,彻底打乱了艾伦的计划。

理查德·莱恩上一次出发去澳大利亚时,是巴韦尔男孩中的一员,跟大家一起住在货舱。这一次,他乘坐的是东方航线公司的"猎户座号",船上有空调和宽阔的甲板,并且在船上邂逅了一位来自澳大利亚的佳人。贝蒂·斯诺小姐,芳龄二十七岁,英帝国高级勋爵士西德尼·斯诺和斯诺百货公司的女主人斯诺夫人的爱女,这家百货公司"在悉尼的声望足以媲美塞尔福里奇百货公司"。在战争期间,贝蒂是志愿医疗分队的一员,在悉尼的医院里照顾伤员。战争结束后,她加入了英国皇家海军舰艇"荣誉号"(从 1945 年 9 月 26 日到 12 月 12 日在船上度过),与船员一起从新加坡等其他太平洋海港,接战时被俘虏的士兵回家。(这支行动组在马尼拉遇到了隶属澳大利亚帝国部队的战俘,与贝蒂同行的志愿者珍·马斯克德说那些男人见到"澳洲女士"都激动得不能自己。这些战士被迫在码头、铁路和矿井里当苦力,全身都遭受了摧残,如今都深受脚气病的折磨。但他们保持着昂扬的斗志。"他们问的第一个问题居然是:'曼利海滩的树真的都被砍光了吗?'")贝蒂与"荣誉号"的船员一起把英国和加拿大的士兵送到了温哥华,然后带着澳大利亚的士兵回到了家乡。接下来,她和叔叔弗雷德·戴维斯一起去了欧洲,战后首次开启斯诺家族的采购之旅。贝蒂返程的时候遇到了理查德，此时她身着华美的迪奥"新风貌"套装，与弗雷德一起跟事务长托尼·斯卡尔斯布里克进餐，令人过目难忘。

1926年，理查德曾对悉尼身材曼妙的年轻女士心生爱慕，她们"都留着齐耳根的波波头或是平格尔式短发"。现在，他更对贝蒂产生了强烈的爱慕之情。他们很快成了朋友，在谈论书籍、澳大利亚的零售市场和世界局势的过程中，感情逐渐加深。理查德对自己心目中完美女性的想象终于不再是假想了。而贝蒂则深深迷上了这位热心友善、潇洒多情的社会栋梁——这位男士几乎认识伦敦文学圈里的每一个人，而且跟人共同创立了一家世界闻名的企业。轮船在悉尼靠岸的之后，理查德希望西德尼爵士能对他们的正式婚约表示祝福，这对爱侣计划在6月举行婚礼。在伦敦《泰晤士报》的"婚讯"一栏中，登出了莱恩家族的次子即将迎娶斯诺家族最小的女儿的信息。在筹备婚礼期间，贝蒂留在悉尼，而理查德和鲍勃去了墨尔本，接着还要去新西兰进行为期八个星期的考察。他们俩给彼此写的浪漫长信在塔斯曼海峡间穿梭，贝蒂称理查德为"我的里卡尔多"，理查德则呼唤贝蒂为"我的最爱"。从理查德写的信可以看出，他已深深坠入了爱河。

1948年，5月14日，星期五，于墨尔本澳大利亚酒店

对于上周末的款待，我不知该如何表达我的谢意，一切都太完美了，超乎想象。我们第一次一起看了日出，多么难忘……我不确定昨晚电话信号到底好不好，但是在这里我不妨引用一下艾伦的话："四天前，你的好消息突然传来，但我们仍然在消化它所带来的喜悦。"诺拉说："我们所有人都太高兴、太激动了——爸爸和妈妈尤其兴奋，爸爸似乎重获了新生，向你们俩致以最深

的爱与祝福。"妈妈说:"真是太好了,太让人激动了。"之后她又补充说:"如果你们真的确定要举行婚礼,TK 和我甚至乐意坐船进行一次长途旅行。"还有许多其他类似的话。

　　那些八卦新闻的写手真是太让人讨厌了。为了让他们闭嘴,鲍勃·梅纳德昨天试着去见了其中一些人,但是他们还不满意,仍然把电话打到了我这里,几乎对我进了严刑逼供,比如"如果你想得到理想的社会曝光度,你就得按照正确的方法来运作",接着又故作清高地说他们早就得知对方是个悉尼女孩,所以根本就不感兴趣,甚至还过分地表示,按照澳大利亚的风俗,如果男士不愿意说什么,就只需要把女方的名字告诉他们,他们直接联系她就可以了。

5 月 29 日,星期六,于惠灵顿滑铁卢宾馆

　　银行经理开车带我们出去兜风,看看奥克兰的美丽风景。唯一糟糕的就是他的开车技术太差劲了。我们离出城还很远的时候,在一个限速 30 英里的红灯下,他以 45 英里时速开过去了,交警猛吹了一通哨子拦下了车,但是他居然逃脱了处罚,我真不懂他怎么做到的,好像主要是申辩说他的驾照是塔斯马尼亚的,所以对奥克兰的交规不熟悉。不管如何,交警警告了他才放他走,但即便这样,他在限速 30 英里的地方时速仍然没低于 55 到 60 英里,转弯的时候几乎只用两个轮子就开过去了,两个小时车程终于结束。车上的两个乘客完全被颠得晕头转向,几乎说不出话来……不过接下来短暂的休息时间却很不错,我们洗了个热水澡,刮了胡子,换了身衣服,跟我们在本地的代理人吃了顿痛苦的午餐。我们对他的工作很不满意,当时的气氛真是特别不愉快……

216

　　我希望可以把日子定在 29 日。我需要帮忙做点什么吗？还是说可以等到我回来一起准备？如果我们只打算邀请家人简单办一下，那还有必要寄印刷刻字的邀请函吗？还有，需不需要蛋糕呢？蛋糕是不是定量配给的？那样的话，你还需要我的配给证吧……我对这些事情真是一窍不通……但是亲爱的，别忘了，我愿意，我愿意，我愿意……

6 月 3 日，星期四，惠灵顿滑铁卢宾馆

　　昨天，我们跟奈欧·马什一起吃了午饭，告诉了她明年我们将选她的十本书做一个特别版。她要照顾生活无法自理的父亲，但是非常希望明年能去一趟英格兰，她的一部作品会被改编成戏剧，要是错过真的太遗憾了……

　　亲爱的，好好照顾好自己，别忘了我多么爱你，没有你在身边的日子实在很痛苦。

6 月 6 日，星期日，惠灵顿滑铁卢宾馆

　　我是不是写了 3 页还没有告诉你我非常非常爱你，我太想念你了，超越了我自己能想象的程度。

6 月 7 日，星期一，惠灵顿滑铁卢宾馆

　　千万记住我有多爱你，让你一生幸福将是我终生为之奋斗的目标。

6 月 11 日，星期五，惠灵顿滑铁卢宾馆

　　这个国家真的有点奇怪，我待得一点也不舒服，不像在澳大利亚有着在家的感觉。我刚才在浴缸里泡了一个热水澡，浑身

217

轻松,期间我又读了你的前两封信,目前已经读了不知道多少次了。亲爱的,我真的非常爱你,你真是世上最美好的人。我实在不知道你怎么会爱我,但好像你并不算讨厌我。

6 月 13 日,星期日,惠灵顿滑铁卢宾馆

啊,亲爱的,顺便提一下,你说你还没弄清楚关于"大写"的老问题。在印刷和出版行业,这个词是"将以下字母全部大写"的简称,比如说"大写完美周末"就是"完美周末"全用大写字母,没什么说服力是吧,但要是我余生的日子都能这么快乐,那我真没什么可抱怨的。

你问我 29 日那天有没有想邀请的人。此时此刻我唯一能想到的就只有莱蒂丝的姐妹,她有点沃斯通克拉夫特女士的气质,以及她的丈夫,我对他一点也不熟,只晓得他耳朵听不见。你接着又问我会不会特别讨厌这件事。亲爱的,这个问题可太难答了。但是我这么爱你,我觉得只要有你在身边我能面对任何事情,所以想来这事也不会太糟糕,不过一想到结束之后我们俩终于能开始属于自己的生活,我还是很开心的。一切真是太美好了,让我感觉不真实。

理查德请鲍勃当他的伴郎。仪式在达令港的圣马可教堂举行,招待完宾客之后,理查德"根本没有心情坐下来写长信",于是鲍勃写信给艾伦告知了关于典礼和奶油蛋白饼的盛况,他说,这次婚礼"将永远是他人生中最重要的日子之一"。

218 婚礼前一天,迪克、欧文和我一起安静地吃了晚饭,我们确实都很严肃。10 点的时候迪克回去睡了。仪式 11 点半开始,我

们怕晚到所以十一点刚过就到了教堂。迪克就算心里紧张，也没表现出来。我得承认，面对即将开始的仪式，我自己都感受到了一点压力。

不过，新娘按时到了，仪式只用了大概二十分钟就结束了……午餐是自助，简直太美味了！连我吃到最后都撑倒了。怕你会好奇，我们吃了生蚝（非常多的生蚝）、芦笋、鱼肉馅饼、烤鸡肉和火鸡肉、烤牛肉和火腿，更多的芦笋，接着是搭配了水果沙拉和奶油的蛋白霜，非常美味，最后以吐司裹着的鸡肝完美结束。吃完这一顿豪华美食，我差点心脏病发作。特别是贝蒂跟我说特别为我多点了三份。你会喜欢贝蒂的。

我们很早就打开了香槟，接着在喝香槟的间隙又喝掉了几瓶威士忌。

主持仪式的牧师人很不错。他在向新人祝酒环节说的话相当出色。但是他可能讲了太多在"猎户座"船上发生的事情，让迪克有点难受。他倒是花了很长时间阐述新郎优秀的品格，以及"他所属的企鹅公司崇高的建制"。迪克回应了他的祝福，开头就说感谢他给予了"企鹅多年以来的最佳公关"。

我没法告诉你都有哪些新婚礼物，因为我也还没看到。不过我觉得可能需要一艘特制的船才能把它们全都运回家。新婚夫妇大概2点半就溜走了，此时婚宴也已接近尾声。婚礼十分圆满。我真希望你们所有人都能在现场跟我们一起体验。

迪克的一句俏皮话可以转述给你们听听。对于即将到来的婚姻生活，我们聊过很多次，迪克坦言他对婚礼有点恐惧，对此，他说："我以前从来没有做过这种事啊。"

感兴趣的女士们注意，新娘穿了一身深蓝色的礼服（一家报纸称之为靛蓝色），礼服有白色饰边，戴着一顶有花环的白色小

帽,胸前有一个很大的白色蝴蝶结。她手里拿着一只海军蓝的
手包,包的正面有一簇栀子花或是山茶花。遗憾的是没留下
照片。

219　　鲍勃对于伴郎的职责非常上心。婚礼前的一天,理查德对他说:"我
是不是最好去一趟药店,你说呢?"

　　"嗯,如果我想到的正是你在想的那件事,"鲍勃说,"那你最后还
是去一下。"

　　　最后他果然去了,我本以为他自己买足了。但是一周之后
我收到了一封需要破解才能看懂的电报——他去了新南威尔士
度蜜月。电报里这么说:之前委托的物品还需要请再寄来还没
到 231 而且非常担心 A174 的增长。A174 是个线索——我觉得
明显是一本鹈鹕书系的书。所以我找出了企鹅的书目来破解他
的电报,读出来是这样的:"……由于现在激情尚在,而且害怕不
列颠的人口增加。"因此,我当然就去翻遍了商品目录……我的
回复只有这几个字:"S55。""很好,很好。"

除了欣赏新南威尔士的海岸风光,理查德和贝蒂还去了一个特别的
地方。1925 年,理查德告别了威瑟斯的农场,心想"永远不再来这鬼
地方了"。但是现在,他决心带新娘去当年他长待的地方,好让她亲
眼看看是哪些澳大利亚的偏远地区塑造了他青年时代的模样。正值
隆冬,他们沿着伦马克的墨累河河岸散步。贝蒂听理查德讲述当年
这里如何炎热,但是只看到了红色的河水退去后快速干涸的泥土。
新婚夫妇还摘了几个橘子,理查德突然想起了从前切杏子片的活计,
一时无法自已。

贝蒂与理查德在蜜月期间游览伦马克，1948 年 7 月。

　　理查德回到墨尔本之后，了解了当地图书行业的最新动态，然后带着新娘回到了英格兰。艾伦和理查德都是四十多岁才结婚。艾伦的婚姻非常失败，而理查德和贝蒂的婚后生活可算得上大写的美满。他们仍然会给对方写激情四溢的信，彼此赠送礼物表达爱意，比如诗集，或者一段感人的引文，或是订制的珠宝，用钻石和白金表达爱与衷心。在他们结婚五千天的纪念日，理查德在墨尔本高端珠宝商 W.M.德拉蒙德公司订制了一个白金钻石胸针，镶嵌着一枚方形切割的蓝宝石，还装饰着五个大写字母 M。

220 　　贝蒂跟理查德非常登对，他们都是说话风趣、学识丰富的人，贝蒂也能理解他开的玩笑和对荒诞之事的兴趣。在信件和书籍里，他们分享了企鹅早期出版的伟大作家写下的关于爱情的名言，比如哈代、马克·吐温，以及阿纳托尔·法朗士。他们选择的名言有的很温情，有的则是笑话。来自萧伯纳的话："女人当然是越早结婚越好，而男人则单身得越久越好。"他的还有："完美的爱情，肯定是通过写信来维系的。"来自王尔德的话："最糟糕的恋爱经历，当属那种过后让人的心不再渴望爱情的经历。"以及："在伦敦，与自己丈夫调情的女人为数众多，令人愤慨。影响很坏。这相当于在公共场合洗自己干净的内衣裤。"还有理查德一直非常钟爱的作家奥利弗·温德尔·霍姆斯："一个男人，只要不是黑猩猩，总能被一个好女人，或者一个漂亮的女人变成丈夫，我还真没见过不能变的。"以及："女人总是善于爱上一个她们认为最有能力去爱的男人。"理查德和贝蒂都拥有很强大的力量去爱对方，他们对彼此的坚定支持，在人生最困难的时刻将是无价之宝。

*

　　虽然艾伦一直以来对南方大陆反应迟缓，但很快他就会投入更多精力在上面。在此期间，他休息了很长一段时间，再次去了中东，不过这次去的是伊拉克,拜访了正在尼姆鲁德进行考古发掘的马克斯·马洛温夫妇。为了捉弄马克斯,艾伦买了一个"假古董"埋了起来,但是这种小学生把戏很快就被戳穿了。阿加莎·克里斯蒂的丈夫对妻子的老朋友不抱任何幻想。"艾伦这个人精力无限,一个机会主义者,天生的海盗……就算对自己最好的朋友,他也能为所欲为。"

　　马洛温不是唯一看穿艾伦的人。很多他的员工也相继看到了他残酷的一面,哀叹他总是窃取别人的创意和荣誉。企鹅的员工、书商鲁拉里·麦克莱恩发现艾伦的俱乐部浪子面具只是个虚伪的表象。彼得·卡沃科雷西也注意到他"很谨慎,警惕得让人难以揣测,几近于多疑。就算跟他进行一对一的密谈,他走了之后你还是不清楚他的真实想法"。伯纳德·维纳布尔斯则感到"总是有一种戒备感……好像还有一个艾伦·莱恩站在旁边,在本子上记下什么"。艺术家理查德·肖平曾为一套经典的詹姆斯·邦德画过封面插图(因此他了解所有超级坏蛋的特质),他称艾伦是一个神秘莫测的"袖珍型拿破仑"。艾伦·莱恩曾与印刷商杰弗里·史密斯一起拜访布鲁姆斯伯里集团的弗朗西斯·帕特里奇,他们走后,帕特里奇留下了这样的记述:

221

　　　艾伦·莱恩体格敦实,身着一套时髦的浅灰色西装,绷得紧紧的,活脱脱一个从电影里走出来的美国百万富翁。他似乎在表演一个角色,还是一个很重要的角色,通过装作热爱巧克力脆皮冰激凌来表现自己"平易近人"。但是我确定,他没有一刻不觉得自己是权力的化身——通过金钱取得的权力,虽然表现得很和蔼,但决不让别人"胜过"他。怎么说呢,这让他有点可悲……当我们的客人即将开车离开的时候,我没忍住,还是跟艾伦·莱恩说了:"你知道吗,我们早就见过面的——二十多年前的事儿了，那时候我还在比勒尔-加内特书店工作。"他那百万富翁的伪装瞬间裂了一道缝，因为我让他想起了年轻时另一个青涩的自我，那时候他在推销自己公司的书，还要一个劲儿地讨好我。

在许多企鹅年轻员工的眼里，艾伦根本就是一个已经发了疯的国王，相当于《皇帝的新衣》里那个裸体的国王，或是在婚宴上喝高了的举止粗鲁的叔叔，肆无忌惮地乱讲话，把别人的功劳都往自己身上揽。在公司外面，有更多诋毁他的人——这些人都被艾伦的尖酸刻薄和反复无常伤害过。本·特拉弗斯提名艾伦为候选人加入声誉卓著的加里克俱乐部时，据说这只王企鹅收到了许多黑球，数量之多堪比勺子里的鱼子酱。

虽然质疑之声不断增长，但丝毫影响不了哈默兹沃斯的局势，在这里，艾伦·莱恩掌控一切，理查德也在他的视野范围之内。可以预料艾伦终将解散六人委员会。一个这么厌恶各种委员会的人，这么渴望拥有决策权的人，怎么可能把权力交给委员会呢？聪明敏感的理查德当然知道是怎么回事。在过去的二十年里，他早就见过了艾伦耍的这些手段，早在 1945 年的时候，他就担心自己会成为攻击的目标。如今，弗罗斯蒂和威廉斯都不再像以前那样询问理查德的意见了，情况已经很明了。他们听了很多艾伦诋毁理查德的话，为了巴结艾伦，他们也跟他串通一气诋毁了理查德，如今已经无法直视这位莱恩家族幼弟的眼睛。理查德也感受到，在企鹅全体员工中，他的声誉已经受损。杰里米·刘易斯写道，理查德"对情况了如指掌，在他哥哥的纵容下，他已经成了哈默兹沃斯一个尴尬的存在，成了别人的笑柄"。

第二十一章
无名小卒

萧伯纳不仅是他那一辈人中最伟大的剧作家,也是备受尊崇的智者、散文家、社会哲学家和改革家。他于 1950 年 11 月过世,对不列颠和企鹅公司来说,这都标志着一个时代的结束。自从企鹅成立起,在它成为一家权威出版机构、图书行业的一股革新力量的道路上,他一直倾力相助。萧伯纳的过世对莱恩兄弟俩都是巨大的打击,但是在这个坏消息之前,艾伦就已经深陷痛苦。在 1950 年初,艾伦就因另一位亲人的过世而崩溃——尤妮斯描述他"垮掉了"。

塞缪尔·威廉斯-莱恩的逝世给整个莱恩家族都带来了沉重的悲伤,不仅是他离去的事件本身,还有他离世的方式,以及他对时局的阴暗思索。在他最后的一段日子,他感觉到了生命在流逝。1950年 1 月,在管家蕾切尔小姐作证的情况下,他更新了遗嘱,增加了对自己人生成就的回顾。他指定艾伦和理查德为遗嘱执行人,并说"我死后能留下的一切都赠予我的妻子卡米拉·玛蒂尔德·威廉斯-莱恩,对她在我们婚姻生活中付出的忍耐、扶助和爱意略表谢意,只是遗憾不能留下更多"。随后他写下了一封"最后的告别信",最后,他前往霍蒂托蒂山上远足,累坏了身体,随后就过世了。

224

我死后不能给别人留下什么财产，我只把一切都留给多年来一直激励我的伴侣，她给了我一切——不仅让我生活愉快，也给了我一个任何人都会感到骄傲的家庭，我相信他们会尽最大努力去弥补她的失落。

尤其让我欣慰的是，对于我遗产的分配将不会出现任何争议——不管是我的遗产究竟有多少的问题，还是如何分配的事情。不过，在监护约翰和诺拉期间，我分别还欠他们 230 英镑 2 先令 8 便士和 215 英镑 19 先令 7 便士。

但是，我要稍微提醒一下，我会给格拉迪丝·威廉斯 50 镑，这笔钱千万别花在给我办什么愚蠢的葬礼上面。

我希望到时候能被火化，骨灰撒在易普斯登教堂无名死者的坟墓之中，也许有一天这里能被平整下来，变作一个纪念亡者的花园。

好了，我要跟你们告别了——愿上帝保佑你们每一个人。

父亲

不要鲜花和仪式

他的遗产还包括一个很漂亮的银质香烟盒——蜂窝形状的，是莱恩兄弟在战前为父亲订制的，出自邦德街的珠宝制造商阿斯普雷公司。两兄弟还从这家店购入了另一件礼物——一个非常精致的袖珍图书馆模型，装订用的料子是羊皮和金子。

除了"最后的告别信"，塞缪尔还加了一条补充遗嘱，草草写了一条关于家务事的指示："诺拉之前同意现款支付改造新的走廊和洗手间的费用，所用资金来自约翰的遗产，她已经支付了 100 英镑。鉴于她无力偿还母亲已经代为支出的费用（116 英镑），我认为就减免她这笔账，因为在我监护她期间也得到了资金。"

理查德一直认为塞缪尔·威廉斯-莱恩是他心中最完美的人,这个看法从未改变。艾伦也极为尊敬他,命运让这个人成了"英国出版业最尊贵家族"的族长。弗罗斯蒂觉得可能是由于对亲人逝世感受到的"反差失落",加之工作和其他方面的压力,让艾伦再次崩溃了。但是塞缪尔的遗嘱和最后的告别信也让他深受打击,特别是有关遗产多少的话也刺痛了他。此时,艾伦注意到自己的健康状况也不如从前,意识到了自己有一天也终将死去。用他的话说,开始感受到"面部僵硬、手指也很紧张",因此他去欧洲度了一个长假。

他稍微恢复一点之后,给卡米拉写了一封信:

亲爱的母亲:

我真的花了很多时间来思索过去三个月里发生的事情,尤其是跟父亲有关的,我写这封信的目的,就是想趁脑子里的想法还比较清晰的时候,把它们记下来。

我读他的告别信的时候,心里感到非常不安。我不记得准确的用词了,但是给我的感觉就像是他在说"抱歉我没能留给你们更多遗产,我想我真的是不擅长赚钱"。我感觉是他可能是这么想的。

我希望对任何人来说,这都不应成为遗憾的理由,去后悔自己怎样过了一生,或是后悔自己没有多留点遗产,他肯定不是这样的人。

就赚钱这件事来说,它本身并没有什么值得骄傲的,特别是它通常会给别人带来痛苦和磨难。

一个人如果要生命发挥最大的用处,就应该去服务大众,要么以一种宏大而辉煌的方式,像丘吉尔那样,使许多国家免遭实体和精神上的毁灭;要么就以另一种更谦卑但也非常重要的方式,成为一个良好的公民,尽力帮助别人,尤其是要当好丈夫、好父亲。

在我这一生中,印象中父亲从未指责过你,也没有批判过你的任何做法。我敢肯定,他之所以能支持你的每一个决定,是因为他充分意识到,应该让外界,尤其是家人,认识到你们俩始终坚定地站在同一战线,一旦你们之间有分歧,这一定是他首先考虑的问题。虽然有时候你们看到了哪个孙辈的缺点,会比较他们和我们的成长经历,说要是当年我们干了他们干的事,肯定会挨一顿痛打,但是他们却逃脱了惩罚。但我确信,在我们眼里,父亲从来都不是一个复仇之神,他对我们性格的塑造,他多以身作则,而不是简单说教。

毫无疑问,我们被你们养育得很好。跟你一样,我也收到过他很多来信。离家之后我也回复了近二十四封,每一封都是我们家庭关系亲密的见证。

这种彼此扶持的关系只可能诞生于幸福而稳定的家庭生活中,我们就成长在这样的环境里,因此我觉得这绝对是最好的遗产。

我们知道,他费尽心思确保他走了之后不留痕迹,不仅没有石碑和纪念碑,也不能有寄托哀思的坟墓;但是,关于他自己,关于他的生活与工作,他给我们留下的纪念将在我们的记忆里常青不衰,直到永远。

一直爱你的儿子,

艾伦

艾伦虽然贬低了积累财富的行为,但是他自己倒是很擅长此道。他的个人资产达到了 21.5 万英镑,其中有近 90％是企鹅公司的持股。

然而,财富并不能治愈艾伦的抑郁,也无法缓解他身体的衰弱。他的腰已经弯得非常明显了,而且也深受痛风之苦,跟约翰舅舅当年一样。阿加莎·克里斯蒂看到艾伦头发灰白,开始谢顶,腰也弯下去了,还患了痛风,不禁说他虽然才五十多岁,但看起来已经像一个"疲惫的七十岁老人"。1952年,艾伦·莱恩被授予爵位,表彰他为文学和文化传播所做的贡献,更加坚固了企鹅"业界的崇高地位",艾伦本人也成了出版界的王者,但是这并没有给艾伦任何安慰。当艾伦得知自己已经获得了跟昂温·斯坦利爵士一样崇高的地位,他只是回到床上,躺了一整天,抱怨感到自己浑身都像是"肿了"。

一个老去的骑士,手里有巨额的财产,当然需要一幅巨大的群像画。曾在斯莱德艺术学院受训的现实主义艺术家罗德里戈·莫伊尼汉受艾伦的委托,将绘制一幅表现企鹅所有核心编辑开会的画——这是团队成就的实体象征。艾伦给出了大致的方向,把自己的要求告知了莫伊尼汉,然后出国去了,让理查德负责后续事宜。

在这期间,还发生了其他更重要的事情。1952年11月,贝蒂生了一个女儿,伊丽莎白诞生了。理查德以由衷的热情拥抱了这个他生来就适合扮演的角色:好父亲、顾家的男人。伊丽莎白的教父是"斯普林班克号"舰艇的指挥官拉尔夫·"塔比"·马丁。跟"塔比"一起的还有两个教母:玛格丽特·廷克(贝蒂的表妹)和西尔瓦妮·希格森。

自从理查德1948年去过澳大利亚之后,艾伦就不再把那里的事情当作第一优先了。在战争期间,洛西恩出版社就从企鹅获得了授权在澳大利亚生产和销售企鹅图书——装帧的风格和水准足以让奇肖尔德气得头发竖起来,而内容则更会让艾伦和理查德感到震惊,例如诺拉·沃恩的企鹅特版《向群星靠拢》,根本就是为共产主义电台做的洋洋自得的宣传。1946年,洛西恩出版社让位于一家全资、被

227

母公司控制、可被控制的企鹅子公司。企鹅老员工鲍勃·梅纳德建立了一家新公司，并在位于墨尔本的办公室开展业务，这里是维多利亚州的首府，也是澳大利亚出版业的中心。梅纳德以前是查托出版社的发票管理员，随后加入了企鹅，那时他们还在地下办公。莱恩兄弟他都认识，跟他们一起工作，一起冒险，一起幻想未来——他跟艾伦一起制定方案，将"企鹅号"驶向法国，援助敦刻尔克大撤退；劝说他不要违背战时的纸张配额；跟 D.B.温德姆·刘易斯一起捏造了"蒂莫西·夏依"这个假身份，以这个笔名写下了 1942 年结集出版的书《头条背后》。在战争期间，为了宣传企鹅的作家，梅纳德还画了一幅广告，画上一位士兵用刺刀抵着希特勒的屁股，正是这幅画，让德国颁布禁令，不让企鹅的书在战俘营出现。

企鹅的澳大利亚"办事处"，位于南墨尔本的一个工业区，其实不过是一间半不保温的锡质棚屋，内部条件跟理查德在穆鲁可住的小屋子没什么差别。棚屋里的内部温度总是在令人振奋的寒冷与让人萎靡的闷热之间摇摆。鲍勃和他的妻子伊迪丝两个人干了所有的活儿——处理订单、对图书进行分类打包、发货、开发票，就跟理查德、约翰和鲍勃在地下室办公时做的事情一样。在澳大利亚的盛夏，鲍勃和伊迪丝把自制的食品打包寄给了他们英国"冻得半死、营养不足的同事"。1949 年，鲍勃写信给弗罗斯蒂说：

> 你也许会感兴趣知道这件事，我们今年头六个月的营业额已经超过了去年一整年的总数。我真是太高兴了。过去几年的艰苦耕耘终于有了成果，我觉得这说明在美国市场也可以达到这样的成绩。我突然觉得你也许可以过来待个一年。这里阳光明媚，你可以换个地方待着，加上来回两趟的漫长海上之旅，肯定能让你恢复健康，重新找回青春和活力，治好一切毛病。

艾伦会比弗罗斯蒂更早看到南方的阳光。尽管艾伦也很想视察梅纳德的滩头堡，但他还有另一个理由去澳大利亚。伯德夫妇移居到了悉尼，距离墨尔本有 500 英里。艾伦将拜访诺拉和弗兰克，这一趟旅行是"结合公务和休闲"。理查德如今和他的澳大利亚籍妻子生活在"修道院"农场，但仍然跟澳大利亚紧密相连。因此，在 1953 年，艾伦·莱恩第一次踏上了澳新之旅——距离梅纳德在墨尔本社里办公室已过了七年，距离理查德·莱恩到达穆鲁可已过了三十一年。

*

艾伦跟许多先于他来到澳大利亚的英国人一样，也觉得是他第一次发现了这片大陆。虽然艾伦读过理查德的巴韦尔日记，但是对澳大利亚宽广的国土却没有任何概念。他居然天真地要求梅纳德开着公司的沃克斯豪尔车从墨尔本去弗里曼特尔，这样可以在码头附近跟伯德夫妇见面，然后一起开车回到办公室——这趟 2000 多英里的疯狂之旅，当年约翰·莱恩也坐着一辆出租车朝着相反的方向走过一遍。

鲍勃并没有耐心进行长达 4000 英里的公路之旅，因此先开了近 500 英里到了阿德莱德，然后坐飞机走完了剩下的 1500 英里到了珀斯。当鲍勃在弗里曼特尔跟登陆的老板见面时，艾伦却坚持要采道陆路去墨尔本，所以他乘坐火车穿越了纳拉伯平原，然后在阿德莱德跟鲍勃碰面，在那里艾伦对一位记者说了一句让人难忘的话，被用作了报纸卡通画的主题。根据艾伦的说法，他对澳大利亚的第一印象，就是那些镶嵌着钻石的铁轨："轨道是由空的啤酒瓶子铺成的，在阳光下它们像宝石一样耀眼。从珀斯到阿德莱德，铁轨上铺着整整 1500 英里的钻石。"

鲍勃·梅纳德为人和善忠诚、性情稳重谦逊，很快就把企鹅在澳大利亚的产业从无到有地发展了起来。在这个过程中，他在图书行

229

业建立了紧密而互惠的关系网,并且声誉良好,无可指摘。在阿德莱德贝克书店的哈里·缪尔的笔下,鲍勃的"人品,他办事的方式,他对澳大利亚卖书人鞠躬尽瘁的奉献,以及对他们的激励"都得到了盛赞。当时,"每个书商都争相购入各种平装书",缪尔每年在企鹅的订单额从 30 英镑增长到了 1000 多英镑——这正好可以说明梅纳德努力工作的成果。

在梅纳德的领导下,企鹅的澳大利亚公司蓬勃发展,一间棚屋再也不够用了,于是他们准备搬到更大的地点办公,新办公室由仓库改造而成,位置在米查姆,墨尔本外围的顶东边。1953 年,设计完成了,就要开工了,建筑师墨尔本大学的布莱恩·刘易斯教授问鲍勃想在临时围挡上面写什么文字。鲍勃机智地想到了一个戏谑的句子——"此地正在兴建企鹅与鹈鹕的一处庇护所",这造成了极大的困惑,带来了无穷的麻烦。"一家公司想投标为水池铺瓷砖,"鲍勃后来回忆说,"一家巴士公司想安排游客前来参观,老太太们写信给报纸投诉虐待鸟类。"

艾伦的第一次澳大利亚之旅,充分享受到了出版界名人的待遇。报纸媒体和喋喋不休的闲人把他称为极具远见的出版天才。在南半球大陆,野生企鹅物种兴盛,艾伦那种歌剧女主的性格特点似乎也被放大了。他几乎每场会议都要迟到;他接受各种活动邀请,但是压根就没打算出席;他还应承下许多委托,但根本没有意愿帮忙完成。在英国,艾伦的这种"不守常礼"早已被人们接受,完全是整个艾伦·莱恩表演剧的一部分。但是他遇到的澳大利亚人可没收到提醒,而且"他们对怠慢更为敏感,不管真实的,还是想象出来的,尤其是对来自英国人的怠慢更加难以忍受。他们注意到了,感觉受到了伤害,并且不会原谅他"。鲍勃和伊迪丝受到了无数羞辱,发现艾伦已经不是他们七年前认识的那个人了,他越来越粗鲁,并且性情乖僻。

他们发现，他比以前喝得更凶了……但对酗酒这件事却没有从前谨慎……他催促他们邀请维多利亚州那些支持过企鹅发展的人士来做客，这些人最好能传播公司的正面形象，或者愿意在艾伦面前屈膝膜拜，就像他们在别的名人面前做的一样。（但是）如果他情绪低沉，如果客人让他觉得无聊，特别是如果酒喝多了的时候，他就一个人待在角落，眼神里尽是怒气，一言不发，也不让别人接近。还有很多时候，当晚宴正热闹的时候，他干脆一个人回床上睡觉去了，留下梅纳德夫妇挡住那些还没见到晚会明星的宾客，并解释到底为什么他不在场。

梅纳德带着艾伦参观了南墨尔本的办公室（过程非常简短），介绍了一下本地书业的情况，列出了分社取得的成就，然后提出了规划踏实的增长计划。艾伦听得聚精会神，但梅纳德的做事风格、事业愿景、商业敏感度、销售能力，以及在教育市场增强企鹅势力的能力，都逐渐让他不满。所以说他完全不同意鲍勃的想法。如今，艾伦对澳大利亚的兴趣被完全点燃了。可是，艾伦"已经确定梅纳德不能胜任此事，完全配不上他想象中能做成的事业"，回到英国之后，他就一点一点地开始瓦解鲍勃的信心和权力。

理查德也在忍受类似的瓦解，不过，尽管他的地位和名声在哈默兹沃斯被削弱了，他仍然充当着艾伦代理人的角色，帮助企鹅向前游进。就在公司准备出版《坎特伯雷故事集》全本之时，兰伯特芭蕾舞团准备表演《坎特伯雷故事集》的芭蕾舞剧，表演地点正好就在坎特伯雷。理查德将出版日期定在芭蕾舞上演的日子，企鹅邀请了一百位宾客在坎特伯雷举办盛会，庆祝这两个重要事件。艾伦没有出席，所以是理查德在宴会进场的地方跟每一位嘉宾问好。弗罗斯蒂站在

贝蒂、理查德与同事参加企鹅标识庆典，伦敦，1950 年代。

他身边，介绍到来的宾客。不一会儿，理查德就需要不断重复套话：
"晚上好，我很荣幸您能拨冗参加我们的晚会。我哥哥艾伦无法亲自
迎接，但是他让我转达对您的谢意。"一位"美国气质十足"的女士听
到这番流利的演说之后发表了见解："我从来没听说过你和你哥哥，
企鹅出版社干什么的我也不知道，但是我听说这里在开舞会，所以我
就来了。"

　　1953年，艾伦不在公司的时候，理查德在哈默兹沃斯的事务十
分繁忙：监督新书和重印书项目；应付莫伊尼汉，他的画作需要大家
坐在一起摆姿势；还要帮助企鹅员工从艾伦的统治阴影下恢复元气。
2月他给艾伦写了一封信，语气介于攻防之间，流露出了不耐烦。

　　我昨天中午跟莫伊尼汉一起吃了午餐，因为下午我们又将
把编辑召集起来。有八个人缺席，但是我们又都拍了照片。我
通过一张照片看到了现阶段画作的尺寸，真是让我大吃一惊。
当然，你肯定都知道这些，但是我们要把这幅不带画框就已经宽
14英尺、高10英尺的画挂在什么地方呢？纯粹出于好奇，我计
算了一下，这幅画的成本大概是每平方英寸花费1先令，并且这
还不包括其他杂费和画框的费用。莫伊尼汉跟我说，光是涂底
层颜料就花了他和两位工人整整两天时间……

　　有的时候，我想你可能觉得当你不在的时候，你以为我们肯
定不会有什么事做。也许我们没那么高效了，但是，我得说句公
道话，我们工作起来更快乐了，还有几个患胃溃疡的人现在正在
慢慢康复。你可别觉得我们真的没干，我要说一下，前台区域
需要扩大面积，我们已经做好了方案准备实施；我们还递交了申
请，计划在现有办公楼的后方加盖面积达1万平方英尺的新楼
（这套方案也已经做好了）；我们正在谈判争取米尔路和西德雷

231

顿那边的在售地产；出版项目也做了许多调整，等你回来的时候，有些已经出版的书可能并不是你之前会考虑出版的选题。不过呢，我不想用这些琐事来烦你，毕竟没有你的协助，我一个人也能很好地应付过去……

恐怕我没法告诉你农场发生了什么事，因为我自己除了晚上在，其他时间也没空待那儿。我刚看了一下日记，过去的十个工作日里有九天我要么在办公室里，要么去伦敦出差，以后我可能十天全都要干满了。

232　艾伦在回信中说，如果办公室要扩建，那就需要建一个宽阔的入口和楼梯，就像他之前预想的那样，这样的话"我们就可以把画挂在楼梯的上方"——就跟足球俱乐部总部挂的球队集体照差不多。

画终于画完了，标题取的是"编辑会后"，大家背后都在嘲笑它，这画让人不解其意。画中是一群企鹅的资深编辑，在皇家艺术学院的高级会议厅里闲晃悠，本来应该表现他们在自然状态下开会的场景。事实上，被画在一起的人从没这样凑在一块儿，其中几个人根本没碰过面，而且以后也不会见面。这群人无所事事地站着，面色阴沉，看起来傻里傻气的，像在晦暗的大学休息室里站着的学者，又像一大家人在等着难产婴儿的消息。一个被画进去的人表示："还不如来一张集体照，让艾伦·莱恩坐在正中间，抱着一只企鹅，上面写上1955，然后其他的无名小卒都盘腿坐一圈围着他。"

这幅画里被画的人只有一个会感到由衷的喜悦。如果莫伊尼汉把艾伦画成最大的，肯定会有人说他太自我中心了。因此最佳方案就是把他画成第二瞩目的形象，但是站姿独特，显得非常英俊，而且画的角度也选得非常好。对于一个非常在意自己的身高、体重和仪态的男人来说——他只穿从切尔高-法兰奇-斯坦伯里裁缝店量身订制的西装，角度真是很重要。艾伦是画里少数几个正面亮相的人物，当人们从左往右看画的时候，他是第一个出现在视野里的人物。他看起来很有活力、灵活而敏锐，还一副平易近人的样子。其他所有人都是姿态僵硬、面色阴沉，看起来一头雾水。

艾伦给画家详细指示了在这幅群像画作里哪个人物相对比较重要——也就是谁需要突出刻画。经过精心设计，艾伦的部下和对手都被有意贬低，尤其忽视了那些失宠的"无名小卒"，另外一些丛书编辑更只是被放在边缘位置，基本被忽视。约翰·莫珀戈的脸悬在一根柱子后面，"像一个滴水兽雕像"。约翰·莱曼被别的人挡住了一半边身子。理查德·莱恩则被画得形象残缺，跟旁边的一个无名侍者一同被淹没在背景之中，他们被画得一样大小，一样不显眼。这一举动巧妙地回应了奥斯卡·王尔德，在《贵在真诚》一剧中他将一个仆人命名为"莱恩"，以此侮辱约翰叔叔。弗罗斯蒂倒是很受尊崇，被画在这群人的正中间。而 A.S.B.格洛弗的脸上，完全看不到一点纹身的痕迹了，在现实生活中，这样的纹身不仅在他脸上有，浑身也都是。

233

*

1955 年，理查德终于协助艾伦完成了画像大计，随后带着贝蒂和伊丽莎白乘船去墨尔本。这次澳大利亚之旅中，理查德充满了曾经当巴韦尔男孩的回忆。他仅将这次旅行视为"短期探视"，仍然将"修道院"农场视为自己的家。但艾伦还是那样，心里盘算着另外的事，他将这次远行视为他弟弟在澳大利亚长期办公的起点。

艾伦已经决定要让梅纳德出局了，不管他愿不愿意。如果要找另外的人来负责企鹅在澳大利亚的业务，谁能比理查德更合适呢？他是哈默兹沃斯办公室里唯一了解这片壮阔大陆的资深元老。更何况他还娶了一个澳大利亚妻子。墨尔本办事处需要重新被注入活力,这当然需要艾伦来领导,但是理查德将会是他的"总督"。艾伦想,尽管他们之间有很多芥蒂,但理查德仍然是莱恩家的人。两人一看就是一家的兄弟,在澳大利亚,理查德就是"一个能被看见、听见、一眼就能被别人识别出来的代理人,代表了艾伦的天才和活力"。理查德"可以本能地回应艾伦的直觉",他跟艾伦一起创立了企鹅,而"对于澳大利亚人来说,在他们中间有个公司创始人在,能有力地证明企鹅在这里准备振兴业务的诚意"。虽然艾伦心里可能想到了这些因素,但是也不可能确认他到底有多认真。不管有哪些显而易见或是以假乱真的理由,有一件事他势在必行。那就是要再次把理查德从哈默兹沃斯的管理层赶走,并将他流放到澳大利亚。

当理查德到达澳大利亚之后,他立刻开始着手工作,跟他在伦敦一样有条不紊、多才多艺。在企鹅澳大利亚分社安插一个莱恩家的人立刻就见了成效。比尔·威廉斯在写到澳大利亚分公司时,如此做结:"1955年,艾伦的弟弟迪克接管了这家公司,之后公司终于迎来了稳定发展,成了企鹅英联邦家族里蓬勃发展的一个伙伴。"企鹅(澳大利亚)公司运营得比英国本部还要好,率先实现了数字化的库存管理,成为了母公司的摇钱树。理查德和梅纳德相处得很不错——鲍勃说理查德在英国企鹅公司的时候"从一开始就对他影响很大"。他们达成了一种合作模式,让理查德作为顾问和董事长,而鲍勃则担任总经理的角色。他们招聘了一位助理,艾伦在1955年11月给理查德的信中写道:

> 你认为你需要在澳大利亚待多久才能让公司按照我预想的那样走上正轨,如果你能在回信里明确地告诉我你的看法最好不过。我个人觉得你可能至少还需要待上十二个月,另外要是你的助理安东尼是个可用之才,公司可以出资让他来英国本部

进行为期三个月的培训,然后再回归,单独开展工作。

尽管理查德在墨尔本,艾伦仍然在不断削弱鲍勃·梅纳德的权力,就像他之前对待韦布赖特那样。鲍勃收到了一连串来自哈默兹沃斯的尖锐质疑、立场的转变、批判、相反的指令、反对和拒绝;斯蒂夫·黑尔称之为"持续不断的羞辱,几乎可以推断是要解雇他"。"梅纳德自己也承认,"杰克·莫珀戈写道,"他很迟钝,过了很久才发现到底是怎么回事。在艾伦的澳大利亚之旅之后又过了两年,他才猛然发现艾伦对待他的方式就跟他观察到的艾伦对待别人的方式一模一样。"梅纳德告诉弗洛斯蒂他已经受够了。"我忍不下去了,我要到伦敦总部来跟他当面对质。"如果艾伦对他的领导能力不再抱有信心,那他的地位也就不保了。他给艾伦打了电话,提出要即刻乘飞机到伦敦来面对面跟他谈一谈。艾伦仇恨一切形式的会,并且一心想躲开这种会妨害他策略的当面冲突,面对鲍勃的提议,他像只兔子一样逃开了:"不,不,不。不要因为我而来。我到时候不在。别来。"

在哈默兹沃斯,理查德曾因艾伦针对他的所作所为而感到愤怒和伤心。如今,看到艾伦如此对待梅纳德,他更是震惊了。他为鲍勃的利益而呼吁,还"故意讽刺"他哥哥,称他为"高贵骑士"。克莱尔·莱恩发声增援,强烈要求公正地对待梅纳德,还当面指责艾伦"如此狠毒地对待他在澳大利亚的资深功臣"。艾伦让她管好自己的事。艾伦最终解雇了梅纳德,并且指示律师整理好条款,让他"只拿该拿的钱,一分不多"。

235

第二十二章

私人信件

236 　　1956 年,艾伦告诉理查德说,他希望企鹅澳大利亚分社运营能"更有效率",毕竟现在梅纳德已经下台了,理查德才是公司的负责人。为了确保效率得以实现,艾伦给他弟弟开出了一个条件。如果理查德愿意"在未来五年驻留澳大利亚,全权负责澳大利亚分公司的运营",艾伦将授权英国企鹅公司支付他的全部薪水。虽然理查德担心自己在艾伦打倒梅纳德的计划里不小心充当了推手,但是他也愿意离开哈默兹沃斯,在那里他的权限正在被逐步蚕食,而到这里他可以负责一个正在成长的重要部门。

　　这两位联合创始人现在相隔万里,两人之间也存在不少嫌隙,但他们仍然共同处理公司在全球的日常业务,例如对未知市场不必过于投入(理查德认为贸然进军这一市场"将会是一个严重的错误");Boots 带来的高收益;帕罗伊辛努力在美国重振企鹅;加拿大办事处关闭了。(企鹅加拿大分支遇到了非常多的问题,其中一个跟动物有关。主仓库地板下面来了一只臭鼬,它在那里安了家,管理人员向专家咨询,并且报告给了哈默兹沃斯。"他们说臭鼬可能要在仓库的地板下面过冬,只要仓库里有响动,臭鼬就释放出臭气……味道可不是一般的难闻。")

虽然他们在这些事情上站在同一战线，但艾伦并没有停止对他弟弟的攻击。理查德离开英国几个月之后，类似的攻击变得有些下作了。国王签署了法令，要流放王子。理查德的缺席并没有让首席运营官不堪重负，艾伦写道，他不想让理查德再回到哈默兹沃斯上班了。理查德对这一发展感到震惊，作为企业的创始人和领导者，他似乎要被排除在外了，他知道艾伦这么做的理由，完全是子虚乌有。企鹅的管理层文化完全围绕着职权重复和竞争在发展，竞争对手的贡献往往被忽略掉。艾伦本人就极为阴险地限制并抹杀了理查德的能力，也让他无法声明自己曾经做出的贡献。理查德知道艾伦在其他管理人员离职之后，也说过类似的话；今后，艾伦在对尤妮斯·弗罗斯特、比尔·威廉斯和哈利·帕罗伊辛进行降职处理之后也会说出这些虚假而贬低人的话，那时他虽然还不知道，但估计也猜到了。

而且理查德的离去对企鹅的影响确实不小，相关证据可以列出很多。在接下来的十年里，企鹅公司丢掉了发展纲领，犯了理查德一开始就很担心的错误，那时他在为企鹅的高首印量计算成本。大批量印数产生利润的前提是读者会去买这些书。假如说同一批次印的书里面大部分没有卖出去，那么单位成本再低都是虚的，毫无意义。企鹅除了忘记了当初创立时确定的诸多原则以外，"不懂生意经"的编辑们还犯了一个"大忌"：夸大潜在销量以便增加印数，试图让无聊的书看起来有潜力赚钱。

公司被不实成本掏空，又被卖不掉的书给压垮，收益暴跌。在接下来的十年里，其他混乱的征兆也开始显现。例如，企鹅试图以傲慢的姿态向新市场进军，对抗新兴图书产品的竞争也并不见成效。公司在对待作者方面，采用了一种傲慢而又极为冷淡的姿态，即使在公开场合也是如此。企鹅的垫款额猛涨，外界广泛讨论领导人"能力存疑"。那些家伙们对需要埋头苦干的工作丝毫没有兴趣——像是做预算、盘库、收支清单管理等等，但如果没有这些工作，出版工作也将是一片混乱。到 1960 年代，企鹅英国总公司的现金流遇到了重大危机，那时，澳大利亚分社往哈默兹沃斯寄的不再是食物包裹了，而是汇款和贷款，英国的母公司必须靠各个分支才能维持运转。这些情况逼得艾伦相继雇了管理会计师和物流管理人员来接手理查德之前负责的工作，在此之前，理查德在哈默兹沃斯一干就是十多年，可靠而又默默无闻。他的缺席导致企鹅一片混乱，艾伦也变得状态失常。没有理查德·莱恩，企鹅失去了活力，也失去了发展的劲头。

但是这些麻烦都发生在更远一点的未来。1950 年代中期，艾伦面临着更为紧迫的问题。海因里希·马里亚·莱迪希-罗沃尔特在战后首度将美式平装书引入德国，艾伦邀请他周末到"银溪"度夏。莱迪希-罗沃尔特来的时候带上了他的情妇，这位女士身材颀长苗条、年轻性感、脸色苍白、面容丰满。她就是苏珊·莱普修斯，比艾伦小十八岁。在这短短的两天里，不知道怎么搞的，艾伦和海因里希交换了伴侣。海因里希回德国的时候，莱蒂丝也跟他去了，而苏珊则留在了"银溪"。艾伦把苏珊的手迹拿给他的笔相家去看了，"顺便坦白了他心里正在酝酿的情愫"。笔相家的回复让他欢欣鼓舞，于是苏珊就成了艾伦生命里不可分割的一部分，甚至比他在拍卖行买下的那把巨大的真皮座椅还要珍贵，他一直吹嘘这把椅子是冯·里宾特洛普担任英国大使期间拥有的财产。拥有一名德国情妇成了艾伦财力和地位的新象征。艾伦给苏珊在诺丁山买了一套公寓，她也成了艾伦自己那间"可怕"而"丑陋"的新公寓的常客。新公寓位于"白厅"庭院，就在萧伯纳从前住的那栋楼里。前去拜访的人常常被公寓里那种冷清的氛围给镇住了，即使偶尔能瞥见挂在洗手间里的那些苏珊的性感内衣，也驱不散这股寒意。

比尔·威廉斯已经有了一位来自欧洲大陆的年轻女郎——埃斯

特里德·班尼斯特，一位来自丹麦的漂亮女记者，卡尔·布卢特医生的病人，这位德国医生给病人开控制剂量的海洛因来治病。（虽然这位班尼斯特小姐在企鹅几乎没干什么活儿，但仍然拿着工资。）这下好了，艾伦和苏珊、比尔和埃斯特里德四个人凑在一起度假了。莱蒂丝很快就跟莱迪希-罗沃尔特分手，回到了"银溪"，但是她在那里也没待多久。莱蒂丝要面对行为古怪的艾伦，听到他说他们女儿的那些不好听的话，现在苏珊也在，这让她在1955年9月21日离开了艾伦，那天正是他的生日。她的丈夫是英国最有名的富商之一，但现在她孤身一人，也没有钱，只能穿二手衣服，在哈罗兹百货公司找了份工作卖新款手绢。在未来三年里，莱恩夫妇只在莱蒂丝妹妹的公寓里有过一次短暂而尴尬的会面，其他时间从来没碰过面。

　　艾伦在给理查德的信里说，既然现在莱蒂丝已经走了，他觉得"没必要再让雅家炉继续烧着"，但是没有炉子"房子里立刻就感觉很冷清，不仅温度低，而且似乎也没有温情了"。艾伦大约过了一周的单身汉生活，随即邀请卡米拉·威廉斯-莱恩和杜卡·普克斯利来同住；"她们很愉快地接受了邀请，虽然我们双方都要调整生活节奏，但是我觉得一切进行得很顺利"。但是新生活并没能温暖艾伦的内心。1956年夏天，在爱尔兰，艾伦又陷入了严重的抑郁，对家庭生活和工作都失去了兴趣，觉得"一切都很空虚"，他还向弗罗斯蒂坦白说觉得跟莱蒂丝的婚姻并没有给他带来快乐，"要不是因为孩子"，他觉得这段婚姻可能结束得更早。"我根本不爱莱蒂丝"，他的笔调很尖锐。艾伦还向弗罗斯蒂坦白说，他对与苏珊的这段关系也充满疑虑，并表示一定不会跟她结婚。"我确信一件事，那就是婚姻会带来灾难。在很多方面，她充实了我的生活，但是在另一些方面，我跟她实在是天差地别。"他还跟他的表妹琼·科利霍尔说，跟苏珊结婚肯定会把他"逼疯"，但跟莱蒂丝和好也不会有好结果。

239

　　跟大多数出版界的人一样,莱恩家的弟弟也听说了"银溪"周末发生的大事,以及莱蒂丝离开艾伦的事情。理查德也听说了艾伦不断恶化的身体和精神状况,于是决定回一趟英国向他伸出救援之手。由于健康状况不允许他乘坐飞机(他的肾脏承受不了机舱的压力),他登上了"奥龙赛号"轮船,并通知他哥哥他将回到"银溪",未来几个月会帮艾伦一起振作起来,口气就像父母跟误入歧途的青少年在说话。

　　说出来你可能不太相信,但是我这一趟回来最主要的任务就是要帮你解决一些个人生活问题,但是我想你也清楚,真正的改变需要你参与配合才能发生。要是你还是那样固执己见、傲慢偏激,嚷嚷说你不仅有能力解决私人问题,也能处理家族事务和亲戚关系,公司几百号员工的事更不在话下,要是这样的话,那我们可就什么也谈不成了。

　　过去这些年,你给我的待遇并不公平,这一点你自己也很清楚,在公司股份方面,你不仅独吞了约翰的所有股份,还拿走了我 25% 的股份。你还拒绝给我涨薪,所以目前我的工资还跟 15 年前一样,而你自己涨了约有 3 倍。1955 年,我离开英国之后的几个月,你写信跟我说……如果我哪一天回到英国,"修道院"农场的房子我就不能再去住了,因为你安排要把其中一半给一位经理,另一半你自己留着。在这件事上,你丝毫没考虑我的意见,只是把你的安排通知给我而已。

　　去年,你准备去爱尔兰度假一个月,临行前你说在那里你一定会给我写一封私人长信,我以为你会在信里谈谈以上这些事情,但是你也知道的,你并没有写任何信给我。

　　说实话,这些事都让我心情很糟糕,这意味着我这个已年过五十的人却不得不想办法重新开始生活。我猜测，就算是现在你也不太理解我们为农场的付出。在我看来，农场目前的状况真是糟透了，亏损达到了 3500 英镑，并且我还无法用来抵税，因为我目前在英国没有收入了。

　　然而，就算是这样，我仍然非常担心你的状态。我在澳大利亚遇到的六七个人都说前几个月见到你之后发现你状态很差，让我十分担忧。但是，我真心觉得只要你愿意合作，我们可以让你生活状态更好，至少比我目前所知的情况要好。

艾伦为了不在英国跟他弟弟碰面，可以说是大费周折。同时，理查德收到的回信有点像公务信函，也有点像分手信。

　　据悉"奥龙塞号"将于下星期二早上抵达蒂尔伯里，而乘客将到中午时分才能下船，得知这个消息的时候我们已经登上了"东方号"邮轮，正是船员告诉我们此事。我会安排一辆奔驰和一辆多尔汽车中午在那里接你们，多罗茜也会一同前往。但是很遗憾我不能到场，因为 11 点有一个什么倒霉的出版人协会的会议，下午 3 点还有另一个会，会议结束之后我就要去爱尔兰了，不过我会在下个星期日回来，也就是 6 月 2 日。我很期待在 6 月时能跟你好好聊聊未来的事情，因为 7 月初我又将出发去莫斯科和北京了。

　　在过去的 18 个月里，我确实花了很多精力在想一些事情该怎么办，其中有一件事我很确定，那就是我们两个人最好是把目前共有的各项财产分清楚产权。我们俩性格截然不同，当我们被套进同一个双马挽具的时候，类似让两种不同脾性的马拉一辆车。我们在各自擅长的工作领域，都完全可以独当一面，但是

241

我觉得我们在一块儿干只会给对方带来伤害和挫折。

你天性稳重、谨慎，浑身都是正宗英国人的气质；但是我就更活跃一些，做事没你可靠，更善变。有鉴于此，在收到你谈农场的那封信之前，我就在想我们最好的决定可能就是在你来这边的时候把它卖掉，这样你就有足够的资金在澳大利亚置业，而我也可以获得一些钱，指不定未来几年里哪天我受了诱惑就拿去投资了。

从我打爱尔兰回来之后到出发去中国之间的那个月里，或说大致有 6 个星期的时间，我会一直在伦敦，但是我们会有很多机会在办公室和"银溪"碰面……很抱歉我们的朋友跟你说我过去几个月的健康状况那么糟糕。其实现在我已经熬过了过去 18 个月里最困难的日子，这段经历当然让我很难过，不过现在我已经恢复到了最佳状态——至少我自认为如此，我已经准备好了，迫不及待跟任何困难战斗……我预感你会觉得办公室的变化非常之大，要比过去几年的工作状态好多了，没那么混乱了……可惜我在爱尔兰待的地方没有电话。

兄弟俩终于还是见面了——彼此很客气，场面也有点尴尬，他们就共有财产的分配问题达成了共识，但是在"公司、农场和家族问题方面无法达成友好共识"，也没能帮艾伦"拥有更佳的心理状态"。杰里米·刘易斯在艾伦·莱恩的传记中，提出艾伦此时向理查德"伸出了橄榄枝"，准备把他的宾利车送给理查德，让他当作"随船行李"带回澳大利亚。刘易斯这个说法并不正确：是弗兰克·伯德准备从艾伦手里把宾利买过来。理查德没收到什么橄榄枝，回去的行李里面也没有宾利。

*

在理查德和贝蒂带伊丽莎白乘船去澳大利亚之前，"银溪"发生了一场意外悲剧。三岁的伊丽莎白差点儿就溺水而亡。她在游泳池里倒栽着浮浮沉沉，还好及时被一位反应迅速的悉尼表亲救了起来。在回墨尔本的旅途中，可能是由于肺部进了水，她病倒了。随船医生每天要去给她问诊四次，但是她还是拒绝吃饭喝水，对自己的玩具和书也提不起兴趣：

> 唯一能让她开心的事情就是给她讲故事，但是故事都必须有一套固定的模式，而且非得这样开头："从前，我还是个小男孩的时候，跟艾伦伯伯、约翰叔叔、诺拉姑妈和小猫'皮克波斯'一起玩"，最后的这只猫和它的名字都是贝蒂发明的……好几个故事都是根据艾薇姑妈［科利霍尔］带我们钓刺鱼的经历改编的。她很喜欢抓蝾螈的故事，掏鸟蛋的故事也很受她欢迎，特别是当听到偷鸟蛋的人嘴里含着变质的蛋从树上掉下来的时候。我们所有人，包括小猫"皮克波斯"，都坐着明轮船从霍特威尔斯启程多次冒险，最远到达了克罗沃里。

到达墨尔本之后，这位医生继续为伊丽莎白治病，理查德的童年故事和小猫"皮克波斯"也对她的康复起到了积极作用。理查德的家位于墨尔本东北部外围，他试图在这里复制伦敦"绿带"的生活。他的松苑农场位于坦普尔斯托，草木茂盛，占地 20 英亩。这里的果园运营良好，产出苹果、梨子、桃子、樱桃、杏子、李子，还有那时候澳大利亚十分罕有的猕猴桃。理查德和他的农场工人一起开发苹果的新品种，在其他方面也创新不断。种植的苜蓿和养的鸡可以提高土壤质量。理查德加入了蓝月水果合作社，以让松苑农场的水果出口到国外。不过，由于苏伊士运河危机，运河关闭，导致农场的农产品无法

243

运到英国。阳光和新鲜的水果帮助伊丽莎白恢复了健康。

为了使莱恩兄弟之间的财产分割显得合理，艾伦把理查德的私人物品以海运方式邮寄到了松苑农场。有他在"斯普林班克号"服役时的纪念品：他的海军制服、一枚高射机关炮的弹壳。在兰开斯特门大街生活时期的物品：一张长餐桌、银马刺和安妮·莱恩的贝希施泰因钢琴。他在库纳巴拉布兰生活时期的物品：遮阳帽和砍伐灌木的砍刀。还有一堆其他的宝贝东西，跟圣诞颂歌一样丰富多彩：六只餐盘、五条裤子、四枚袖扣、三只火药筒、两只银质粥碗，以及一只带有配件的雪茄盒子。理查德特别提到过把自己特别喜欢的那对决斗手枪给他，但是小气的艾伦使坏没把手枪寄给他，声称找不到了。"遗失物品"的清单很长，其中包括理查德在塔尔博特广场用过的车床和他博德利·黑德出版社版本的豪华本《尤利西斯》。

在墨尔本，理查德自己也生病了。他的肾病得到了确诊，最终摘掉了左肾，而"手术过后的第三周"，他又自己开车去了办公室，管理企鹅澳大利亚分社的事务。在英国，莱恩家族遭受到了更大的打击，卡米拉在"银溪"的休息室里突然过世。兄弟俩失去了他们智慧慈爱而又勇敢的母亲，这也意味着一个家族传奇的终结——她是最后一位用莱恩-威廉斯-莱恩这个姓氏的长辈，是他们改了家族的姓氏，也改变了他们孩子的命运。她给后辈以温柔慈爱，稳固家庭纽带，特别是在约翰和理查德服役期间，以及约翰过世后的黑暗岁月里。她也以骄傲之情见证了孩子们的成功。卡米拉的葬礼结束之后，艾伦彻底关停了雅家炉，从"银溪"搬了出去，从此试着以"白厅"庭院的公寓为家。

莱恩兄弟达成的股票分成各占75%和25%的协议，本来的条件是让理查德成为艾伦的继承人。都到1953年了，理查德还认为，艾伦死后，他可以用人寿保险赔付的钱买下艾伦的股份，因为他一直都交了一半的保费。如今,理查德已经被从哈默兹沃斯赶走了,预示着艾伦并不打算履行这份合约,而且这还只是许多预兆中的一个而已。实际上,他下定决心要废止这份合约。他设立了一个家庭信托基金会,转移了自己三分之一的股份到其名下,另外还采取了其他措施增强对企鹅的掌控,目的是为将来制造机会让他可以自己选择继任者,不用家族里的人。针对合约,兄弟俩正式提起调解仲裁,刘易斯·沃德充当中间人,但是无果而终。艾伦就当这份合约从来没有过似的。

理查德大病初愈,并且仍然沉浸在失去母亲和父亲的悲痛中,艾伦却对企鹅澳大利亚分社施加了更大的压力。艾伦重复了他打压梅纳德的伎俩,继续折磨自己的弟弟,使用的手段包括在旅费成本和其他开销、额外津贴、红利股、销售增长、企业合作、绩效评估和新员工方面找茬。艾伦总是出尔反尔,独断专行,没通知他弟弟就给澳大利亚的书商通信谈业务,还秘密跟澳大利亚的低俗出版人伊斯雷尔·霍维茨签署了合作出版协议,协议曝光之后,理查德称其为"可能是公司过去25年里最糟糕的决定"。

虽然我私下里觉得霍维茨人很不错,但是我觉得,他出版的平装书无论是从印制还是从编辑角度来看,都是档次很低的出版物……我一直认为我们出版的平装书代表了业内一流水准,而跟霍维茨合作出书简直是玷污我们的名声。我想之所以有这次合作,完全是为了钱,如果我们要堕落到如此程度才能挣到钱,我真觉得太没道德感了。

我一直都认为,如果采用图画封面,我们在澳大利亚和其他地区的销量都将大幅增长……

这次合作必将严重影响澳大利亚分社的声誉,我希望至少在你们谈判期间能告知我进度，而不是在其成为"既定事实"之后给我发一份合约副本……我个人还有一点怨气要说。每当我想在这边出版一个选题的时候，总是被你拒绝……但是霍维茨在合资出版项目中，如果他想出版一本书，似乎很轻易就克服了这个困难。

艾伦决定理查德的殖民地需要来一次重大结构调整。艾伦宣布，分社将举行一次盛大的促销活动，他将委托制作一份报告，详细制定改革方案的执行步骤。1959 年，艾伦派了一位骄横的管理顾问去澳大利亚，A.H.雷诺兹将会就分社的情况写一份报告。此外，依照艾伦一贯的风格，他还让布莱恩·斯托尼尔准备一份财务报告。雷诺兹的报告简短而犀利，他提出，可以选择跟朗文签署代理协议；或者跟安格斯-罗伯逊出版社合并，跟霍维茨合并也行；理查德也可以和澳大利亚的精装书出版社一起合作出版澳大利亚目前的平装书选题，企鹅在英国就是这么做的。雷诺兹在准备报告时，他号称这是为期三周的调查产生的"内容深刻的报告"，理查德被一条有关他薪酬的评论气得晕头转向——"'RL 可以继续留任，不过他的工资成本需要降低'……我猜想雷诺兹认为澳大利亚分社利润增长的最佳方案就是减少我的工资吧"，报告里有关邀请鲍勃·梅纳德回来工作的可能性评估也让理查德异常愤怒。理查德跟艾伦说，他认为这份报告"杀伤力太大，或者说不够有建设性"，他说在等雷诺兹报告的第二部分出来，希望里面"有关键内容，能帮助分社发展。他的报告当然令我十分痛心"。理查德多次尝试合理反驳雷诺兹的批判，但是他的"努力都只产生了不愉快，于是我只好放弃"。

雷诺兹在企鹅澳大利亚分社的工作给艾伦留下了很好的印象，于是任命他为哈默兹沃斯总部主席和总裁的"私人助理"，希望他能

"逐步接手我现在需要处理的一些杂事"。雷诺兹撰写了有关母公司运营状况的一系列报告,甚至还对艾伦的领导方式提出了批评意见,当然是以书面的形式,指出"公司里总是弥漫一种非常不愉快的气氛"。

> 工作氛围的问题你需要仔细考虑考虑,因为你自己也意识到了,从长远来看,这个问题的重要性再怎么强调也不为过。大部分情况下,它的根源来自上层领导,他们可能一听就否认这一点,但是目前来看,这个问题已经根深蒂固,成了被广泛接受的工作方式。我认为这是本公司的一个主要弱点,比如,其中一个表现就是最近几年新进的大部分员工的态度,拿他们目前的态度跟刚工作的时候比较就可以看出问题所在了。这样的情况令人遗憾。

认识艾伦的人都知道,他对这种意见可不感冒。雷诺兹被扫地出门。1959年10月的一份企鹅董事会会议记录里面记下了一项决议,他们决定向年利达律师所咨询如何终止雷诺兹的顾问协议。据杰弗里·达顿所说,雷诺兹自己先诉诸法律手段,迫使艾伦和企鹅履行协议条款。

跟雷诺兹的战斗很快就结束了,但是其他战斗仍在进行。理查德跟艾伦详细讲了自己的健康问题,恳求他哥哥放缓进攻,不要把他请求的信"当成工作信函处理,然后给你所有同事看,并征求他们的评价。它本来就是一封包含个人隐私的信,我想向你说明的是,我本人并不支持对公司进行激进的改革,因为我担心我个人的健康承受不了"。

246

虽然我每天都去办公室，每一周或两周去一次墨尔本，我也对公司的运营承担全部的责任，但是，我并没有像以前那样勉强自己了，强度自然不如战时那段日子，也不如企鹅初创的时候了，那时候我们可以连续工作48小时不休息。我给自己的标准是"维持运作"即可。不是说我有什么疾病，但是我也不是百分之百健康。

诺拉在理查德手术前几周去墨尔本看过他，发现他病得不轻，让她感到震惊。她写信告诉了艾伦理查德的状况，之后艾伦回复了理查德的私人信件。

你现在该有机会仔细读一读雷诺兹的报告了吧。我已经读了三遍了，很显然，目前的情况要求我们审慎地思索出路，重组也是必要的。如果是以我的身体状态面对目前的工作状况，未来的走向肯定会让我感到有些警惕和沮丧。

虽然我年纪大了（再过3年就六十岁了），生活方式也颇受指摘，但我的身体状态还是很好的，这也让我没意识到你的手术对你的健康造成的巨大损伤。诺拉和雷诺兹都纠正了我的看法，所以我现在怀疑以你当下的健康状态，让你继续处理如此棘手的工作是否明智。

247　　毫无疑问，工作必须完成，并且要快，需要高强度的精力投入，所以我觉得，有必要对公司进行一次"大扫除"，然后重新开始。

在这样的情况下，你不觉得可以考虑提前退休吗？这样可以缓解你财政方面的压力，也可以让你有时间享受经营松苑农场的乐趣。我跟你说，我自己三年之后就打算去"山毛榉"山享受这样的退休生活。

实际上,艾伦对自己的退休计划并不感兴趣,1957 年之前,他就谋划了很久,准备让理查德从企鹅董事的位子上退休,也让他不再持有企鹅的股份。只要他们的父母有一方在世,艾伦一直克制,没有针对理查德采取关键行动。如今,卡米拉已经过世,艾伦没有顾虑了。写下这封信之后的三年内,他就实现了自己的计划。在这期间,他将卷入 20 世纪最瞩目的一桩图书官司。

第二十三章

制胜绝招

意大利出版商朱塞佩·奥廖利最早出版了未删减版的《查泰莱夫人的情人》。他于 1928 年推出的 1000 册签名本装帧精美,堪称豪华版。但是,虽然书卖相很好,许多有影响力的评论家却认为这本书是 D.H.劳伦斯写得最差的书。比如说,在当时很有影响力的评论家 F.R.利维斯就将其列为最失败的作品,而 T.S.艾略特——这位相对来说观点更能传世的诗人、出版人,则担忧这本书"只会迎合那些心理病态、精神衰败和神志迷惘的人",并且说这本书的作者像是"一个病入膏肓的人"。格雷厄姆·格林态度模棱两可,但是他觉得小说有很多部分写得"非常荒诞"。在小说的荒诞性方面,伊夫林·沃表示同意格林的意见,并且追加了批判,说它是一本做作而无聊的书。

然而,撇开艺术手法上的功过不谈,这部小说之所以在文学圈子里臭名昭著,是因为它直白地描写了通奸、女性的性欲和"意大利式的性爱"。不过,艾伦·莱恩的圈子可不是文学圈。艾伦对劳伦斯作品的了解非常之浅,对他来说,《查泰莱夫人的情人》不过是一本普通的书,即将与企鹅的一套十本丛书系列一起上市,同时推出的还有理查德·莱恩策划的"萧伯纳百万册"。"劳伦斯百万册"将在作者过世三十周年之际出版。通过进入"百万册"书系,未删减版《查泰莱夫人的情人》将从一部高定价、小印量的书一跃进入畅销书市场,首印达到 20 万册。

在这本书的出版过程中,艾伦·莱恩自我矛盾的本性再次暴露无遗。他的同事提醒他说这部小说有可能会触犯英国最近更新后的反猥亵法案(具体体现在 1959 年的《反出版物猥亵法案》中),艾伦对此露出一副无辜而惊讶的表情。虽然艾伦本人常常越界(表现在他找的情妇和依旧在欢场活跃),他的文学口味——就算他真的有偏好吧,还是偏禁欲系,并不那么放荡不羁。他并不喜欢那些性感露骨的书,很反感厄斯金·考德威尔和美国市场喜欢的那些“露胸露屁股”的封面(艾伦将它们称为“靠露胸卖出的畅销书”),对韦布赖特和恩诺赫都表达过反对。他更不会喜欢上法庭。在《回音廊》一案的证人席上他曾受尽拷问,一回想起这事就让他觉得害怕。但是艾伦这个人,一遇到什么滑稽和尴尬的事儿,是绝对不会逃避的;他很清楚如果图书卷入猥亵案,将促进销量并给企鹅的形象带来新鲜感;更何况,如果他在图书出版需要克服困难的当口退缩,在同事面前也会显得没有骨气。

尽管这本书的印量将会非常可观,企鹅出版社却花了很大工夫才找到印刷商,最终把活儿给了帮兄弟俩印过博德利·黑德版本的《尤利西斯》的那家公司,而这都是三十年前的事了。比尔·威廉斯和汉斯·施莫勒给苏格兰场的莫纳汉探长送去了十二本样书,莫纳汉接着把书又送到了检察院。下一步就看政府怎么处理了。公诉人默文·格里菲思-琼斯用一个简单的方法来决定是否提起公诉:“我把两只脚搭在了桌子上,然后开始读书。如果读的时候我勃起了,那我们就发起诉讼。”

哈默兹沃斯办公室收到消息,在新的法律下他们将要吃官司了,此时艾伦正在西班牙度假。施莫勒和威廉斯着急忙慌地给艾伦的别

墅发去了电报："马上要打官司了。请你速速归来。"查泰莱夫人让格
里菲思·琼斯产生了化学反应，施莫勒准备逃离英国了。艾伦立场
坚定地给理查德去信说："在出版方面，我个人的态度是，绝对拒绝因
政治、宗教、道德或是其他任何原因而妥协……我并不将自己视为某
种斗士，但是我认为如果哪一本书的使命就是去考验这个法案，那这
本书就正好肩负使命了。"

　　这本书在澳大利亚的禁书名单之列，但是有一些校样和样书还
是来到了米切姆的办公室。理查德将它们藏在他的办公室里，但是
他的女儿伊丽莎白还是找到了，热切而偷偷摸摸地读完了。在英国，
克莱尔·莱恩也弄到了一本，读完说"写得还行，但是有点老套"。但
是其他人的看法就比较强硬，理查德在信中对艾伦说：

　　　　一位名为戈登·鲍威尔的牧师最近刚从英国回来，他在报
　　纸和电视上都表示，因为我们出版了《查泰莱夫人的情人》，他以
　　后再也不会买我们出版的任何书了，他还吸引到了一些支持者。
　　彼得·戴维斯马上要出一本他写的书（《年华》杂志上说海涅曼
　　出版社正在准备出版《查泰莱夫人的情人》的精装版），因此，要
　　是我们买下他的书的平装版权的话，那可就有意思了，只要他写
　　得好我觉得倒也可行。好像是一本儿童图书吧，书名里面有"伯
　　利恒"（Bethlehem）这个词。

理查德跟他哥哥一样，对即将到来的审判充满热情，极度兴奋，而且
发现了一个有趣的反转。"你曾说你行事周密，避免你要传唤的证人
的姓名被曝光，"理查德在给艾伦的信中写道，"上周《书商》杂志上登
的那份名单泄露了真相吗？如果他们歪打正着弄对了，那我觉得事
情就有点意思了，因为斯坦利·昂温居然站在你这边，而巴兹尔·布

莱克韦尔竟然会在反对阵营。"

"女王诉企鹅图书案"将成为企鹅公司发展史上的里程碑，也是英国文化的分水岭，其影响力辐射范围可不止于哈默兹沃斯的走廊。在"出版业有史以来最受瞩目的诉讼案"期间，数十位名人走上证人席，利用这个计划针对言论自由侃侃而谈，从而帮助打开了自由主义的大门，深刻影响了那个时代接下来的文化走向。但是，在审判进行期间，艾伦·莱恩却"明显表现得非常不安"。他"拒绝以开球手的身份直面这一击快球，反而藏得更深了"——他在庭审的第四天才出现，同时出庭的还有唐纳德·泰特勒牧师和作家斯蒂芬·波特——"胜人一筹的人生法则"和"驾驭游戏人生"的创始人。随着法庭和媒体界的一片欢呼，在这场被大多数人视为案件判例的案子里，企鹅公司也占得了先机，人们被压抑的需求喷薄而出。他们在书店排起长队，像从前排队买"萧伯纳百万册"的时候一样。企鹅因此找了许多其他的印刷商帮助印刷劳伦斯这本"臭名远扬"的书，因为总印量达到了 300 万册。对于菲利普·拉金这样的名人和许多他的同辈人来说，在《查泰莱夫人的情人》的解禁和披头士乐队发行第一张专辑之间的过渡期里，他们开始探索爱欲之事。

胜诉和接下来图书销量的猛增对企鹅的账本底线影响深远。1959 年至 1960 年，公司的利润幅度翻了一倍，税前利润翻了三倍。作为投资或收购对象，企鹅都很抢手。接下来三年，艾伦都在制定方案，试图通过让员工持股的方式，让公司在伦敦股票交易所上市。《查泰莱夫人的情人》这张牌在他手里被运用到了极致。

艾伦很早就见过公司上市发行股票，在他跟约翰舅舅一起工作的时候，就曾关注过图书行业里的上市公司。他不止一次想涉足股票市场。例如，在 1947 年，他在给理查德的信中写道："你看到《泰晤士报》写的了吗？凯尼恩的公司，就是埃斯梅斯的丈夫的公司，仅仅依靠未来的遗产税就上市了……给他们办事的正是马丁斯银行。"接下来那周又写道："如果爸爸想在股市小赌一把，我觉得造家具的那家哈里斯·利伯斯发行的股票肯定稳赚不赔。星期一《泰晤士报》上刚宣告他们家的股票上市。"早在1950年，艾伦就在内部商讨卖掉企鹅的部分所有权，或者对现有所有权进行重大调整。

作为创始人持股人，理查德·莱恩拥有的企鹅股份非常可观（43750股），不过这已经是被稀释过的比例，艾伦偷偷拿走了约翰的全部股份和理查德的部分股份，使得理查德的占股从企鹅股本的三分之一变成了四分之一。此举使艾伦控制了公司四分之三的所有权，随后他将名下资产接近三分之一的部分（也接近企鹅公司总资产的四分之一）转移到了一个家族信托基金里面，这份基金是他发起的，并且由他说了算，名义上是为了保障创始人子女的利益。对于艾伦来说，理查德所持有的股份无疑会阻碍他计划的实现，但同时也为他提供了非常诱人的机会。1955年，艾伦与皮特-马威克-米切尔会计事务所的沃尔特·"沃蒂"·沃特莫尔连续通信讨论理查德出售股份的可能性，这样企鹅公司就可以募集到"15万到20万英镑的长期融资，甚至能达到上市需要的数目"。要筹集这么多资金，具体方案还"有待于进一步探讨"，但原则上需要公开发行股票。

托马斯·蒂林有限公司原本是一家巴士公司，由于收购了海涅曼出版社的大额股份而将业务延伸到了出版业。1957年，蒂林出价40万英镑收购企鹅。这份报价刺激了艾伦，让他更认真地开始寻找别的方案，包括让公司进入股市。继蒂林出价之后，又有许多家公司向企鹅表达了收购意愿，有点像貌美如花的克莱尔·莱恩当年被众多男子追求的情景，不过她同时周旋于几个男朋友之间，不断戏弄他们，拒绝了三次求婚之后，终于接受了第四个男人的求婚。1958年，艾伦在给理查德的信中写道：

　　不幸业内已经传开了谣言，说莱恩家族要把手里的企鹅资产卖掉，所以已经有好几家公司都找上了我，比如朗曼·格林、卡塞尔斯、威斯敏斯特出版社，安斯巴彻通过博德利·黑德也找了我，还有柯林斯、欧德汉姆斯，上周矮脚鸡出版社的两位负责人还专程来向我求证谣言是否属实，问我是不是在考虑跟人达成交易。跟这些人谈的事情我也都跟沃特莫尔说过了，但是我们商量好了，只要蒂林的报价尚在讨论议程上，尚不考虑其他选择。

《经济学人》《哈泼斯》、霍顿·米夫林、兰登书屋，以及英美两国其他很多家公司、机构和行业大亨都对企鹅的部分或全部资产垂涎三尺。在哈默兹沃斯的走廊和会议室里，前来商谈示好的代表们往来不绝，跟企鹅的人微笑、握手、讨价还价。艾伦极为享受接待这些有钱绅士的过程，无情地欺骗他们的诚意。在这些对谈过程中，特别是集中探讨如何让公司发股票上市的话题时，他脑子里只有两个最主要的问题：一是如何在不放弃对企鹅公司控制权的同时让他的收益最大化；二是如何将他的弟弟驱逐出公司，并将他的股权也拿走。

　　艾伦虽然很会花钱，但是记账这件事对他来说就是个谜，而且也没什么财务方面的知识。在企鹅公司里，理查德·莱恩才是拥有财务头脑和伦敦办事经验的资深员工。艾伦"几乎没有跟企鹅自家的银行经理直接打过交道，这些事都是交给迪克去办的。艾伦在企鹅所做的唯一跟财务沾边的事情，就是谴责并推翻理查德和其他更保守的顾问提出的尖锐但却传统的建议"。如果艾伦想推进上市事宜，并得到他心中两个重要问题的答案，那么外行的他就需要专家的意见。说起专家，他可选的人就太多了。

253

*

　　马丁斯银行的R.A.梅切尔给艾伦介绍了伦敦城里的一个个子矮小、为人精明而且有一张大嘴的律师，莱斯利·佩斯纳专攻金融法律，很快就成了艾伦推进上市以及后续其他投资的得力助手。除了佩斯纳，艾伦还有一个庞大的顾问团：银行经理人（马丁斯银行）；律师（年利达律所）；会计（皮特-马威克事务所）；两所商业银行（赫尔伯特-瓦格银行和J.亨利·施罗德银行）；还有卡泽诺夫经纪公司，它们对《查泰莱夫人的情人》来说堪称完美的匹配。艾伦非常看好发行股票的前景，就像他对图书发行一样有信心。艾伦完全沉迷于公司上市的事情，忘了在诺丁山和迪科伊大街有两位被忽视的女士，她们妒火正旺呢。

　　给企鹅估值变成了一门吹气球的学问，甚至堪比火箭科学。1958年，蒂林的报价似乎很合情理。沃蒂给艾伦的建议是，全部股票估值为43.75万英镑"对我来说，还比较适当"。（就在前一年，赫尔伯特-瓦格银行的莱昂纳尔·弗雷泽曾经向理查德报价过，数目只是稍微少一点而已。）仅仅过了一年，估值就增加了三分之一，到了1960年，前景似乎更明朗了。

　　在那一年，《经济学人》的老板给企鹅公司的报价是79.5万英镑，之后又增加到87.5万英镑，这个数目比蒂林的报价翻了一番。在企鹅发展的初期，《经济学人》就是赞扬莱恩兄弟的严肃媒体之一，它评价说他们努力"给从前以垃圾书为精神食粮的家庭带来了主题严肃、印制精良而且有文学价值的好书"。现如今，艾伦和理查德却有充足的理由拒绝这份毫无实际意义的报价，毕竟是在用企鹅赚的财产为砝码收购企鹅。

254　　亲爱的艾伦：

　　　8月4日你来信中附有一份《经济学人》报业公司收购企鹅

图书公司全部发行股本的协议草案，对你那封信和这份提案，我有以下几点要谈。

草案上署的日期是1959年，但是可以看到你把日期改到了1960年。所以，即便我是头一回看到这份草案，我想你在过去的八个月里可能一直在掂量这些条件吧……

虽然第一眼看来，他们的出价……似乎也不错，但是却规定十年付完全款，并且不包含任何利息，这就可能有很多严重的漏洞需要考虑（比如通货膨胀、遗产税，过期付款有什么惩罚措施，如果买家进入破产清算环节怎么办，如果政府政策发生变化怎么办）。

我对《经济学人》报业公司的财务状况一无所知。如果他们发生亏损，那么企鹅图书所赚取的利润就能冲抵亏损；不过就算他们处于盈利状态，那么情况就是这样：如果未来十年我们公司的利润保持不变，跟过去两年一样的话，那么税后可用于付款的钱完全能把未来每年应付款的四分之三付清，还绰绰有余。

迪克

亲爱的迪克：

你在当地的媒体上可能也看到了新闻，我们这里发生了一件让人愤怒的事，《新闻编年报》和《星报》被贱卖给了极右派托利党的报纸《邮报》……你知道吧，我之所以跟《经济学人》谈判，主要原因是我觉得这是能保障公司继续发展的最佳方案，但是从最近几天发生的事情来看，我们做的事可能跟这个目标背道而驰了。现在，我在考虑让公司发行股票上市。我觉得这样对你来说也是很好的，你就可以正常在股市卖掉你的股份了。

艾伦

255　企鹅继续准备上市，《查泰莱夫人的情人》的销量持续增长，这两个因素令企鹅的表面市场价格得到了更迅速的增长。到 1961 年 1 月，公司估值 100 万英镑也显得很正常了。艾伦见过佩斯纳、弗雷泽，以及弗雷泽的两个联执主席之后，在给帕罗伊辛的信中如此写道（1961 年 1 月 27 日）：

> 很明显，他们觉得我们的财务数字非常不错，接着郑重地提醒我在高点让公司上市风险很大（我觉得他们可能已经把《查泰莱夫人的情人》算在内了，但是之后我告诉他们这本书 11 月 2 日才出版，所以刚才看的报表里面其实不包含它的业绩），他们的意思是公司的估值可以在一百万英镑左右……我很确定公司就算不是非得上市，但上市肯定有好处，鉴于这些金融界的男士对我答应再跟他们合作七年的事情表示重视，我更觉得这事宜早不宜迟……在我的职业生涯里，这绝对是最重要的决定。

顾问们开始着手重组企鹅公司的资产结构，将储备金转化为资本，并且把股票总值提高到两百万英镑，其中理查德·莱恩拥有 50 万。沃蒂利用会计师的手法对企鹅的金融账目进行了重新调整和分类，令其焕然一新，以迎接上市的日子。3 月，艾伦告诉帕罗伊辛说上市的准备工作正在顺利进行。"昨天我们开了董事会，大家同意将股本增加到 50 万英镑，并确定了在星期五召开特别股东大会敲定此事。目前看来，由于沃特莫尔的介入，价格会比我们最初预期的高很多。所以说就算现在价格超过 10 先令，我也不会觉得很意外"。每股 10 先令就意味着企鹅的总值超过了 125 万英镑。而就在当月，赫尔伯特-瓦格银行的戈登·H.冈森告知艾伦预期的价格又涨了，达到了每股 12 先令 6 便士，也就是说总值达 156 万英镑。

股本已经很高了，而且还在增长。首次公开募股的计划将能有效地为企鹅公司注入新的资金，但是对艾伦来说，只有一个无法阻挡的诱惑。通过重新设定全公司的价值，艾伦也能够重新确定他自己股票的价值，他拥有企鹅公司最大份额的持股，并且打算继续留在手里。（除去新增股票，艾伦直接拥有 1000355 股，还通过信托基金控股 499645 股，这部分中的 10 万股将在上市过程中售出。）

上市经理人心里想的也是那两个重要的问题，因此在执行过程中采取的策略都是为了让艾伦更加富有，并且以最低的成本、最高的收益把理查德排除在股份登记和英国、澳大利亚的企鹅董事会之外。艾伦和他的顾问团频繁开会，偷偷摸摸地就执行策略达成了共识。他们将会宣称，公司要上市，理查德就必须退出；在股票公开发售之前，理查德必须把他的股份卖给艾伦。这当然纯属扯淡，就算不卖理查德的股份，公司也一样可以上市（艾伦是最大持股人，但是他就不卖他的股票）；而且公司完全可以通过发行新股来筹集资金，不必非要出售现有的股份。但是，这种千载难逢的机会怎可错过。杰里米·刘易斯表示，艾伦"打算利用出售股份的机会把迪克在公司的股份买下来，由此可以彻底切断他跟公司的联系"。

当然了，要让理查德在公开发售股票之前卖掉自己持有的股份，这个计划执行起来显然是有问题的，银行经理们也预料到了。但他们毕竟是专家，因此提出了一个公平的解决方案。他们提议，理查德可以获得一部分补偿，弥补他所持股票的售出价与市场价之间的差额："在进行股本重组之前，最好让其他股东来购买你弟弟的股票。当然，购买代价应该按照实际市场价格来计算，也就是理查德把自己手中的股份投入股市之后的新价格。"可是艾伦坚决不同意这样做。占星家凯特·穆雷说对了：如果他手上的交易被取消，也总会给他带来好处。他若能以低于市场价的价格买下理查德的股份，然后再拿到市场上出售，这样就会大赚一笔。

　　艾伦和理查德之间进行的拐弯抹角的谈判几乎持续了两年。艾伦为了让弟弟配合自己的计划，他撒了谎，躲在顾问团背后，利用他们来制造并不真实存在的强制性和紧迫感。他许下了很多不会兑现的诺言；不断更改规则；此外还用了他之前就使用过的策略：暗示自己有可能退休，并放弃对公司的控制权。艾伦还承诺让理查德继续在公司工作（"你仍然是澳大利亚董事会的一员"），但他不久之后就反悔了；承诺给理查德一笔退休金（"如果你在 6 月或者 12 月底退休的话，公司将无限期地按照你现有的工资标准付给你工资，我们会将这件事当成原则性问题来对待"），接着他又反悔了；他又向理查德承诺可以让他按照市场价格出售股票（"接着你就可以按照通常的方式，把股票在股市上进行交易"），后来也反悔了；除此之外，关于自己退休的计划，他也反复改了好几次说法。谈判最终变成了一连串通过电报传递的最后通牒。面对艾伦这么一个精明、善于算计的人，很难通过复杂的信件和电报讯息来判断究竟哪些是他传达的信息，哪些是他故意使的计谋。由于佩斯纳也是信息传递的一个环节，因此可以说聪明的艾伦只是故意对某些话表示默许。在这场旷日持久的谈判中，在矛盾最激烈的时候，很多艾伦写给他弟弟的重要信息都是由佩斯纳代笔的，这让理查德觉得佩斯纳就是给艾伦出主意的家伙，因此极其厌恶这个人，非常不像他的作风。

第二十四章
突袭奇兵

在企鹅的早年岁月，为了公司能顺利发展，理查德·莱恩和约翰·莱恩最早是无偿劳动力，后来变成了"廉价劳动力"。对于投入的时间和劳力能为自己、也为自己所爱的人带来多少回报，他们都完全没有概念，因此按照75％比25％的比例进行分配，成了他们能想出来的最明确的方案，虽然后来这个方案作废了。约翰死后的十年，家族里又经历了许多的灾祸，但是对于离开企鹅这件事，理查德·莱恩并没有心理准备。

事情源于无意中的一次讨论，说起了两兄弟都提前退休的事情。

亲爱的艾伦：

想到可以放缓工作节奏确实令我心情放松不少，尤其考虑到你说你打算三年之后就退休，那到时候哈里［·帕罗伊辛］就成了我的老板，无论我多喜欢他这个人，但我是公司创始人之一，这样的情况对我们双方来说都不会很愉快。不过最大的障碍还是弃权条件的问题［也就是钱的问题］。你知道吗，除了公司分的奖金，在过去二十年里我的收入实际上还降了，不是从购

293

买力的角度来说,而是实际数目真的降低了,过去几年,我一直在吃老本。

迪克(1959 年 9 月 17 日)

259　亲爱的迪克:

为了帮你想清楚你对自己的规划,我来跟你说说我的想法。你也知道,我今年五十七岁了,我打算在六十岁退休……在过去一年里,关于如何出售我的股份,我们已经进行了多次讨论,提出过各种方案。其中潜在的买家包括欧德汉姆斯报业公司、联合报业公司,一直都在考虑的蒂林,以及三家报业公司……[沃蒂]到"银溪"来跟我们吃午餐,诺拉和登曼、布兰斯科姆和梅切尔也在,他们都觉得我应该尽快采取措施放权。目前我的遗产税税率高达 60%,这会让我们公司和我的家庭都彻底破产。因此我计划卖掉我的股份,或者卖出大部分吧,然后孩子们的信托基金也可以卖掉一部分,以此换取我在公司继续干三年,之后我或许可以作为顾问再干五年。

艾伦(1959 年 9 月 22 日)

1959 年 10 月,在企鹅的股东会议上,艾伦、弗罗斯特、帕罗伊辛和威廉斯商讨了"澳大利亚的事情"。在会议备忘录里面,他们写进了理查德发给艾伦的一封电报:

我跟[塞西尔·]海兰[澳大利亚公司的一位主管]讨论了你9 月 22 日的来信,我想我可以在明年 7 月退休,正好是我在企鹅工作的第二十五个年头,但条件是英国总部要给我每年 3000 英镑的养老金,或者是一次性付清等额退休金,而且是税后的数目。养老金是根据我为公司做的事来计算的,尤其是考虑到早年的付出,而且过去二十年来我的工资一分没涨。我理解你决定卖出手中大部分股票的原因。如果你卖了,我也不想继续做股东了。如果有任何报价,请把我的股份一起算上。不必担心澳大利亚公司的未来,已经开始重组人事。如方便请发来雷诺兹报告的第二部分,特别是其中有关于教育部门发展计划的内容。会马上根据你在信里的要求推荐一个候选人。

迪克

260

理查德在说"请把股份一起算上"的时候,他其实心里想的很多。他非常不想成为被孤立的少数持股人,因此期望在公司上市的时候,能够把股票以市价卖掉,艾伦也是这么暗示的。毫无疑问,他绝对不想提前以一个低出市价很多的价格出售股票。

在来来往往的信里,艾伦和董事会拒绝了理查德对养老金的要求,提出了一个金额较低的方案,让他重新考虑退休的条件。艾伦的毫不妥协和逃避态度让理查很受伤,在信里写道:"我回信里每一条都说得很清楚了,但是你却最终回绝了我的要求。那接下来呢?要是没有充足的退休金,我必然无法退休……你在26日的信里主要说了朗文公司有可能要买我的股票,但是我没有从他们那里得到任何消息……你在1960年5月26日的信中绝对写了要在1962年9月退休。董事会既然拒绝付给我一笔数额合理的退休金,我倒是想知道他们有没有决定要给你多少。如果董事会不能答应我对退休金的要求,那我想我只能继续作为帕罗伊辛的助理继续留任了。"

艾伦告诉过他的弟弟,在1962年9月退休之前,他会逐步从3月开始把他手中的权责移交给副总经理帕罗伊辛。理查德又写道:

亲爱的艾伦：

关于我退休的事情，我自然而然地以为条件已经得到了我们双方的认可……关于这个话题我真是一点都不想在信里写，但是目前我不知道还有什么别的办法……你提出的退休金实在太低了，我别无选择，只能拒绝，所以现在的情况是，大约一年前在你的提议下我报出了一个金额，但是你拒绝了，现在你又提出一个金额，被我拒绝了。说明白的话，情况是这样：我要求每年3000英镑的退休金，你说只能给1250英镑，这两个金额都是英币支付。从你给出的数目似乎可以看出，你觉得我说的数目太高了，因此你提出一个低一点的，希望我能够"取中间值"妥协一下。这是行不通的。我当初提出3000英镑，不是在提价好跟你讨价还价，而是我觉得综合各方面因素，这个数目非常合理，特别是考虑到在公司发展初期我做的事情。除了我跟约翰一起无偿为公司服务的那些日子，我觉得分配到我身上最难的任务可能要数战后去美国的事情，我被派到那里是去解决难题。

我来说说细节，怕你忘了。你当初答应把美国公司40％的股份给库尔特·恩诺赫，后来又承诺给维克托·韦布赖特40％的股份，再后来，为了图吉利，你又跟弗罗斯蒂说给她10％的股份，这些数字都有文字作证。可是你又坚持企鹅出版社必须有控股权。谈判的过程中，我得到了很多有益的法律方面的指导，但库尔特·恩诺赫的法律顾问也不是傻子。要是我谈判的结果不好，那么我们公司就没法在美国继续使用我们的品牌名称了。所以，我觉得在过去的二十五年里，我确实为公司做了一些有价值的事情。

1955年，我被派去澳大利亚解决跟梅纳德有关的问题，因为这件事那时已完全失控，要是我继续留在哈默兹沃斯，我想我的工资应该会增长不少吧。写下这些文字真的让我感觉很糟糕，但是既然已经开了头，我想我还是完全坦白比较好。我不禁要把另外两个因素也考虑进来：一个是我们都知道的股份协议[各占75％、25％的分配协议]，另一个就是拿你个人的工资跟我的来比较一下。在我给你的信里，我已经就协议的问题写了很多，这份协定原本就是你提出来的，你也非常尊重它，只是从来没执行过。顺便说一句，我不知刘易斯·沃德[协议的调解人]是否有向你指出这一事实：我从来没收到任何根据协议我应得的分红，实际上，我拿到的比我入股的时候的金额还要少大概1000英镑，当然也没收到过任何退税返利。我的收入是2500英镑，跟二十年前一样，你到底拿多少我没有确切的概念，因为除了企鹅图书公司的收支清单上列出的1万英镑的年收入，显然美国分公司还会贡献部分收入。此外你的额外津贴也非常可观，住的房子要花费公司图书码洋1万英镑，租金每年100英镑，另外公司还为你支付三家俱乐部的会员费和开销，包括"白厅"庭院里的公寓。上次我作为公司的在职管理者在"白厅"庭院住了两个晚上，结果收到会计部门的通知，让我支付房费，这件事你可能还有印象。你的有些津贴可能是为了公司发展的必要开销，但是我怀疑并不都是吧。

　　也许你会觉得我心里充满怨恨，好吧，确实如此。作为公司的创始人之一，我工作了二十五年，你却给我1250英镑的养老金，而有的人或者有些人只工作一年走人，却能得到3500英镑的赔偿。不，我绝对不会降低我开始提出的养老金的数目。事实上，我觉得除了养老金，我还应该得到一辆汽车……另外，我、贝蒂和伊丽莎白回英国的旅费也应该公司出，还包括一切必要开销。

　　　　　　　　　　　　　　　　　　迪克(1960年7月28日)

在总结自己的成就方面，理查德过于谦虚了。从编辑到印制，再到企业发展策略，从"萧伯纳百万册"这样的畅销书，到其他亮点突出的特别版和丛书系列，他的参与都具有决定性的作用。企鹅那时拥有270名雇员，每年卖出1700万册图书，他就是这家公司的建筑师和工程师，但是艾伦写给他的回信却令人失望，信中说"银溪"不得不砍掉一棵巨大的胡桃树，为喷气式飞机让道。

> 亲爱的迪克：
>
> 　　关于之前那份股份分配协议，我想说这事已经过去了，已经有了结果，我觉得我们双方现在再争论也不会有什么好处。我也觉得深入调查我收入的各种细节不会有什么好处。这些事情要是争辩起来那真的没个完了，我也觉得争下去不会有什么结果……又及，机场的5号跑道目前正在施工，跑道要向我们这边加长1400英尺，以配合能坐200人的新型号长途飞机，但这种飞机还没投入使用呢。它的中间被画了一条线，如果跑道扩充的话，将达到树篱的交会处，就是在花园与"银溪"河边田地之间，作为预防措施，他们现在已经把离房子最近的胡桃树给砍了，还有长长的步行道尽头的榆树也没了！
>
> 艾伦（1960 年 10 月 12 日）

艾伦继续就自己退休的事情说了些模棱两可、混淆视听的话，因此理查德担心这次谈判会给自己带来很大的压力，会持续很久："你在 9 月 22 日给我的信里……说：'因此我计划卖掉我的股份，或者卖出大部分吧，然后孩子们的信托基金也可以卖掉一部分'……所以现在的情况到底是怎样？……我记得在跟维克托·韦布赖特和库尔特·恩诺赫谈判期间，我的血压上升到了 200 以上，创下了纪录，如果可能，我可不想再经历这样的状态。"

艾伦极尽恐吓之能事,一门心思想着公司上市的事情,目的只有一个:"希望最迟能在 3 月底把这些事情搞定,意味着我们时间很紧了。"他跟他弟弟这么说。"预料到要忙这些事情,我已经推迟了去西班牙的计划"(1961 年 2 月 3 日)。"希望你能尽快告诉我你对未来的安排。如果你今年年底不再负责澳大利亚分社,我觉得在人事通告出来之前,你最好退出董事会,而不是几个月之后再辞去职务"(1961年 2 月 7 日)。

公司上市发行股票作为一项金融业务,其实操作起来没什么难度。企鹅公司的资本结构和商业活动的基本知识(生产和销售图书,以及从事农业活动),这些对投资人来说都不难理解。它起初依靠理查德·莱恩注入的 100 英镑、博德利·黑德的员工和办公场地发展起来,如今已经具有非常不错的畅销前景。戈登·冈森预估"卖家需要负担的总费用"大概是 27275 英镑。如果能有其他人来付这笔钱,艾伦和他的那些顾问当然是再高兴不过了。

艾伦为了切断理查德跟公司的联系,已经计划好要在公开发售股票之前买下他的股份,接着又坚持让理查德辞职,说这是公司上市的前提之一,然后他居然还无理地要求理查德支付上市的大部分费用。

亲爱的迪克:

会上我们花了很多时间讨论公司上市需要股东支付的费用[赫尔伯特-瓦格银行的上市顾问都在场],这笔费用跟股东要卖出的股票数量挂钩,也就是说,你要付的部分是最多的,基金会相对少一些,因为基金和只需要再卖出少部分股票凑成发行总股票值的 30% 就可以了。

264

总金额大概会在 2 万英镑到 2.5 万英镑之间。同时，你的股票价格，含这部分费用在内，将不会低于 8 先令，他们建议我应该跟你说明这一点。我觉得我也该尽早告诉你这个消息，这样也能尽早知道你的想法。

艾伦(1961 年 2 月 7 日)

亲爱的艾伦：

从商业角度来说，公司上市的时候向即将公开发售股票的股东收取费用，这没什么不合理，但是我觉得从道德角度来说，这样做是不对的……首先，我觉得你也应该承认，公司上市给你带来的收益比任何人都多，并且按照你的建议，或者按照你提出的方案来看，这件事你不会花一分钱。综合所有，我本以为你会愿意把这笔钱都付了，或者要是你觉得太多，也至少应该愿意出 75%。我觉得我最多能答应付一半，这已经是相当慷慨了。

迪克(1961 年 2 月 14 日)

亲爱的迪克：

这封信是一封非常坦诚的私人信件，我希望也能得到你坦诚的回复。现在的情况是这样：我目前个人名下拥有公司 50.018% 的股份；孩子们的信托基金拥有 24.982%。在购并出价的时候，我觉得为了保证 100% 安全，我应该拥有 51% 整的股份才行。为了达到这个目标，我必须卖掉从母亲那里继承的少量股票，提前兑现我的人寿保险，并且要提高我在马丁斯银行的透支额度，以筹集 1 万英镑资金。这也意味着除了在波士顿，我在公司外部就没有任何无负担资产了。我写信时想问问你，如果你在扣除跟上市有关的所有费用之后能净得 20 万英镑，你是

否觉得这样的条件算是公平。如果你说"不",那我也没什么可
抱怨的;如果你说"可以",那我就更没什么可说的了。我也不用
再详细讲细节了,所有的信息你都知道了。虽然现在确实是我
掌控着孩子们的信托基金,但是我没有任何法律根据去阻止他
们在未来按照自己的心意进行处理。我刚才又重新读了这封
信,才想起来我在爱尔兰和西班牙确实有一些已经付清一半钱
款的财产……又及:你也许会问我为什么不直接从信托基金里
面转移 0.982% 的股份到我名下,但是信托契约里面特别规定不
允许我从中获取任何利益。

艾伦(1961 年 2 月 19 日)

亲爱的迪克:

　　我觉得你最好是辞掉英国公司的董事职位,不过你可以跟
塞西尔·海兰一起继续留任澳大利亚公司的董事。上周我们开
了董事会,我们一致同意董事袍金为 250 英镑,我建议这笔数目
也涵盖澳大利亚董事会的费用。

艾伦(1961 年 2 月 20 日)

亲爱的艾伦:

　　我在此回复你 19 日写来的那封非常私人的信,想到你无奈
要卖掉你所有公司之外的股份,还要提前兑现养老金,才能获得
公司 0.982% 的股份,这让我很难受,所以,原则上我接受你提出
的方案,即扣除跟上市有关的所有费用之后我净得 20 万英镑。
但是,有一两点我需要跟你求证清楚。

　　你在 20 号的信里说最近召开的董事会决议说董事袍金是
250 英镑一年,这一原则也适用于澳大利亚公司。你还在 16 日

的信里说，如果我不再管澳大利亚公司的具体事务，而留在董事会的话，我可以得到这笔报酬。那么，除了你同意支付我每年的2500英镑退休金之外，这笔钱是另外的，对吗？还有，你能否告诉我，这两笔钱是都计入澳大利亚公司账上，还是说只有董事袍金归澳大利亚公司支付，而退休金归英国公司支付呢？……

由于情感因素，我需要保留一些股份。

迪克(1961年2月27日)

艾伦跟佩斯纳讨论了理查德27日的信，然后安排跟理查德通了电话（1961年3月8日）。理查德如果同意艾伦的方案，那他不仅是卖掉了自己的股份，他还丢掉了作为企鹅澳大利亚公司老板的职位和收入。由于理查德不在企鹅1946年的养老金计划之中，他试图通过谈判获得一笔养老金，或者算一种最高赔偿金，能够弥补他失去的收入，并认可他对公司的贡献。艾伦提出，涵盖理查德的股票在内，他只能接受补偿给他1万英镑这个条件。这次通话的记录还留存于世，同时还附有艾伦写下的语气坚决的便条。

(1) 如果RL因公司上市而辞去澳大利亚公司主管一职，今后他是否能再次当选。(2) 或者他是否能担任顾问，并同样获得每年250英镑的薪水。(3) 补偿金能否从1万英镑升到1.5万英镑[不行]。(4) 公司能够支付RL的妻子和孩子今年来英国的旅费，上一次的花费是4000英镑[不行]。(5) 他是否可以再拿一年现有的工资(2500英镑)[不行]。RL说他想继续工作。他说自己身体不好，海上旅行可能对身体更好。他想通过电报传递他的认可书。他问起为什么被要求辞去澳大利亚公司的职务。关于(4)的要求，他提出如果需要，他可以付自己那部分费用。

通话之后,艾伦又去咨询了他的顾问团,随后给理查德发了一封电报,把一切推到了风口浪尖。

> 整个集团的架构和经营都需要重新调整,其中就包括需要你从澳大利亚主管的位置辞职。我得到的建议是,不能给你指派任何其他职位,特别是考虑到你对养老金的要求。正如莱斯利·佩斯纳告诉海兰的那样,任何情况下都不允许超过 1 万英镑,而且即便是这样的条件,也还没有得到证券发行公司和年利达律所的同意。你应立即无条件辞去澳大利亚的职务,这样佩斯纳可得到授权为你尽力争取 1 万英镑,补偿你失去了职务,并作为你养老金索求的一部分。顾问不会同意支付返英的费用,也不会同意再支付你一年工资。关键是要快,只要你电报同意书和股份证明收据一到,立即安排汇出 20 万英镑。
>
> 艾伦(1961 年 3 月 8 日)

同一时间,艾伦在给帕罗伊辛的信里(1961 年 3 月 9 日)透露了他对澳大利亚公司怀有的真实意图。

> 我每天都跟佩斯纳保持联络,我们似乎快跟我弟弟达成协议了。现在的情况是这样,我提出用 20 万英镑购入他手上的股份,他不用交额外的费用,也就是说他净得这么多钱,注意是净得、净得。他在跟我讲条件。佩斯纳跟塞西尔·海兰谈过了,迪克也给我打了电话,还发了好多电报。只要这件事了结了,我们就可以迅速向前推进了。

罗宾的意见是,在我们着手重组资本之前,我必须把股份拿到手,把钱汇给迪克。他已经安排施罗德提前批给我必要的资金,为期3个月,比银行利率高1%。汇款需要交税4000英镑,也算在了这笔贷款里面……

我们坚持的条件有一条是迪克不仅要从英国公司辞职,也必须从澳大利亚公司辞职,从此跟公司没有任何联系。这样,我们才能在澳大利亚推行我们自己的重组方案。目前我还没有跟任何人提过,但是我觉得我们可以派出两到三人的小组进行一次奇兵突袭行动。

艾伦声称理查德掌握了"所有事实",这么说实在离谱。理查德的股票被估值20万英镑,是基于每股8先令的价格计算。杰里米·刘易斯说得对,这个估算纯属"误导人"。艾伦肯定知道,理查德卖股票的时候,市值早就大涨了,到处都能看到证据:沃蒂正在使出浑身解数报高利润;每个男人、女人和孩子几乎都买过一本《查泰莱夫人的情人》;人们在门口排着队,或说是在冲锋陷阵呢,对企鹅上市发行的股票志在必得。就在艾伦跟理查德确定价格之后的一周,他在写给佩斯纳的信里就说了每股的市值已经是10先令,或者还高一点。上市前夕,艾伦在给他弟弟的一份财产说明书草案里,写明了发行价格是12先令——这可比理查德得到的要整整高出50%,还说实际的市场价格可能比这还高,顾问团显然认为在交易一开始就能获得"牡鹿"利润[①]。

艾伦在不断施压,理查德被他哥哥厚颜无耻的计谋弄得目瞪口呆,于是进行了反击。就让王企鹅和他的上市滚一边儿去吧。

---

① 个人或团体买入某公司的首募股,或者买入新股,随后立即售出套利,属于短期投机行为。此类买家被称为"牡鹿交易者"。

好吧，让我们把整件事都扔一边吧。在你开的条件下，我不会卖任何股票，也不会辞去主管的职务。除非接受我的条件，否则我为自己的利益考虑，我将重回英国定居，并且作为主要持股人，我要恢复自己英国公司主管的职位，这也是我应得的。收据不在这里。请你作为我的代理人确认一下它在什么地方，然后告知我。

迪克(1961 年 3 月 9 日，下午 2:15)

艾伦不到三个小时就给了回复。

同意支付给你 22 万英镑，涵盖你的股份、补偿你辞职的损失、12 个月的工资和回欧洲的旅费等。如果年利达律所和证券发行公司不同意这笔金额里面多出的钱由公司支付，我会个人补齐。但你必须辞去主管职务，并且从此与英国和澳大利亚公司不再有任何瓜葛。

艾伦(1961 年 3 月 9 日，下午 5:10)

艾伦从约翰舅舅那里学到了一种计策，通过在多条战线开战，从而削弱对手。在对付过罗纳德·鲍斯威尔、林赛·德拉蒙德、克里希纳·梅农、库尔特·恩诺赫、维克托·韦布赖特、鲍勃·梅纳德和其他很多人之后，艾伦早已精通此道，创造出了自己的风格。理查德很清楚他哥哥的这些计谋，也明白它们会产生的后果。另外，对于这位莱恩弟弟来说，跟艾伦这种损耗性的撕扯让他想起了许久之前的另一次同样绝望、同样不公平的斗争——跟南澳大利亚移民办公室的瑞安老爹的那次。艾伦把报价提高到了 22 万英镑，也表示自己稍微让步

269

了一下。理查德感到没有别的办法了，也感到精疲力竭，于是发了一封电报——"同意今天早上电报里说的条件"（1961年3月10日），接受的这份报价里面，每1000英镑都代表他飙升的一个单位的血压值。迪克弟弟不再是企鹅的人了。

第二十五章
查泰莱股

艾伦给澳大利亚的海兰发了电报,通知他理查德跟企鹅已经没关系了。"今天召开的董事会后跟佩斯纳进一步长谈,莱恩先生已经不再是企鹅出版社的主管和雇员(1961 年 3 月 10 日)。"他通知了主要的合伙人佩斯纳,说事情"已经跟迪克协商好了……接下来可以布置舞台,好让最后一幕开演"。海兰很担心理查德的健康状况:"对于要斩断跟公司的联系这件事,你弟弟似乎已经熬过了最初受到的打击,但是我确实认为他所提议的 5 月回英格兰的旅行能对他的身体有好处。"1961 年 3 月 14 日,艾伦给全体员工发了一份半真半假的备忘录:"我弟弟多年来一直身体抱恙,现在他终于决定是时候放弃在澳大利亚公司的职责了,因此他也将退出英国和澳大利亚两个公司的董事会。"

就在股票报价日截止的前十天,艾伦写信给理查德说他很有可能无法在理查德来英国的时候跟他见面,而且预期的股票价格仍在上涨。

> 我目前的计划是在 6 月 19 日离开这里,然后大概 7 月 19 日取道美国返回……财产说明书的终稿我正在收尾……明天我

会去伦敦在瓦格的办公室开会,沃特莫尔和我的律师也将出席。你也知道,他们最开始认为股价是在 8 先令那一个等级,不过从那以后价格一直在上涨,现在,我有理由认为他们应该是认为价格在 13 先令左右。一旦我获知最终决定,会给你发电报。

4 月 23 日,《星期日泰晤士报》和《观察家报》登出了预告——"由赫尔伯特-瓦格银行和 J.亨利·施罗德银行共同公开发售 75 万股普通股"。第二天,《泰晤士报》《每日电讯报》和《金融时报》上都登出了完整公告。艾伦又给员工发了一份备忘,详细说明了公司发展史上的里程碑事件,企鹅刚好正在出版马基雅维里的《君主论》。

> 首先,之所以决定让公司上市是出于两个理由:(1) 尽人力可为的极限,保证未来公司的发展不偏离我们在最初阶段遵循的基调;(2) 为了在身后给家人以保障。并不是我要卖出公司获益,相反,我实际上增加了控股,我个人将持有 51% 整的股份,这份股权,加上我为家人设立的信托基金的股权,将构成公司 70% 的股份,剩下的 30% 将面向公众出售。所以公司的控制权仍在我手中。
>
> 公司的股本为 50 万英镑,将被拆分为 4 先令一股、共计 250 万股,其中 75 万将以 12 先令一股的价格公开发售。在这 75 万股中,将有 8%(共计 6 万股)仅发售给企鹅员工,每位员工将能最高购入 500 股(300 英镑),最低 50 股(30 英镑)起购。如果所有员工申请购买的总额超过了预留的股票额度,将按比例分配。
>
> (1961 年 4 月 19 日)

理查德·莱恩的股票占了公开发售股票的三分之二。

到企鹅上市之际,它每年合计销售 2500 万本图书,涵盖 3250 种图书,其中 1200 种一直保持重印。它的运营仍然要依靠马丁斯银行的透支额度,在过去三十年里,是理查德·莱恩和《泰晤士报》上的填字游戏建立并培养起了这一金融信誉。企鹅公司的盈利能力记录有涨有跌:"过去十年里,企鹅和它的海外分支仅用五年,税前利润增长就超过了 10 万英镑";这五年中有三年利润都低于 5 万英镑。"同样,在这十年里,只有五年企鹅公告了分配的股息,而只有过去的两年公告股息超过了 5⅝%"。企鹅在 1960 年取得的惊人利润(英国和海外公司税前合计 364588 英镑)大部分得益于上市前的金融包装,更要感谢格里菲思-琼斯对查泰莱夫人和她的猎场看守产生的过激反应。

虽然企鹅公司很少取得很高利润,也总是存在现金流的问题,但是它的资产一直非常丰厚。除了拥有庞大的图书和版权储备,企鹅的地产和房产绝对足以让房产经纪人狂喜得晕过去。除了总办公室和仓库(面积达 5.1 万平方英尺,坐落在哈默兹沃斯的伦敦机场对面一片三又三分之一英亩的土地上),企鹅还拥有周边 7.8 英亩的农田;附近还有 25 英亩的土地和 9000 平方英尺的仓库,另外还有五套公寓和两栋房子,其中一栋是"银溪";还有楼房正在施工中;企鹅澳大利亚分社的资产也算在内,包括 9000 平方英尺的现代化办公楼和仓库,占地面积 0.5 英亩,周围还有 4 英亩可开发土地。资产负债表上面还列上了前途大好的美国分支,以及看起来那么雀跃可爱、无法模仿、堪称无价之宝的企鹅品牌。

有了这些条件,再加上《查泰莱夫人的情人》这笔横财所带来的后劲,对于伦敦的商业银行家来说,把企鹅做成上市公司,简直太容易了。比原始金融数据更重要的是,企鹅已经成了一家深受大众喜爱的公司,已成为公共财产的一部分——有点类似私人经营的英国广播公司（BBC）。人们早已与企鹅图书产生共鸣。读者逐渐发展出一种主人翁的意识，企鹅图书登场时就让图书业水花四溅，战争期间读者的需求更是一路增长；读者甚至以企鹅图书为参照，来思考自己的生活。鲍勃·梅纳德 1930 年代曾收到"一封来自南威尔士煤矿主的感人来信"，多年来一直保存着它："每个星期五，我都会花 6 便士买一本绿色封面的企鹅图书。上星期五，他们只有浅蓝色封面的书了（鹈鹕书系）。我买了一本《宗教与资本主义的兴起》，作者是 R.H. 托尼。这本书引发了我的思考。烦请给我这套书的书单。"企鹅开始随意用图画封面做实验的时候，未来的出版人希拉里·麦克菲的母亲亲自给艾伦写信，让他要注意企鹅设计美国化的倾向，提醒他"肤浅堕落的危险"。

273

*

当申购申请如洪水般涌来的时候，数额打破了所有的纪录。证券发行公司收到了 15 万份申请书，都在恳求能获得购买资格。南希·米特福德亲自给艾伦写了一封信："我有点拿不准该不该这么做，因为这似乎违背了所有的礼节。我写信给我的证券经纪人，让他给我买一些企鹅的股票。他回复我说非常难买到，建议我'直接给公司的领导人写信'，因为毕竟我从某种程度来说跟企鹅还有一点关系（对此我深感自豪）。他说他已经以我的名义（夏普·沃伯格先生有限公司）申购了 2000 股。如果我写这封信很过分，那就请你把它扔掉，并忘了这件事吧。"另一位申购者——住在萨里郡阿什特德克拉多克斯大道 116 号的 D.克劳利先生用诗歌表达了他的渴求：

> 来，致敬所有企鹅人，
>
> 众多好书在此出版。

愿它们从此往后，
帮助我让恶狼远离家门。

愿他们事业永远兴旺，
我的心愿如是，
挖到更多金矿，
一如可爱的查泰莱女士。

我坚信我所求，
必定能得到，
我只申请这一份，
一个不多，一个不少。

小小投资者如我，
绝不是投机客，
我会祈求幸运之神眷顾，
就等你们打开钱袋儿。

　　在写给艾伦的信里面，有一封特别突出（收到的回复也特别冷漠），写信人是英国皇家海军志愿预备队的J.L.格莱德希尔中尉："我之所以写信给你，是因为我猜你可能曾在皇家舰艇'斯普林班克'号当过海军军官，这艘舰艇于1941年被鱼雷击沉。那时我只是一名普通的海员，但之后竟然糊里糊涂升成了皇家海军志愿后备队的中尉。我记得当时船上有一对莱恩兄弟，还有一位叫里格利的中尉。如果你不是那对莱恩兄弟中的一位，那么请无视我接下来写的东西。我申请购买500股你公司的股票……不知这份申请是否能得到你的祝

274

福,如果可以,我将感恩在心,友谊地久天长!"艾伦回信说:"我不是你找的人,跟你在'斯普林班克号'皇家舰艇服役的是我的两个弟弟,理查德和约翰。至于你的申购请求,我也帮不上你。"

在申购的高峰期,哈默兹沃斯一天能收到 26 袋信件。至少有 1 亿英镑的资产在竞相追逐即将发行的价值 45 万英镑的股票。当喧嚣过去,上市经理人计算得出企鹅的股票——商业银行家将其称为"查泰莱股"——被超额 150 倍或说超 15 000%认购。对于认购的公众(非企鹅员工),将抽签选出 3450 名投资者,每人仅能购买 200 股。由于受到如此热捧,一旦开市,企鹅股价无疑会火箭式飙升。在发行的第一天,股价就从 12 先令升到了 18 先令,涨幅达 50%。所有 3450 名投资者和企鹅员工第一天就大赚了一笔。哈默兹沃斯的员工只记得有一件事能跟上市后的喜悦媲美,那就是"萧伯纳百万册"的开售。

为了让公司能漂亮地上市,艾伦承诺未来七年将继续担任上市的公司主席和总裁。至于他想什么时候离职,完全取决于他自己的意愿:"他最大持股人的地位完全不可撼动;他个人名下登记有 125 万股,通过为他女儿们设立的信托基金,受托人(受托人中仅有一人是企鹅的董事,还有一位艾伦的堂兄)手中还握有 47.5 万股,这些股份轻易就能击败几千家机构、个人手中持有的 75 万股。以每股 18 先令的价格来算,艾伦坐拥的财富达到了 155.25 万英镑——这对于目前总市值达 225 万英镑的公司来说,已经是拥有控股权的份额了。股票上市不久,艾伦在"白厅"庭院里遇到到了戴维·赫伯特(不是戴维·赫伯特·劳伦斯),这位王企鹅高兴得忘乎所以,大喊道:"你知道吗? 我现在是百万富翁了!"根据赫伯特的说法,艾伦"每时每刻都很享受"成为富翁的感觉。

虽然艾伦的顾问团严重低估了公司的价值,但是他们也都喜笑颜开。沃蒂在 1961 年五朔节①写道："上市非常成功，股票的溢价程度跟我预计的差不多，之前也跟你提过。我认为，由于这次公开发售股票带来的曝光度，企鹅公司也会获得更高的名气。"艾伦、他的顾问团，以及遴选出来的少数几位"企鹅忠诚的男性守护人"，准备举办晚宴庆祝他们获得的"牡鹿利润"，诡异的是，晚宴的时间竟然跟公司上市时间同步。企鹅公司提前印制出了晚宴的菜单，菜品都是一些朴实的家常菜：牛肉腰子派，温莎浓汤，脆炸银鳕鱼和茄汁焗豆；酒单也很朴素——西班牙起泡葡萄酒，南斯拉夫雷司令葡萄酒，阿尔及利亚红酒和苹果白兰地。然而，随着获利的额度越来越明晰，朴实的晚宴菜单也就被抛到窗外了。企鹅的印刷厂对菜单进行了提升，确保在伦敦丽兹酒店的玛丽·安东瓦内特包间，坐在长桌面前的十四位宾客将享受一顿盛宴。丽兹酒店总经理休温特承诺将全力以赴招待这些客人，这顿晚宴每人将花费 70 英镑，外加 15％的小费。

菜单②

贝鲁嘉鲟鱼鱼子酱或鹅肝酱

镶金色裙边奶油汤

热月龙虾

洛里芦笋配酸醋沙司

橙香舒芙蕾

法式小甜点

酒单

---

① 欧洲传统民间节日，用以祭祀树神、谷物神、庆祝农业收获及春天的来临。每年 5 月 1 日举行。

② 此处菜单（Le Menu）和酒单（Le Vins）全文由法语书写。

1953 年份岚颂特级优酿(1.6 夸脱大瓶装)

伏特加

1959 年份琼瑶浆葡萄酒

1953 年份白马酒庄干红葡萄酒

1953 年份科伯恩葡萄酒

特优香槟干邑

利口酒

艾伦坚持宴会上必须给大家提供哈瓦那雪茄——坚决不要廉价货。在晚宴点燃一支古巴雪茄,对艾伦来说也是让他高兴的许多理由之一。除了他自己股票的增值之外,他以 20 万英镑整的价格购买了理查德的股份,其中除去了理查德支付的上市费用(多出来的 2 万英镑是给理查德养老金的支出和其他要求),然后在上市时以 30 万英镑卖出,这将让他获得 10 万英镑的现金利润。除此以外,那些买到了理查德股票的幸运儿也立即赚到了 15 万英镑。理查德跟这两份利润都没关系,感到了双重失落,他得到的钱连股票市值的一半都不到。

1935 年,企鹅的起步资金来源于一次偷窃。现在,理查德认为他哥哥就是那个贼。他在英国找到了艾伦,兄弟两人一起吃了午餐。理查德要求艾伦把从 50 万股里面赚的几万英镑还给他。马克斯·马洛温评价艾伦是一个"对最好的朋友也能下狠手"的人,在午餐会面时,艾伦表现得闪闪躲躲、局促不安,事后又写了一份含糊不清的信,解释他为什么以 8 先令每股的价格购买他弟弟手里实际价值 18 先令每股的 50 万股股票。

针对你星期四午餐时提出的三点疑问,其中两点我已经想过了,现在我不记得第三点是什么了。

在我说出我的结论之前,也许我应该再说说是哪些事件导致我们决定让公司上市。这些年来,我们都意识到为了避免我们的离世对公司造成重大打击,应该将公司资本结构进行重组。你强调说你多么希望能给贝蒂和伊丽莎白更富足的生活,这就需要让你的资产更容易变现,另外你还想有资金在澳大利亚重修你的房子。你不想发放红利股,因为这样会影响你交税的额度。从个人角度,为了健康考虑,你想提前退休,而且鉴于你是公司创始人之一,你又不喜欢在最近才任职的董事手下做事。

我在跟相关的利益方进行商谈的时候,一直把这些事情记在心里,他们包括塞西尔·金、罗伊·汤普森,以及欧德汉姆斯报业公司、联合报业公司、《泰晤士报》、《卫报》和《经济学人》的人。此外,大西洋两岸无数的出版商和金融公司都来找过我。后来唯一实在的报价来自杰弗里·克罗塞[《经济学人》的人],值得一提的是,沃特莫尔和马丁斯银行都支持这份报价,但是后来我们都拒绝了它,我相信这个决定并没有错……

沃特莫尔说:"好吧,你拒绝了克罗塞……但是你现在必须尽快做点什么才行了。"梅切尔和登曼也都这么说。我快六十岁了,此前一直有谣传说会修改法律条款,将针对不纳税而聚集的资金有所动作。梅切尔在与迪金森和我一起吃饭的时候详细说了此事,建议……我们应该听听真正精明的律师怎么说,他们才精通圣保罗教堂以东的丛林世界的法则,于是他把我介绍给了莱斯利·佩斯纳。从那以后,事情才进展神速,从金融界人士的角度来看,我们抓住了最佳时机……

你也知道,莱昂纳尔·弗雷泽最初估算的价格比最后的实际价格要低,但他的估算也比克罗塞几个月前的报价方案要好

277

得多,我自认为你对此也很满意,直到后来有问题了,卖股票的股东需要按发售股票的比例支付一定的费用。

谈判过程中,每个阶段的状况我都告诉你了,所以我没有理由认为你不同意我们的方案。在那段疯狂发电报、打电话的时期,我与莱斯利·佩斯纳一直保持着密切的联络,我们采取的每一步措施都绝对慎重。我本人也冒着很大风险,因为不知道财政大臣先生在他的预算演讲中究竟将说出什么新政策。后来证明风险在可控范围之内,于是,自我开始职业生涯以来,头一回看到银行的黑墨水写下的内容是为了补充我说的条款。我马上还了农场欠下的透支款,当时已经超过了1.5万英镑,然后清算了我们之间1.2万英镑的债务,剩下的钱就存在银行里准备支付因公司上市我应当缴纳的相应费用,我当时预估大概有2万英镑,而且这也让我有空间考虑投资的事情。

然而,我还没开始着手处理这些事情,霍华德·塞缪尔在梅休因出版社的股份给出了报价……我们咨询了银行,但是他们不准备全部投入,于是我以5%的利息付了要价的近一半的钱款。这笔资金耗尽了我的贷方余额,本来我是准备用它来支付上市费用的,而且这笔钱无论怎样都要付,就我看来,这还不是短期能解决的事情,因此就算我认为你还应该支付别的费用,我也没去查到底是哪些。

下面我来回复你的另一条意见,你想继续留在某个职位为公司出力,但我觉得从未来的情况来看,这么做并不明智。我由于合约的关系,需要再担任七年的总经理一职,从最近事态的发展来看,这个角色只是远程控制公司而已,日常的经营事务还是要交给其他经理和高管,这就会让你陷入你之前说的那种状况,会给你带来不愉快。

你的财产并不少。就算你每年花费 5000 英镑，按照你活到父亲、母亲的年纪，你仍然能给你家人留下一笔可观的财产。你在农场有分红，在你现居的地方过得也不错，虽然你最近身体出了一些状况，但是就我看来，你的健康状况还是不错的。

艾伦害怕理查德提起诉讼追索那 10 万英镑，或者以欺诈或不正当行为起诉他，于是向佩斯纳咨询了法务方面的防御措施。

现在我非常担心我弟弟可能采取的行动。上星期五，我跟他吃了午餐，他认为，我们没告诉他关于股票价值的重要信息，因此我们的方案对他很不公平。他说他觉得没必要诉诸法律，但是要我给他女儿 10 万英镑，他才会满意。我告诉他说，我觉得没义务这么做，因为从任何角度来看，她已经是一位很有钱的小姐了。但是我向他保证说，一旦我觉得她需要帮助，我一定会义不容辞地帮她。

今天晚上他又给我打了电话，说他重新考虑了一下，说他现在想要的只是 5 万英镑的 5%，一直付到他过世为止，或是直到我付清他 5 万英镑为止，此外，还让我安排给他女儿留下 5 万英镑。明天我从尤斯顿站出发之前，我们还会再见一面，我想再跟他重申我星期五的立场，就是说，虽然我很清楚我的义务是什么，而且也会尽力做到最好，但是我并不会像他设想的那样将此事闹上法庭。（1961 年 8 月 7 日）

279

1967 年，艾伦·莱恩在佩斯纳的协助下，把托尼·戈德温从公司赶走了，艾伦不情不愿地给了他一笔可观的遣散费。威廉姆斯评价说，戈德温离开企鹅的时候"握手言和拿了一大笔钱，但也挺手软的"。

然而，艾伦这次在佩斯纳的协助下赶走理查德的时候，理查德握的不是软绵绵的人手，而是铁手，里面还带着长钉。艾伦在回忆公司上市以及与此有关的所有事情时，也曾诚实地坦白说："我不算是个很聪明的人，但是这次我真是杀了人逃脱了制裁。"这次股票交易之后，理查德·莱恩的名字从企鹅公司的账本和信纸抬头上消失了。当他在英国的老朋友注意到这个变化时，许多人都以为他过世了。

第二十六章

大冒险

艾伦·莱恩对 1935 年的澳大利亚之行非常满意，此后直到去世前，他每隔一段时间就飞往澳大利亚，在那里作出一些未经深思熟虑、造成严重混乱的指示，发起促销活动，并调整人事、排除异己。他摆出一副不容置疑的"平装书之王"的架子。克莱尔陪父亲去过一次澳大利亚，她拒绝了"一份又一份的邀请。姑娘一直被澳大利亚媒体称为'企鹅的公主'。这些热情热意的东道主们都想款待她"。克里斯蒂娜也随父亲去过一次，她为企鹅在灵伍德建造新的办公地和仓库——高效出版的一个现代奇迹——奠定了基础，后来这个项目由澳大利亚财政部长（后成为总理）哈罗德·霍尔特于 1964 年正式启动。艾伦每次结束澳大利亚之行时，都会给那里的人留下一些受伤的自尊心、骨折的鼻子和经典的故事，这些故事被他的传记作者们，以及希拉里·麦克菲和杰弗里·达顿在他们对企鹅澳大利亚公司的生动描写中，讲得绘声绘色。

杰克·莫珀戈记下了艾伦第三次澳大利亚之行中一段有名的插曲。艾伦与理查德·莱恩的接任者，以及这位新经理的助理游览了一番，在之后几场气氛友好的会议上，三人为分社的未来发展提出了许多积极的规划；"对过去的表现做出了评价，但是没有涉及未来的

281

批评"。两个澳大利亚人送艾伦去机场,赶飞机回英国。"大家握手告别,艾伦已经动身了,可他突然又转过头,"其中一位多年后回忆道,"似乎想与老朋友最后说几句话。他指着经理说:'你被免职了。'再戳戳助理说:'你来干。'接着笑着说:'我走了。'说完,他平静地跨进分隔旅客与送行者的那道门。"这是艾伦不多几次亲自操刀调整人事的情形之一。

与美国一样,澳大利亚正在构建自己的文学身份。鉴于此,这家南半球的分社决定出版澳大利亚作家的作品。在文化上,企鹅对澳大利亚已变得像企鹅英国公司对英国一样重要了。当地作家们盼望自己的作品能由一个国际知名的品牌出版。此时,企鹅澳大利亚推出了一个新标识。它由那只经奇肖尔德精修过的鸟加上一圈土著狩猎工具组成,这一修改过的标识立即浇灭了澳大利亚作家们的热望:国际性。帕特里克·怀特一见到这个标识,马上打电话给企鹅在当地的主任编辑杰弗里·达顿,说:"扔掉这些可恶的回飞镖!"但是直到1969年,希拉里·麦克菲被任命为企鹅澳大利亚的第一位全职编辑,回飞镖才被扔出,再也没有飞回来。

企鹅澳大利亚成了澳大利亚出版界和文学界一个重要而成功的组成部分,它的成就如此杰出,以至于能够支援在英国的母公司。比如,1969年,平装书出版社及其他媒体之中新秀迭出,引发了激烈的竞争,企鹅英国的日子因此尤其艰难,企鹅澳大利亚除了上交哈默兹沃斯可观的利润,还借给总公司20万美元。1970年代,要不是企鹅澳大利亚抛出的财务救生索,企鹅英国恐怕难以支付员工的薪水。到1986年,企鹅澳大利亚为整个企鹅集团贡献了四分之一的营业额。1996年,澳大利亚公司的销售额超过了1亿美元。

虽然"松苑"离企鹅在灵伍德的新办公地不远,虽然理查德·莱恩一直渴望了解澳大利亚公司的进展,但他克制住了。他决心不打

扰新管理层,也不重提他当年是怎样痛苦地离开的。被逐出哈默兹
沃斯后头几个月,理查德觉得自己像是再一次滞留在了澳大利亚。
不过,他和贝蒂、伊丽莎白在墨尔本开始了新生活,他与朋友、作家、
出版界同仁也恢复了联系,这些人本以为他会一蹶不振。理查德加
入了几家公司的董事会,比如贾斯·史密斯,一家位于巴拉腊特、为
西德尼·斯诺爵士所有的机械公司,它以生产切草机、玉米穗破碎
机、谷粒磨粉机等大型农业设备著名。理查德和贝蒂又请"企鹅避难
所"的设计者布莱恩·刘易斯设计了一间圆形的客房——圆棚
屋——来招待来客。杰克·莫珀戈、伊娃·诺顿贝尔特、埃米尔·里
乌和他太太内莉,还有许许多多人都领受过理查德和贝蒂那"非凡
的"热情好客。(里乌先生和太太是成功的翻译家——太太翻译了电
影《大象巴巴》,先生翻译了荷马的《奥德赛》。"企鹅经典"系列中的
里乌译本是企鹅的常年畅销书之一;艾伦回忆说,埃米尔"听说书收
获了难得的、极好的反应,高兴得"什么似的"。)每次英国板球队来墨
尔本比赛,本·特拉弗斯都来"松苑"住。澳大利亚传奇板球运动员
阿瑟·梅利曾来莱恩家拜访,他在客厅里用橙子表演了他那标志性
的右拐球和外曲线球。伊丽莎白看到橙子奇妙地旋转着飞回来,非
常吃惊。后来,艾伦·莱恩也在"松苑"受到了欢迎。

正房是一座建于战后的简朴的木结构建筑,但理查德和贝蒂添置了
一些稀罕的现代便利设施,比如两台洗碗机、一台商用大小的卧式冰柜,
还有一座游泳池。他们还用直升机运来一座新温室。伊丽莎白在附
近树木葱茏的廷特恩文理学校读书;朋友们来她家玩,看到冰箱里那
么多冰激凌,都很吃惊。(上幼儿园时,伊丽莎白写过一首打油诗:"乖
女孩睡觉水袋暖/淘气女孩屁屁要挨板。"它发表在企鹅1959年出版
的《滑稽与奇特诗歌二集》(*Yet More Comic & Curious Verse*)①上。

---

① 原文为 *Yet More Comic Verse*,经查资料,企鹅1952年出版了 *Comic & Curious Verse*,1959
年又出版了 *Yet More Comic & Curious Verse*。

从在布里斯托尔的童年时代和在澳大利亚农场的青少年时代起，理查德总是平等对待朋友，对他们慷慨相助。就像在英国时一样，在澳大利亚理查德继续借钱给邻居，以及员工和他们的家人，默默地做慈善。他在报纸上看到一个残疾男孩的三轮车被偷了，便联系上警察，给男孩买了一辆新车。他用塞缪尔·威廉斯-莱恩教他的木工手艺，制作、捐献儿童家具、摇摆木马和其他玩具。他还资助时运不济的作家们。1964 年，詹姆斯·罗纳德在给艾伦的信中提到理查德在他极为困难的时候给予他帮助。

> 你好心给我写信，迪克在我最困难的时候寄来支票，还有迪克希望离我更近一点儿，好与我一起解决问题，这些都大大鼓舞了我。我振奋多了，感觉没那么孤单了。我已经写信给迪克，向他致谢，我也最真心地感谢你……
>
> 我最初几部小说写的是普普通通的侦探故事，那不是因为我想写它们，而是因为那时我需要学习写作，需要强大的情节框架来上手。后来我写的《家中的谋杀案》被迪克接受了，将在博德利·黑德出版，我才头一次觉得自己可以写得更好……于是，我又写了一部谋杀小说《这边请》……在《大都会》杂志上连载，后来被拍成电影，由查尔斯·劳顿主演。我从迪克那里学到了很多，他让我埋头研读福勒的《现代英语用法词典》，在再版我的两部早期作品之前，请我做修订，删改那些像野草滋生般滥用无度的形容词。随后的十到十二年，我对这类小说得心应手，写了《将军的勋章》《夜将尽》《愤怒的女人》……几年前，一位助理说服我把所有的钱投给他在纽约办的一间电视电影工作室，我因此遭受了沉重的打击。其实，他完全不像自以为的那样了解电视电影。在那段可怕的时期，我眼睁睁看着积蓄全都打了水

漂……最后的一击到来时，我却并不知道，因为我已经精神崩溃，住进了纽约州精神病院，在那里一直住了七个月。

　　我出院时才发现，最糟糕的事还在等着我呢：我竟然丧失了写作能力……就在我惊恐未定之时，美国移民局找到了我，把我赶出了美国……我回国已经五六年了，大部分时间靠着写连载小说和短篇故事潦倒维生……我构思好了两部前景不错的严肃小说，但主要的困难是一旦动笔，那段时间我便无以为生。

　　[根据《这边请》(*This Way Out*)拍成的电影名叫《嫌疑犯》(*The Suspect*)。罗纳德后来再也没有恢复写作能力，没能再取得文学上的成功。这封信写完八年后，他在家乡格拉斯哥去世了。]

284

　　没有理查德在艾伦身边担当他的参谋和良心，哈默兹沃斯少了许多"莫名其妙的"慷慨之举。整个1960年代，艾伦都担心股票增值，弟弟会将问题诉诸法律。兄弟俩每次谈话时，理查德都不断提醒艾伦那10万英镑的事，而艾伦继续躲躲闪闪、推脱搪塞、连蒙带骗。弟弟不会得到一分钱的补偿，伊丽莎白也不会，但是莱恩诉莱恩的官司却绝不会打起来。理查德顾及兄弟之情，下不去手。虽然发生了所有这些事，虽然理查德甚至把艾伦归为威瑟斯先生一类的无耻阴谋家，但他还总是尽量把哥哥往好处想，尽量体谅哥哥的出尔反尔。而艾伦成百上千次以他神奇的能力，再加上顽皮地咧嘴一笑，便赢得了对方的原谅。"谁要与他共事，"比尔·威廉斯评价自己的前老板说，"就得接受他的信念、灵感——并且原谅他的出尔反尔。"

　　理查德虽然因企鹅股票增值在理论上遭受了巨大损失，但他确实是带着高达20万英镑离开的。他将这些钱投进了几个明智的项目，比如贷款给墨尔本杰出的商人埃弗拉德·贝利厄，以供他在图拉克区库永路买下一座漂亮的房子。不过，最重要的花费是纪念"三剑客"中最小的一位。理查德成立了"约翰·莱恩遗产"信托基金,资助澳大利亚红十字会为船员、住院病人等处于困境,并且需要图书的人买书。理查德征求艾伦的意见,看请谁来为信托基金的图书设计一枚合适的藏书票。汉斯·施莫勒写信给雷诺兹·斯通,这位著名的版画家和艺术家曾设计了威斯敏斯特教堂的丘吉尔纪念建筑:"艾伦爵士建议在版画中画上'复仇者号',船上挂德雷克抗击西班牙无敌舰队时的旗帜,并由理查德·格伦维尔爵士(1542—1591)指挥。他说弟弟会喜欢的。还应该写上'约翰·莱恩遗产'。你愿意接这份活儿吗?"艾伦通过施莫勒建议以"大帆船"为主体形象,但斯通认为这"过于老套":"应该画一艘破败的小船……'小"复仇者"继续前行'……我喜欢记忆中的小帆船——纵帆双桅帆船、横帆双桅帆船、三桅帆船,如今可见不到它们了。"最终,藏书票上画了一艘精美的"复仇者号"。

*

1960 年代,披头士乐队的风头也许还没有盖过耶稣,但企鹅的风头却至少与披头士匹敌。艾伦成了他年轻时鄙视、嘲讽的那些人里的一种。他在哈默兹沃斯的角落办公室①里摆着一张大书桌,这桌子有企鹅公司其他人的办公桌两倍大,按照塔尔博特广场他卧室的风格,包着绿色真皮。这张绿桌可以算是一项失败的投资,因为艾伦坐在桌前的时间少得不能再少。他继续在国外度长假——尤其是在西班牙的家里,他按照劳伦斯的个人徽章凤凰,将那所房子更名为"阿尔·菲尼克斯",以此向 D. H. 劳伦斯致敬。② 艾伦还保留了其他习惯,比如继续咨询占星师和笔相学家,延续草率、随意的经营和管理作风。"他常常失眠,凌晨 3 点起来,写上一堆小纸条,第二天一早

---

① 角落办公室位于建筑的一角,采光通风好,供领导使用。

② Fenix(菲尼克斯)与 Phoenix(凤凰)发音相近。

285

拿来折磨员工和其他人。"这些小纸条通常是"匆匆从笔记本上扯下的碎片，上面不过记着无足轻重的琐事"。在下属的监督下，艾伦继续冷酷无情地管理公司。

冷酷文化的明显结果就是自取灭亡。1960年代，企鹅的高层一片混乱。帕罗伊辛和威廉斯等老将与汤姆·马施勒、托尼·戈德温、克里斯·多利等新人争权夺利。艾伦明白最后总有人要上位，他向笔相学家寻求建议，他们问艾伦要了许多笔迹样本。"这很可能是这些年来你给我看的笔迹中，最重要的一份……我非常清楚他为什么吸引你，以及你需要注意什么……他谨慎、真正腼腆，需要不引人瞩目地晋升。他虽不争强好胜，但仍会成为一位优秀的接班人，而不是领袖。"艾伦培养又放弃了一个又一个亲信。他每次选定一位继任者，每次将要结盟，脑子中就会突然闪出一个念头：这个继任的人是个赤裸裸的篡位者；结盟协议不过是"夺权的阴谋诡计"。在选择继任者方面，艾伦也遇上了他在感情中难以抉择、难以做出承诺的同样问题。

托尼·戈德温激发了艾伦最强烈、最叛逆的猜忌心，引他采取了最暴烈的行动。戈德温决定出版法国漫画家莫里斯·西内的一册内容不敬的漫画，艾伦对此提出反对后，竟然半夜闯进自己的仓库，毁掉了全部库存。从此以后，哈默兹沃斯的人没有一个敢再提这本书。艾伦毁掉西内漫画书的行动是偷偷摸摸进行的，但他与戈德温的最后决裂却搞得尽人皆知。虽然他答应在戈德温同意离职协议的条款后保守秘密，但实际上他一有机会就要说到"那个混蛋戈德温"。在离职谈判最关键的时刻，戈德温曾将前老板的做法比作"一位绅士开除了他的管家"。

整个1960年代，苏珊·莱普修斯都在掺和企鹅的事务，她使继任问题更加复杂了。比如，有传言说，汤姆·马施勒是因为与老板的

286

情人走得太近而失宠。克里斯·多利被提为继任者时,苏珊当着一群企鹅高管的面脱口而出:"克里斯不行!克里斯不能接我的小百万富翁的位子!"艾伦、苏珊和比尔、埃丝特里德曾结成一起度假、一起聚会的快活四人组,可后来埃丝特里德爱上并嫁给了她在科克郡罗斯卡伯里遇到的一个渔夫。"可怜的比尔。"艾伦在给理查德的信中写道。有整整十年,比尔的健康状况很糟糕,他与艾伦的交情也淡薄了。不过,尽管失去了埃丝特里德,他个人却获得了某种新生,他在1964年写信给艾伦:"是的,我已经恢复过来了。我现在明白了艺术委员会能产生怎样的心理作用,我爱死它了。作为一个自由艺术家,我更享受,也有更多样的机会。我似乎还是那么精力充沛。我希望维持这样的状态,直到人生的终点。人似乎及时地与人生和解了;可讽刺的是,人直到生命即将终结才达到最佳的状态!"1969年,埃丝特里德的渔夫溺亡了。

一生将近时,艾伦的大轮也多少有些松脱了。他在1942年、1947年、1950年和1956年分别经历过严重的精神崩溃,到了1960年代,他的身体和精神状况越来越差。1960年代初,他曾从医院写信给理查德说:"是的,你猜测得没错。我得了肝炎,正如你所说,后遗症是抑郁以及卧床一个月,我愈发虚弱了……本月底之前,比尔要出发去希腊,到那里待一个月。他越来越不可靠了,我有时怀疑他是否忠诚。"就在当年,艾伦因病毒性黄疸住院了——这是肝癌的先兆,他后来死于肝癌。他仍受痛风之苦;他"临终时,一只眼睛患着麦粒肿";他对毒葛过敏了,这"比什么都麻烦。医生让我卧床十天,我想主要是为了让我保持安静、方便他随时观察。这里几乎没人了解毒葛,于是医生请来圣托马斯的几位同行为我会诊"。

1966年10月,艾伦对弟弟说:"我现在步入了退休期的第一阶段,工作时间缩减成每星期三天。"而此前一年,酒他已经喝得少了。

"我午餐前喝两杯朗姆酒、晚餐前再来两杯,不喝葡萄酒,晚上也不喝酒。我觉得,到了六十来岁,人就逐渐衰老。我很好奇你是否也有同感……附:几星期前,我在苏富比拍卖行花 100 英镑买了一本特纳作品。"一位笔相学家分析了艾伦的字迹:"[此种]呈现、处理事情的方式,尽管强势,却已然……几近刻板……别人期待他的表现符合预期。他觉得自己必须是磁场的中心。"虽然艾伦向来是一位不同寻常的领导,但从 1961 年到 1970 年这十年,他的面具脱落了,不再能装作一位才干出众的领导。他刚做出决策,又很快自我否定。不必要的冲突四伏、迭起。这个只能依靠"他人心灵、品质的鼓舞"的人,没有密切的合作者,没有亲近的参谋,也不受到足够的约束。

　　除了健康和工作方面的问题,艾伦的家庭生活照旧不平静。克莱尔·莱恩拒绝了众多追求者,倾心于杰克·莫珀戈的继子迈克尔。艾伦的嫉妒表现得淋漓尽致。在"修道院"农场,艾伦对迈克尔"视而不见、羞辱贬损";他"就是不喜欢年轻人",克莱尔后来悲叹道。确实,迈克尔身上有许多地方惹艾伦厌恶:长相英俊;性格慷慨友善;一派上流社会举止;前途无量;先入桑赫斯特皇家军事学院,又以桑赫斯特奖学金进入国王学院;[①]习惯哼唱《西庇阿进行曲》[②];迈着掷弹兵卫队的慢步。在选择伴侣时,克莱尔和克里斯蒂娜都"没有征求艾伦的意见,没有适当考虑企鹅的利益"。克里斯蒂娜的丈夫戴维·蒂尔遭遇更惨,据他所写,艾伦常揪住一个人的短处,"将他打得一败涂地"。克莱尔与迈克尔的婚姻尤其让艾伦烦恼。1963 年,克莱尔怀孕了。艾伦提出,孩子一出生,克莱尔就要与迈克尔离婚。后来,杰

288

---

① 中学毕业后,迈克尔进入英国最著名军事学府,桑德赫斯特皇家军事学院,但他的军旅生涯因一次意外受伤而结束。随后,迈克尔进入世界顶级名校,伦敦国王学院,最终获得英语和法语文学学位。

② 亨德尔以西庇阿的故事为题材创作了歌剧《西庇阿》,其部分旋律后来成为英国皇家掷弹兵卫队的进行曲。

克·莫珀戈逼着克莱尔打掉了孩子。

在莱蒂丝与艾伦分居的五年多时间里，据传她有许多风流韵事。1966 年前后，她与艺术家唐·塞姆交往密切。莱蒂丝与唐同游欧洲——游览罗马和雅典；她们还在澳大利亚同住，那段时间她们竟带着唐浮夸的丈夫、位于墨尔本的维多利亚国家美术馆的馆长埃里克·韦斯特布鲁克。艾伦突出的个性使克里希纳·梅农远离了欧洲，使莱恩太太远离了男子，这么说并非完全刻薄与失实。然而，莱蒂丝在艾伦晚年回到了他身边，这对夫妇达成了"在所有人看来有些暧昧的安排"。艾伦的做法可难为了朋友们，"他收到双人请帖时，从不说明会带莱蒂丝还是苏珊出席，这一考虑不周又毫无歉意的习惯不时让他们处境尴尬"。艾伦告诉理查德，莱蒂丝在"修道院"农场有自己的生活区域，在顶楼："她的卧室面朝车道，她的工作室在中心房间，我们在朝向农场建筑的那个房间里安装了第三间浴室。"这对夫妇平时各自生活，常常在周末见面。

除了与莱蒂丝的关系得到部分修复外，还有其他事情让艾伦聊感安慰：新的图书项目，还有成为出版界的王族后伴随而来的种种荣誉。艾伦在给理查德的信中，说到了一顿特别的午餐：

> 一天早晨，我在朱莉·贝尔彻的办公室，这时电话响了。她接起电话，然后用手捂住话筒，对我说："是马克·米尔班克爵士。"我答道："问问他有什么事。我一点儿也不认识他。"说完，我匆匆回到自己的办公室。不一会儿，朱莉走进来，说他问我是否愿意与女王和菲利普亲王共进午餐。我等了一个小时才回电话给他，说"是的，很愿意"。
>
> 到达时间是 12 点 50 分，我们一共八位客人，包括：詹姆斯·罗伯逊·贾斯蒂斯，他曾与吉恩一家来过"银溪"；蒂龙·格

思里，我曾与兰斯·比尔斯一起见过他；一位刚刚就任的财政部官员，负责确保《罗宾斯报告》所需款项的下拨；霍尔斯伯里勋爵，负责推行十进制货币；一位哈默史密斯医院的顾问医师，他说没有证据表明饮酒有害，但吸烟是致命的，这番话使我高兴极了；以及另外两位。哦，没错，我刚想起来，有一位是格林与米尔斯银行的合伙人。

我们闲站着，喝酒聊天，后来我们松松散散地站成了一列，这时门开了，先进来三只柯基犬，女王、亲王、安妮和查尔斯随后驾到。我们被引荐给王室后，接着闲聊饮酒，直到侍者宣布饭菜已备好，或者说，实际上是侍者轻声禀告女王饭菜已备好。当时，我正与女王聊天。

我们按照安排入座。我坐在亲王旁边，而亲王与女王对坐。谈话特别轻松。其间，我说到了"不列颠尼亚号"上的餐桌和其他家具，结果他们听后便打算去格林威治的航海博物馆纪念约翰。

伊丽莎白为大家安排了对虾盖饭配粉红酱，鸡胸肉配烤肉卷、甘蓝和青豆，还有一块奶油巧克力千层。我喝了白葡萄酒，菲利普喝的是淡啤。

午餐后，我们回到来时最初的房间，享用咖啡。这里还为爱喝酒的人准备了波尔多、白兰地和杜林标。我们三三两两站着闲聊了大约二十分钟，王室辞别了，我们也各自离开——我去看牙医了。

艾伦想要一件东西，以纪念在王宫享用的这顿名流午餐，但是一切都被王室和工作人员严密保管，最后他只能拿走一份厕纸小样。

290

*

尽管艾伦出于权宜,在 1942 年从企鹅图书的扉页上删去了自己的名字,但他久怀雄心,要展现充分的存在感,他将通过一个有意仿照"约翰·莱恩博德利·黑德"的新品牌,成败参半地实现这一抱负。

亲爱的迪克:

　　最激动人心的事此刻仍保密,但我想跟你透露点儿消息。很久以来,我们都任凭其他出版社出版一些由我们开发的选题。这些书的数量已经非常大,我们觉得让它们就这么分散着是在浪费资源。因此,我们决定成立一个全资子公司来处理这些书。

　　我从西班牙回国,在听证会上提供证据以反驳大臣不许我们扩建现有办公地点的决定,这期间,我与德里克·哈米特吃了一顿午餐,他的办公室在萨克维尔街。我走在那条街上,注意到博德利·黑德的窗户很脏,上面还贴着一张告示。由此,我知道[店主]伯特伦·罗塔已经搬去更大的店了。不等到午餐时间,我就给朱莉·贝尔彻打电话,请她问问能否接手续租。就这样,我们做了起来,到春天就会成立一家新公司,名字是"艾伦·莱恩企鹅出版社"。我觉得兜兜转转一整圈,最后回到我五十年前开始的地方,这非常合适。

艾伦

精装书的品牌名不仅循了约翰·莱恩的旧例,也仿照了 1920 年代到 1930 年代的私人出版社,比如金鸡和野猪头。理查德的回复很大度:"你上封信里所讲的关于博德利·黑德社址的消息真令人振奋。一定要告诉我,你打算怎样重建它,会不会再使用顶楼的两个房间。我想科斯廷点缀着星星的天蓝色屋顶已经不在了吧。"然而,理查德和其他人将看到这个项目的真相:自我放纵地偏离企鹅的精神和商

291

业模式。尽管"艾伦·莱恩企鹅出版社"实现了艾伦重登扉页的雄心，但作为一项出版实践，它遭遇了困境，最终成为"代价昂贵的败笔"。

迟暮将近，艾伦陷入对往事的追忆。"我时常回想起我们年少的日子，当重访或者路过那些事情发生的地方时，我的记忆就被唤醒了。"他对理查德说，"我们的童年和少年时光真快乐，我想起了我的家人，不知道他们回想往事时，是否也同我一样感到幸运。"在企鹅成立三十周年之际，艾伦从阿尔·菲尼克斯写信给理查德：

> 我不知你是否注意到今年的 7 月 30 号在星期五，因此大冒险恰好是在整整三十年前的今天开始的。那时我们三十来岁，如今都已六十多了。
>
> 莱蒂丝、安娜和我星期二晚上抵达，要在这里住上两个月，期间我要回国十天，在于阿克斯布里奇举办的听证会上提供证据，以反驳大臣不许我们在缓冲区后面的土地上建房的决定。
>
> 莱蒂丝的关节炎很严重，她一到这里症状就消失了。所以，我想以后我们在国外的时间很可能越来越多……
>
> 现今，我在办公室工作的时间已减为一半。星期五晚上，我去山毛榉山，一直待到星期二上午，正如你所见，我在这里待的时间也很多。我希望能免掉所有的商务旅行，希望所有的澳大利亚之旅都纯属私人性质，希望让年轻人跑美国出差……威廉·埃姆里斯·威廉斯心脏病发后退休了。前教育大臣爱德华·博伊尔爵士接替了他的位置。弗罗斯蒂身体很不好，我想她今年就会退休。元老中只剩下阿什顿，他也六十了，将和我一起退休，还有杰克·萨默斯，这些年来，他几乎一点儿没变。

292　1966 年到 1967 年，公司遭遇了现金流危机，这是由轻率、短见的管理造成的。据比尔·威廉斯的说法，"艾伦深为震惊"。公司开销随意，上市证券表如同它的疆土一样扩张过度。眼下的权宜之计是通过发行公司债券来筹集大量资金，但"艾伦反对这么做"，因为这会削弱他对公司的控制，并且会使关于他的天才传说失色。1965 年，艾伦成立了艾伦·莱恩基金会，这是一家所涉广泛的公益性信托机构，其业务包括比如"资助考古探险和青年作家出版作品"。艾伦对基金会管理不善，这令威廉斯等人十分沮丧担忧，他们敦促艾伦将资金转至基金会账下，从而免缴遗产税。"他曾说，他可以轻而易举地向基金会再注资 50 来万英镑，但他总是要'等等再看'。结果，他一拖再拖，直到临终之前十个月才开始行动，由此导致 52.1 万英镑的追加资金在扣除遗产税后，只剩下 7 万英镑。"

　　1968 年，艾伦的健康状况持续恶化，并被诊断出肠癌。在生命的最后两年，他大部分时间卧床在家，莱蒂丝陪伴他左右。与艾伦的婚姻令莱蒂丝筋疲力尽、萎靡不振。每当提起丈夫，她都少不了冷嘲热讽一番，但在艾伦最后因病住院的那段日子，她仍尽力给予他许多同情，她甚至向弗罗斯蒂吐露说："有时候我想，你一定认为我对艾伦很冷酷。其实，他是我不可分割的一部分，我自身冷酷的一面正与他契合——通过他，我可以为自己洗罪。"

　　临终前不久，艾伦请理查德为一本企鹅回忆录写点儿东西。理查德决定到英国去，亲自看看艾伦。得知这个消息，艾伦从医院的病床上回信道："不用说，我热切地盼着你来。"他匆匆回了一趟"修道院"农场，随后健康彻底恶化，再次住院。理查德恰好赶上见哥哥一面。1970 年 7 月 7 日，艾伦·莱恩爵士去世。他的骨灰分为四份，其中一份由理查德安葬在位于北德文郡哈特兰的圣尼克坦教堂的家族墓园。早在去世前几年，艾伦就嘱咐弟弟："我是个邋遢人。一想到在我大限到来时，遗嘱执行人要面对怎样一个烂摊子，我就感到安慰。"艾伦去世后，理查德、贝蒂和伊丽莎白在"修道院"农场又住了几个月，帮忙处理艾伦留下的事务。

艾伦的两位传记作者都承认，1960年代是他一生中最不快乐的时光，尽管那十年他"前所未有地富裕"。刘易斯写到一件事，它是艾伦晚年一个悲凉的、公民凯恩式的象征。1967年，艾伦在维哥街招待一群文学圈的人。在聚会最热闹的时候，企鹅雇员托尼·莫特在洗手间发现了艾伦，他正坐在一堆厕纸卷上。"外头那些人都是谁啊？"这位王企鹅哀伤地问道。"艾伦爵士，"托尼回答说，"是您请来的人呀。""我究竟为什么要那么做？这群混蛋我一个也不认识。"艾伦灌下一瓶酒，继续坐在厕纸上说道。

关于艾伦遗嘱的阐释几乎同安妮·莱恩的一样令人难以置信，但是原因却完全不同。艾伦什么也没有留给莱蒂丝，什么也没有留给克莱尔、克里斯蒂娜、安娜、理查德、贝蒂、伊丽莎白、诺拉或者她的家人。他吝啬地揣测莱蒂丝，害怕她"会很快把财产挥霍一空"。而对三位女儿，他认为自己已经通过企鹅股权信托给了她们足够的财产。1960年代初，艾伦曾宣称增发企鹅股票是"为了在身后给家人以保障"。然而，他撰写遗嘱以及在最后的日子处置财产的方式否定了这一说法。他虽然将大部分财产都转到了艾伦·莱恩基金会，但仍做出了一些小额遗赠，比如留给鲍勃·梅纳德在澳大利亚的女儿利安德1万英镑。他也留给杜卡·普克斯利一笔钱，但是由于莱蒂丝对遗嘱提出异议——比尔·威廉斯称她这样做很"贪婪"，莱斯利·佩斯纳便扣留了这笔钱。艾伦为了巩固企鹅作为国家机构的地位，将最大的一笔财产捐给了女王陛下的财政部。

293

第二十七章

建筑大师

　　对于艾伦·莱恩去世，没有人比理查德更加痛彻心扉。他既为失去仅剩的一位兄弟悲伤，也为他俩如今的关系难过——不过，他心里没有一丝怨恨。在大半生之中，两兄弟都异常亲密。可现在艾伦在遗嘱中再次食言，不愿偿还亏欠弟弟的 10 万英镑，理查德受到了打击，不过他并不感到意外；类似的事早有先例。理查德认为艾伦最后的态度并非说不通：这是他矛盾性格不可避免的表现——爱挑事又紧张不安；争强好胜又胆怯；狂乱又拘束；鼓舞人心又令人丧气；头脑灵活又冥顽不化。理查德明白，与这位"高贵的骑士"打交道，总像在咽下夹杂着青蛙味儿的柠檬汁。

　　约翰在世、艾伦还没有提出股权分配协议之时，企鹅由三兄弟共同管理，"艾伦的接任者"这种说法没有任何意义。后来，股权协议将艾伦确立为无可争议的领导者，"艾伦的接任者"这种说法才有了意义，协议指定理查德为公司未来的所有者和老总，从而明确了接任者的问题。其实在协议被正式解除以前，艾伦就已经找了许多借口，考虑在缔约双方之外再制订一份接任计划。结果是，艾伦去世后，没有明确的受膏者能够站出来并清楚艾伦留给企鹅的遗产，这证明接任计划与协议一样，也是空洞无用的。企鹅陷入了一段越发混乱的时期,公司乱得跟艾伦一团糟的私事有的一拼。企鹅的业务屡屡受挫,一场危机接着一场危机,理查德·莱恩远远地、悲伤地眼看着自己一手建立、培育的企业历经磨难。他卖掉了自己的股份,正式辞去了董事职务,再也不能像在比赛中骑着骏马跨越障碍那样,来帮助企鹅恢复秩序、重拾莱恩氏的领导了。莱恩氏再也不能领导企鹅了。它只有等待被《金融时报》和朗文出版的所有者培生-朗文公司收购,那之后才能恢复秩序。

在艾伦之后的时代,企鹅的新董事们一致支持培生收购,但其他人却发出了反对的声音。莱蒂丝·莱恩不仅质疑丈夫的遗嘱,也质疑这项收购,持同样态度的还有克莱尔和克里斯蒂娜。艾伦的女儿们依然是家族信托基金的受益人——该基金掌握着大量企鹅股份,但是受益人并没有投票权。反对无效。收购后,企鹅将保留品牌名,以及大部分企鹅精神,但是威廉斯一家1919年顺势随时过继来的莱恩姓氏,将从宗谱上中断。约翰没有留下子女,艾伦和理查德也没有子嗣。安娜·莱恩肯定不会结婚,克莱尔和克里斯蒂娜已从夫姓。1974年,伊丽莎白·莱恩在墨尔本市柯林斯街的苏格兰教堂——离约翰跳上去佩斯的出租车的地方不远——嫁给了休·佩顿,从此,莱恩一姓便没有了后人。

伊丽莎白和休的婚宴是"松苑"的许多快乐时光之一。理查德和贝蒂营造了一个少有争执、宾客盈门的家。理查德绘画、钓鱼,继续摆弄他的锁具、枪械和引擎。(十几岁时,伊丽莎白曾对理查德说,她想学开车。这位前客车司机同意教她,但坚持先要拆开汽车,让伊丽莎白搞清楚里面的构造。)理查德每天有一套严格的饮品惯例:早晨一杯脱脂牛奶,中午一杯杜松子酒,晚上7点一杯威士忌。他收集黑白狗威士忌酒瓶,还写信给戈登,建议他们将瓶身上的标签倒过来贴;后来,酒厂寄给他一箱杜松子酒表示感谢。在联邦气象局,理查德负责维护、监看坦普尔斯托地区的雨量计。他坚持在与贝蒂旅行时守时准点，所以总是在出发前一天打包好行李。

296　　　1926年，理查德离开贝克迪夫的那一年，西德尼·斯诺在新南威尔士中央海岸上戈斯福德市附近的文博拉，买了一座海滨别墅。1970年代，理查德、贝蒂和伊丽莎白到那里消暑，他们在海滩上散步，享受日光浴，剥食捡拾的牡蛎。一家人还在南太平洋上、昆士兰州莫顿湾的天阁露玛岛上一座老捕鲸站附近，驾着游艇悠闲地度假。有一个夏天，澳大利亚尤其酷热，在最难挨的日子，"松苑"险遭一场林火。全家把所有的银器装进洗衣篮，拿到游泳池旁边，随时准备将银器投进池里降温。理查德的宝贝图书按照字母顺序、分两层摆在办公室和正房的日光室的书架上。为防止火星引燃房子和圆棚屋，他们用网球堵住落水管，并浸湿了屋顶排水沟。还有一个夏天，暴雨淹没了正房。理查德救出了大部分珍贵的图书，但是洪水浸毁了一些阿加莎·克里斯蒂的手稿、理查德收集的企鹅"圣诞"系列、彼得·阿尔诺的漫画，还有他在企鹅时积攒的其他宝贝。

艾伦去世后，理查德又活了十多年。他大部分时间都在"松苑"、文博拉和天阁露玛岛，静静回忆艾伦、约翰、企鹅，还有自己充实的一生。最初的记忆是萨默塞特郡亲密的一家人，充满快乐时光的少年时期——喝家酿苹果酒、翻越埃文峡谷、走过克利夫顿吊桥、在四月里到夜莺山谷去探险。他还记得教过他的三位老师：亲爱的老"蛋"哈钦斯先生、亲爱的老"五十"福泰先生，还有亲爱的老"比利"比姆斯先生。约翰舅舅选中了威廉斯家年纪最大的，而不是最爱书的男孩。理查德翻出了一本本日记和许多精彩的信件。他回想起自己在澳大利亚的成长、作为移民男孩每天的生活——在伦马克与威瑟斯先生一起洗碗盘、在贝克迪夫为吃了苦马豆中毒而亡的母羊向乌鸦们复仇、在米拉莫朗爱上罗兰兹小姐。他回想起早年在伦敦时，在博德利·黑德和企鹅的那些无忧无虑的日子,那时大家之间没有什么利害关系。他记得自己拿出保险公司赔付的 100 英镑作为企鹅的启动资金,理查德漫不经心地想道:"我从来没有拿回那笔钱。那么,从法律上说,公司的资产是不是我的呢?"

从"巴韦尔"计划时期的日记中,理查德发现了许许多多美好的时刻,比如伦马克的春日。

> 扁桃树嫩绿的叶子间冒出了小小的果子。垂柳披上了华茂的斗篷。四野开满桃花。葡萄的嫩芽已抽出一两英寸长。醋栗藤上或缀着花骨朵,或绽放着小红球,一眼看去便认得了。蜜蜂在杏树间轻柔地飞舞,白色花瓣如雪飘落⋯⋯这个季节的葡萄藤真美。新芽娇嫩极了。远远望去,葡萄地里像是立着一排排中国灯笼。

回顾职业生涯,理查德可以列出一连串他作为出版人取得的成就。比如:通过努力进入博德利·黑德;与兄弟们筹划、创办了自六便士平装本变化而来的企鹅书系;负责关键性的伦敦市场,他的营销展示对莱恩兄弟获得成功大有帮助;身为企鹅的第一编辑,与作家们密切合作,并满怀信心地投入当代文学潮流;《敲诈还是战争》取得超级成功,在第二次世界大战前已卖出 25 万册,而《凡尔赛以来的欧洲》拿到了"图书业有史以来最大的零售单";在哈默兹沃斯和"银溪"为企鹅找到、建起了新的办公地;组织比克街会议,那些会议决定了选题、确立了企鹅的编辑风格;扭转了战时图书品质下滑的局面;以萧伯纳九十岁大寿为契机,推出"萧伯纳百万册";带头成功采用了图画封面;奋力维护企鹅的企业价值和乐观精神;以公司的态度和所出版图书的品质,给予读者最高的敬意。

小巧、易读的字体、平装形式、"理想的"长方形版式、平价、优秀设计、以鸟的形象为品牌标识、以颜色编码图书类别、批量生产、批量发货——其中任何一个因素都不是莱恩兄弟发明的,都可以自由地从公开领域获得,有的甚至已经存在了几个世纪,但莱恩兄弟将它们综合起来、赋予品牌,做成了一个引人瞩目的组合体。它们合在一起便成就了企鹅。最重要的是,莱恩兄弟是人们获得许可、从而使用他人知识产权的先驱。他们说服精装书出版商同意让其他公司出版平装本的努力,开创了授权的先河,如今在媒体和消费产业,比如电影和玩具制造业,这已成为最基本的做法。早年,英国的平装书竞争者大多专注于自己出版社的作家,而企鹅更加自由灵活,成长的潜力更大。企鹅独特的经营模式使它不仅可以得益于家喻户晓的作家,比如伍尔夫、格林、克里斯蒂、劳伦斯和萧伯纳,也可以得益于其他出版人不愿触碰的单部书作家,以及只在企鹅出版一部作品的多部书作家。对企鹅来说,各项因素都恰逢其时:阅读人群不断壮大,急切需要好书;社会规范和阶级壁垒正在瓦解;大萧条使得印刷商和零售商更愿意支持总体销量高、单位利润低的商品,精装书出版商也更愿意签订分授平装书版权的合同。起初,斯坦利·昂温和乔纳森·凯普等经验丰富的出版人,都看衰这项尝试。如果莱恩兄弟们更有经验一些,如果一开始他们有更多利益可以顾虑,那他们很可能根本就不会做出尝试。

*

在将各项因素组合起来、赋予品牌、成就企鹅这些方面,理查德都发挥了重要作用。并非只有鲍勃·梅纳德一人认为"聪明透顶"、"极有帮助"的理查德是公司的核心、支柱和"影响力最强的人物"。理查德有充足的理由称为企鹅的"建筑大师":他是视觉整体性、编辑质量和商业生存能力的捍卫人;他是他善变而不可靠的哥哥的必要而有效的制衡者。理查德坚持认为,批量生产不一定意味着粗制滥造,他为企鹅的优秀设计助威呐喊,这个品牌对高销量和高品质的标志性结合最要归功于理查德。他相信人人都应该能读到好书,他知道大量出版好书比严守出版传统,更有利于传播普及优良的写作原则和合理的设计原则。他青少年时期在南澳大利亚州和新南威尔士州农场的经历,深深影响了企鹅的气质、理念和价位。公司乐观、积极、坦率的性质更应归功于理查德,而不是艾伦。艾伦有许多品质,但乐观与坦率并不在内。

299

艾伦不擅长处理数字,而理查德可以即刻算清一本书的成本或者一份资产负债表。他不止一次将企鹅从经济深渊的边缘拉回,还更多次为艾伦弥补错误,收拾烂摊子。与马丁斯银行的伦敦分行,即科克斯与比达尔夫银行的良好关系是企鹅发展的支柱,而这段关系是由理查德维护的——他曾几次拯救了这段关系。在企鹅的创始岁月,艾伦常常甩手不干,玩消失。是"约翰老弟"和"迪克老兄"夜以继日地工作——就像理查德在澳大利亚运羊时不让羊躺倒,在埃及演莎剧时打包戏装一样——以交付沃尔沃思百货以及其他店的订单,如此企鹅才能取得持久成功,而不是早以失败告终。早期企鹅的一个关键要素是持之以恒,它是由理查德和约翰带给这家羽翼未丰的公司的。实干,而非空谈,是两人企业家精神的实质。

在"松苑"时,为了帮助自己回忆,理查德把他和约翰在海军服役的日子记录下来,他随后又靠着这份记录和从前的日记、书信,以及其他往事材料,先是写了约翰的传记,接着又写了一本篇幅更长的自传。写自传是一个回忆、反思和谅解的好方式。理查德全心地投入了写作,完成后,他很自然地把手稿交给企鹅出版。然而,企鹅拒绝了他。

"松苑"丰沃的田野多年来不断出产、出口各种水果,直到后来郊区日益扩张，采摘人和劳工们离开了，果园再也维持不下去。理查德和贝蒂又考虑种植葡萄、经营一座葡萄园——他懂得搭架、立柱、选种、灌溉和修剪的全套技术——只是他所剩的时日已经不多。理查德身体一直不错；他总是随身携带计步器，就算在游艇上，每天早餐前他也要散步一英里。而在"松苑"，他每天走五英里，这是他的极限。

1981年，医生告诉理查德他嗓子发痒是因为患了癌症，他只剩下六个星期的生命了。而这时伊丽莎白怀孕了——怀的是双胞胎，还得了子痫前期，属于高危妊娠。父女两人都情况危急、卧病在床，他们以为再也见不到彼此了。然而，理查德打破了医生的预言，又活了一年，最终见到了外孙小理查德和外孙女亚历山德拉。在理查德化疗期间，贝蒂一直陪伴在侧，给理查德抚慰，此时她慷慨、直率、乐观而又充满爱心的丈夫已经说不出话来。在最后的日子里，除了贝蒂和伊丽莎白，几张薄纸也给了理查德极大的安慰。有一封十九岁男孩写给他十六岁弟弟的信，流露出对弟弟澳大利亚之行无尽的关爱、自豪和鼓励。有一封描写掏鸟蛋的信。还有一张退了色、卷了边的照片。

1982年6月23日，理查德在"松苑"去世。他的行李已经打包好，他也喝过了12点钟的杜松子酒。伊丽莎白很幸运，前一天她来看过父亲。在小型的葬礼上，她的父亲被尊为最后一位平装书革命的联合发起者，以及提出伟大理念、留下丰厚遗产的三兄弟中最后离世的一位。遵照理查德的特别要求，他的骨灰被埋在德文郡哈特兰的圣尼克坦教堂，与约翰舅舅、安妮·莱恩、卡米拉·莱恩、艾伦·莱恩葬在一起。

贝蒂和伊丽莎白卖掉了位于文博拉的海滨别墅，用这笔钱在墨尔本东南方莫宁顿半岛的萨默斯重新买了一座房子。她们在那里专

300

理查德·莱恩之女伊丽莎白·莱恩与其子女理查德、路易丝、亚历山德拉·佩顿。

门建了一间图书室,将理查德的大部分藏书搬了过去。贝蒂的第三个外孙,路易丝,出生于 1983 年。贝蒂人生的最后几年是在坦普尔斯托和萨默斯度过的,几名外孙,还有理查德一生从事出版留下的遗物陪伴着她。然而,她从来没有真正走出失去"我的里卡尔多"的悲痛,丈夫去世三年后,她也走了。"松苑"于 1980 年代末易主,开发者以几条街道——名为"白厅庭院"、"修道院"和"法尔菲尔德庄园"——划分了这片田野,就这样,企鹅的历史在墨尔本郊区得到了些微的传承。

后　记

艾伦·莱恩的站台故事广为流传。在每一本澳大利亚企鹅再版书的封底,以及全世界其他许多企鹅平装书尾页的显要位置上,都印着这个故事。在本书写作之际,维基百科的企鹅历史页面称艾伦·莱恩为公司的创始人。有人搞恶作剧,把 V.K.克里希纳·梅农添加为联合创始人。艾伦真正的联合创始人,理查德·莱恩和约翰·莱恩只缩在脚注中。而在企鹅官网的公司历史页面上,两个弟弟根本没有出现。

2015 年 3 月 6 日星期五,理查德的女儿伊丽莎白在企鹅家族自己所在的支脉中恢复使用莱恩姓氏。她重用父姓后,马上更新了自己的脸书信息。

致　谢

303　　　　感谢布里斯托尔大学图书馆特藏部的汉娜·洛厄里及其同事们,在他们热心不倦的帮助下,我得以接触到珍贵的研究资料——企鹅的公司档案。企鹅总部总经理乔安娜·普赖尔,准许我阅读这些资料,并同意我写作本书;我将对她的善意永怀感激。(注释中列出了参考的具体文献的条目。)特别感谢伊丽莎白·莱恩、菲奥娜·凯尔斯与路易丝·佩顿,前两位曾与我合编了理查德·莱恩的"巴韦尔"日记。菲奥娜与路易丝帮助我研读企鹅在布里斯托尔的公司档案,她们还到布里斯托尔和伦敦访问了许多对企鹅来说意义重大的地址。路易丝帮助我采访了莱恩家族,在整个过程中,她一贯是一位乐观而智慧的参谋。菲奥娜直接和间接地充分发挥了她善于支持他人、与人合作的天赋——正如她在之前许多项目中的表现一样,本书因此得以完成出版。万分感谢她和我们的女儿西娅。在长达十二个月的一段时间里,伊丽莎白·莱恩接受采访,与我一同整理莱恩在墨尔本的藏品——它们包括博德利·黑德时期的,以及理查德·莱恩的企鹅和后企鹅时期的珍贵文件——并且从各方面给予我莫大的支持和鼓励。比尔·莱斯利也与伊丽莎白一道,同我分享了理查德·莱恩和贝蒂·莱恩的往事,并帮助我改进本书。亚历山德拉·佩顿304　与理查德·佩顿也给了我热情的鼓励,并帮助我获得莱恩家族的档案材料。总之,伊丽莎白·莱恩及其家人在我写作本书的过程中,给予了我极大的支持。

在此,也诚挚感谢以下各位给予我鼓励、建议,向我提供信息:希拉·德拉蒙德、安·布莱尼与杰弗里·布莱尼、杰姬·乌格尔、莉萨·埃伦弗里德、洛娜·劳福德、莫里斯·汉拉蒂、保罗·埃德尼、梅甘·科普、汤姆·赫德森、希拉里·麦克菲、玛丽亚·卡措尼斯,以及我在阿伯茨福德女修道院基金会、澳大利亚与新西兰古书商协会的同事们。感谢布莱克公司的团队对本书及其作者倍加关照,他们是克里斯·法伊克、索菲·威廉斯、朱利安·韦尔奇、彼得·朗、杰茜卡·皮尔斯、伊丽莎白·扬、伊莫金·坎德尔、克里斯蒂娜·考克斯、安娜·伦斯基、沙恩·斯科特—克拉什。威尔·伊夫斯是一位理想的编辑,他一方面保留了本书的特点,一方面又熟练巧妙地为它理清脉络、条理。

本书作者和出版人对获许在书中引用资料深表感谢。理查德·莱恩日记及其他文件的引文获伊丽莎白·莱恩准许。《博德利·黑德出版社:1887—1987》(J. W. 兰伯特著,博德利·黑德出版)引文获兰登书屋准许。本书作者和出版人也感谢企鹅出版社准许引用史蒂夫·黑尔的《企鹅肖像》和杰里米·刘易斯的《特立独行的企鹅》。我们同样感谢南澳大利亚州历史基金会、南澳大利亚州移民博物馆准许使用1922年乘"本迪戈号"抵达的"巴韦尔男孩"们的集体照(图片编号:GNo3238)。我们虽竭力联系版权资料的持有人,取得授权,但我相信仍不免有所疏漏。在此,我们向以上名单中错引或未提及者致歉,也恳请读者指正,我们会在重印或再版时加以改正。

同样感谢以下机构为我们提供重要信息和帮助:维多利亚国家美术馆、南澳大利亚州州立图书馆、墨尔本大学、莫纳什大学、澳大利亚国立大学,以及企鹅图书收藏者协会。感谢"自然甜品"的员工为本项目人员提供餐饮。有关《查泰来夫人的情人》的部分章节,材料来自我在墨尔本大学从事的研究,"艺术/色青文学/渎神/宣传"。

索 引

（条目后的数字为原书页码，见本书页边码）

图书在版编目(CIP)数据

企鹅与莱恩兄弟：一场出版革命中不为人知的故事/
（澳）斯图尔特·凯尔斯著；许昆，王维译.—南京：
南京大学出版社，2018.3
书名原文：Penguin and the Lane Brothers
ISBN 978-7-305-19951-6

Ⅰ.①企… Ⅱ.①斯…②许…③王… Ⅲ.①艾伦·
莱恩-传记②理查德·莱恩-传记③约翰·莱恩-传记
Ⅳ.①K835.615.38

中国版本图书馆 CIP 数据核字(2018)第 031077 号

Penguin and the Lane Brothers：
The Untold Story of a Publishing Revolution
By Stuart Kells

江苏省版权局著作权合同登记 图字：10-2015-522 号

出版发行 南京大学出版社
社　　址 南京市汉口路 22 号　　　邮 编 210093
出 版 人 金鑫荣

书　　名 企鹅与莱恩兄弟：一场出版革命中不为人知的故事
著　　者 （澳）斯图尔特·凯尔斯
译　　者 许 昆 王 维
责任编辑 沈卫娟

照　　排 南京紫藤制版印务中心
印　　刷 江苏凤凰通达印刷有限公司
开　　本 880×1230 1/32 印张 11.625 字数 276 千
版　　次 2018 年 3 月第 1 版 2018 年 3 月第 1 次印刷
ISBN 978-7-305-19951-6
定　　价 58.00 元

网　　址 http://www.njupco.com
官方微博 http://weibo.com/njupco
官方微信 njupress
销售咨询 025-83594756